Donato Santoro

Le garanzie difensive

dell'indagato, dell'imputato e della persona offesa del reato,

la dottrina e il principio cardine

della giurisprudenza

Titolo | Le garanzie difensive
Autore | Donato Santoro

ISBN | 978-88-93210-00-3

© Donato Santoro 2014

Youcanprint Self-Publishing
Via Roma, 73 - 73039 Tricase (LE) - Italy
www.youcanprint.it
info@youcanprint.it
Facebook: facebook.com/youcanprint.it
Twitter: twitter.com/youcanprintit

Prefazione del Dott. Giuseppe Grieco Autore & Ricercatore

La documentazione tratta della imponente quantità di "Garanzie Difensive" esistenti nell'ambito dell'esecuzione penale.

Se conosciute bene ed applicate meglio risolvono le innumerevoli dinamiche di imputazione che riguardano l'indagato, l'imputato o la persona offesa dal reato.

Abbiamo le catalogazioni sistematiche dei principi teorici e delle fasi applicative illuminate a ciò riguardo dalla Dottrina e dalla prassi Giurisprudenziale.

Garantite dall'art. 415Bis c.p.p. chiusura delle indagini
preliminari;

nella richiesta di archiviazione e procedimento di opposizione
artt. 408,409,410,411 c.p.p.

nella richiesta di Rinvio a Giudizio
artt. 416, 417 c.p.p.

nel Decreto di Citazione a Giudizio
art. 552 c.p.p.

Nei loro nomi un pezzo di storia, nelle loro vite, la lotta per
"la difesa della legalità, la fiducia nella giustizia, la ricerca della verità".

Francescoantonio BARDI   - Avvocato Penalista;
Donatoantonio PACE detto Tuccino Avvocato Penalista;
Nicola Maria PACE   Magistrato di Cassazione.

Alla memoria dei tre valenti giuristi, miei amici, e mie guide, dedico questo modesto lavoro, affinché non restino infecondi gli ideali che essi hanno incarnato, lasciandone una impronta indelebile.
Con devoto affetto e con Profonda Stima.

Donato Santoro.

Riguarda alle cose umane

Non ridere;

Non piangere;

Non indignarsi;

Ma capire;

Spinoza

"Non tutti gli uomini sono naturalmente disposti a operare secondo le leggi della ragione".
Spinoza

Divieto di abuso del diritto

Vige, nel nostro sistema giuridico, un generale divieto di abuso di ogni posizione soggettiva **(divieto che ai sensi dell'art. 2 della Cost., e art. 17 del cedu) permea le condotte sostanziali al pari dei comportamenti processuali di esercizio del diritto.** L'abuso del diritto, lungi, dall'integrare una violazione in senso formale, delinea l'utilizzazione alterato dello schema formale del diritto, finalizzata al conseguimento di obbiettivi ulteriori e diversi rispetto a quelli indicati dal Legislatore, sul punto la giurisprudenza è consolidata, *cfr. Cass. Civ. SS.UU. 15/11/2007, n. 23726; Cons. di Stato Ad. Pl. 23/3/2011, n. 3; Cons. di Stato Sez. V, 17/11/2012, n. 5802.*

1. Il Diritto della difesa art. 24 co. 2 della Costituzione.

Il diritto di difesa deve essere sempre garantito **all'indagato all' imputato e alla persona offesa del reato,** ai sensi dell'art. 24 co.2 e 111 della Cost, dagli artt. 96, 97 e 101 c.p.p. e dall'art. 6, comma 3 lett, b, c, del CEDU, *cfr. ex. Multis, Corte Cost. 1968, n. 86; Corte Cost. 1969, n. 149; Corte Cost. 1970, n. 200; Corte Cost. 1974, n. 122, da ultima, Cass. Pen. Sez. V, 7/2/2013, n. 2916.*

Art. 104 C.P.P. colloqui del difensore con l'imputato in custodia cautelare in carcere.

La violazione dell'art. 104 C.p.p., relativo al diritto dell'indagato **"in vinculis"** di conferire con il proprio difensore, non può ricondursi ad una mera inosservanza del disposto dell'art. 124 C.p.p., configurando, bensì, una nullità di ordine generale, ai sensi degli artt. 178 comma 1 lett. C., e 180 C.p.p., **Cfr.Cass. Pen. Sez. I, 26/10/1992.**

2. Che cos'è il processo penale:

Il **processo**, in diritto, è il procedimento attraverso il quale viene esercitata la funzione giurisdizionale. Esso consiste in una sequenza ordinata di atti giuridici, gli *atti processuali*, posti in essere dalle parti (incluso il pubblico ministero, quale parte pubblica) e dal giudice o da suoi ausiliari (quali, nell'ordinamento italiano, il cancelliere o l'ufficiale giudiziario), compiuti secondo le norme processuali, preordinati all'emanazione dell'atto terminale, che è un *provvedimento giurisdizionale*.

Come sinonimi di processo vengono usati anche i termini **causa** e **giudizio**. Talvolta viene usato anche il termine **procedimento** che, a rigore, si riferisce ad un concetto più ampio, essendo il processo un particolare tipo di procedimento.

Nel diritto processuale penale italiano, dopo l'entrata in vigore del nuovo codice di procedura penale, distingue il *processo* dal *procedimento penale*: il processo penale comprende tutte le attività dall'esercizio dell'azione penale fino al passaggio in giudicato della sentenza; il procedimento penale comprende, oltre a tali attività, anche le *indagini preliminari*, svolte dal pubblico ministero e dalla polizia giudiziaria, volte a permettere al pubblico ministero di decidere se esercitare o meno l'azione penale.

3. l'art. 111 della Costituzione sul "Giusto Processo".

L'art. 111 comma 6 della Costituzione, dottrina e gli sviluppi della giurisprudenza della Suprema Corte di Cassazione.

E' ormai principio assodato in giurisprudenza infatti l'obbligo di motivazione dei provvedimenti giurisdizionali, garantito anche a livello Costituzionale, sia ottemperato se il giudice abbia esaminato tutti gli elementi a sua disposizione, se abbia fornito una risposta esaustiva alle obiezioni messe dalle parti, se abbia correttamente interpretato gli elementi probatori e se abbia correttamente applicato le regole della logica nell'argomentazione che ha condotto a scegliere determinate conclusioni anziché altre, *Cfr. ex. multis, Cass. Pen. Sez. III, 26.11.1997, n. 706, Caggiola; Cass. Pen. Sez. I, 5.11.1993, molino; Cass. Pen. Sez. Un. 13.12.1995, n. 930; Cass. Pen. 1999, n. 5693; Cass. Pen. 2009,n. 13083, ma deve esaminare le ragioni addotte dall'imputato e dare conto, sia sinteticamente dei motivi di rigetto della richiesta, Cfr. Cass. Pen. Sez. IV, 27-3-1991.*

Qualora una sentenza si limita a respingere le censure, senza farsi carico di argomentare sulla fallacia o inadeguatezza o non consistenza dei motivi di impugnazione, la stessa risulta viziata, per violazione di legge, e per tanto deve essere riformata, in appello sul punto si vede, Cfr. ex. Pluris, Cass. Pen. Sez. VI, 12.6.2008, n. 35346; Cass. Pen. 2005, n. 4121, da qui l'evidente violazione dell'art. 125 c.3 c.p.p., previsto a pena di nullità della sentenza e direttamente imposto dall'art. 111 comma 6 della Costituzione, Cfr. tra le tante, Cass. Pen. 2009, n. 12148; Cass. Pen. 2002, n. 5964, Rv. 223517.

Per costante giurisprudenza di merito, la mancanza di motivazione nella sentenza penale, ai sensi dell'art 125, comma 3 del c.p.p., costituisce un'ipotesi di nullità riparabile dal giudice di secondo grado, che, decidendo nel merito, può redigere la motivazione, ha il potere di sostituirsi, nella valutazione del fatto, al giudice di primo grado mediante la correzione, cfr. Corte d'Appello Napoli, Sez. VII, 3.12.2010.

Le sezioni unite della Cassazione ha ribadito: che in sede di appello l'indicazione specifica dei motivi anche sommarie, deve consentire al giudice di identificare i punti da esaminare e vagliare le ragioni su cui si fonda il gravame, cfr. Cass. Pen. Sez. Un. 7.9.1994, n. 7688.
La predetta omissione integra, per la difesa una netta violazione dell'art. 6 CEDU, ma
anche dell'art. 111 co. 6 della Costituzione che impernia il "Giusto Processo" penale sul principio del contraddittorio nella formazione della prova, Cfr. Pass. Pen. Sez. VI, 12.11.2008,
n. 45807, Rv. 241754; Cfr. Corte Europea del Diritti dell'uomo 11/12/2007.

Va ancora richiamata la giurisprudenza di Codesta Ecc. ma Corte, laddove ravvisa la mancata violazione, ex. art. 606 c.p.p. lett e, non soltanto quando vi sia un difetto grafico della stessa, ma anche quando le argomentazioni addotte dal giudice a dimostrazione della fondatezza del suo convincimento siano prive di completezza in relazione a specifiche doglianze formulate con i motivi di gravame e dotate del requisito della decisività, Cfr. Cass. Pen. 2009, n. 35918; Cass. Pen. 2000, n. 6945, ma deve esaminare le ragioni addotte dall'imputato e dare conto, sia sinteticamente dei motivi di rigetto della richiesta, cfr. Cass. Pen. Sez. IV, 27/3/1991.

In materia penale, la violazione del diritto di difesa dell'imputato determina la declaratoria di nullità del dibattimento e della sentenza oggetto di impugnazione, ai sensi dell'art. 179 c.p.p., cfr. App. Campobasso, 18/06/2008.

E' viziata da nullità assoluta, insanabile e rilevabile anche d'ufficio, la sentenza emessa dal Giudice di Appello che, investito dal difensore di una richiesta di rinvio dell'udienza "per legittimo impedimento dell'imputato a comparire" documentato e dedotto da difensore a mezzo fax, trasmesso prima dell'udienza, ometta di pronunciarsi sulla stessa. (annulla con rinvio app. Roma, 31/5/2011), Cfr. Cass. Pen. Sez V., 2012, n°21987, Rv. 252954.

In tema di atti processuali, integra una nullità d'ordine generale per violazione del diritto di difesa (art. 178, comma primo, lett. c) cod. proc. pen.) la totale assenza di documentazione degli atti dibattimentali di raccolta della prova. (Fattispecie nella quale il giudice aveva posto a fondamento della decisione prove dichiarative sprovviste di documentazione, sia per l'assenza di trascrizioni dovuta a malfunzionamento dell'apparecchio di fonoregistrazione, sia per la mancata redazione del verbale riassuntivo in violazione dell'art. 139, comma terzo, cod. proc. pen.). (Annulla senza rinvio, App. Roma, 2 Maggio 2007), cfr. Cass. Pen. Sez.III, 26.6.2008, n. 37463, Rv. 241095;

1. Non è più oramai da revocare in dubbio che sia patrimonio comune della scienza giuridica, della giurisprudenza costituzionale e di legittimità la "forza vincolante" delle sentenze definitive della Corte europea dei diritti dell'uomo, sancita dall'art. 46 della Convenzione, là dove prevede che "Le Alte Parti contraenti si impegnano a conformarsi alle sentenze definitive della Corte sulle controversie nelle quali sono parti" e poi ancora che per realizzare tale risultato "la sentenza definitiva della Corte è trasmessa al Comitato dei Ministri che ne sorveglia l'esecuzione".

Altrettanto uniforme è la posizione - il cui fondamento specifico è nella norma racchiusa nell'art. 13, collocato nel Titolo 1^ "Diritti e libertà", là dove è attribuito a "ogni persona i cui diritti e libertà riconosciuti dalla ... Convenzione siano violati ..." il "... diritto ad un effettivo ricorso" - secondo cui il definitivo accertamento di una violazione fa sorgere il diritto della persona di essere posta in condizione di avvalersi di uno strumento giuridico interno volto a ottenere la restituito in integrum.

Tangibili e concreti indici rivelatori dell'esigenza di adeguarsi a tale dovere imposto in via primaria al legislatore emergono dall'inserimento della L. n. 400 del 1988, art. 5, comma 3, lett. a bis) ad opera della L. 9 gennaio 2006, n. 12, art. 1 che introduce tra i compiti del Presidente del Consiglio dei ministri il dovere di promuovere "gli adempimenti di competenza governativa conseguenti alle pronunce della Corte europea dei diritti dell'uomo emanate nei confronti dello Stato italiano" e di comunicare "tempestivamente alle Camere le medesime pronunce ai fini dell'esame da parte delle competenti Commissioni parlamentari permanenti e presentare annualmente al Parlamento una relazione sullo stato di esecuzione delle suddette pronunce".

E' dovere primario, dunque, del legislatore quello di prevedere strumenti giuridici per la concreta esecuzione delle sentenze della Corte europea dei diritti dell'uomo che abbiano rilevato, nei processi penali, violazioni dei principi sanciti dall'arto della Convenzione. Non può che essere condiviso e fatto proprio il pressante invito rivolto al legislatore formulato dalla Corte costituzionale, dopo avere concluso per la declaratoria di infondatezza della questione di legittimità dell'art. 630 c.p.p., comma 1, lett. a) nella parte in cui esclude dai casi di revisione "... l'impossibilità di conciliare i fatti stabiliti a fondamento della sentenza ... con la decisione della Corte europea dei diritti dell'uomo che abbia accertato l'assenza di equità del processo ..." (Sentenza n. 129 del 2008).

E' dovere, anch'esso primario, della giurisdizione verificare, mediante la corretta e rigorosa applicazione dei criteri ermeneutici, se la disciplina processuale abbia già una regola che, in considerazione dei contenuti e della specificità del caso, renda percorribile l'attuazione di un decisum del giudice europeo.

2. La specificità del decisum nei confronti di D. è di chiara evidenza: incide sul caso concreto come regola di sistema di un "giudizio equo" e non postula, dunque, una "revisione" della sentenza resa all'esito del giudizio di merito.

La vicenda, sulla quale questa Corte è chiamata a pronunciarsi, si caratterizza per l'assoluta diversità rispetto a quelle per le quali l'attuazione del dictum della Corte europea pone in discussione il giudizio di merito, come nei casi del giudizio in contumacia.

In particolare, il mancato riconoscimento del diritto dell'imputato di interloquire sulla diversa definizione giuridica del fatto corruttivo ha inciso sull'esito del ricorso per cassazione nel senso che ha impedito la declaratoria di estinzione del reato per prescrizione; estinzione che avrebbe dovuto essere dichiarata se l'accusa, nel suo inquadramento giuridico, non fosse stata modificata.

Per dare esecuzione alla pronuncia della Corte europea si rende necessario non un nuovo giudizio di merito, ma solo il rispetto della garanzia del contraddittorio anche sulla diversa definizione del fatto che il giudice di legittimità ha operato ex officio.

Ciò che si chiede è di "rescindere" la sentenza resa all'esito di un "giudizio di legittimità iniquo" e di eliminare l'anomalia già individuata e definita, mettendo in condizione l'imputato e la sua difesa di esercitare il diritto di interloquire sulla diversa definizione giuridica del fatto.

2.1. La sentenza europea riveste inoltre particolare importanza per la sua duplice natura: l'una diretta a incidere sul caso concreto con la restituito in integrum del giudizio di legittimità ed entro i limiti indicati; l'altra, di rendere immanente nel nostro ordinamento il principio del contraddittorio su ogni profilo dell'accusa, anche nel giudizio di legittimità.

E' stata cioè evidenziata una violazione di sistema relativa al principio del giusto processo configurato nell'art. 6, p. 3, lett. a) e b) della Convenzione europea dei diritti dell'uomo. Per la Corte europea, il "processo equo" impone che l'imputato, una volta informato dell'accusale cioè dei fatti e della qualificazione giuridica a essi attribuita, deve essere messo in grado di discutere in contraddittorio su ogni profilo che li investe. Contraddittorio che deve essere garantito anche là dove l'ordinamento - come nel caso italiano - riconosca al giudice il potere di dare al fatto una definizione giuridica diversa da quella enunciata nella imputazione ab origine ascritta all'imputato.

Il sistema va integrato con la regola enunciata dalla Corte di Strasburgo custode della corretta interpretazione delle norme della Convenzione europea dei diritti dell'uomo; il decisum del giudice nazionale di legittimità deve essere "rescisso" nella parte in cui non ha attuato la regola di sistema imposta dalla Convenzione.

Spetta però al giudice nazionale il compito di "rescindere" formalmente la sentenza pronunciata all'esito del giudizio di legittimità, allo scopo di rinnovare tale ultimo segmento processuale nel senso indicato dalla Corte europea.

3. Affinchè il dictum europeo possa integrare la regola processuale interna si impone però la verifica di compatibilità di essa con le norme della Costituzione.

Occorre, al riguardo, ricordare che il Giudice delle leggi ha anzitutto statuito che l'art. 117 Cost., comma 1 per quanto riguarda la Convenzione europea dei diritti dell'uomo, rispetto agli altri trattati internazionali, ha la caratteristica peculiare di aver previsto la competenza di un organo giurisdizionale, la Corte europea per i diritti dell'uomo, cui è affidata la funzione di interpretare le norme della Convenzione stessa.

Ciò importa che tra gli obblighi internazionali assunti dall'Italia con la sottoscrizione e la ratifica della Convenzione europea vi è quello di adeguare la propria legislazione alle norme di tale trattato, nel significato attribuito dalla Corte specificamente istituita per dare ad esse interpretazione ed applicazione.

La Corte costituzionale inoltre ha affermato che le norme della Convenzione europea, quali interpretate dalla Corte di Strasburgo, non sono immuni dal controllo di legittimità costituzionale del Giudice delle leggi: si tratta infatti di norme che integrano il parametro costituzionale e rimangono pur sempre a un livello sub- costituzionale, e per le quali è necessario che siano conformi a Costituzione, e il relativo controllo deve sempre ispirarsi al ragionevole bilanciamento tra il vincolo derivante dagli obblighi internazionali, quale imposto dall'art. 117 Cost., comma 1, e la tutela degli interessi costituzionalmente protetti, contenuta in altri articoli della Costituzione *(C. cost. nn. 348 e 349 del 2007)*.

La completa operatività delle norme interposte, dunque, deve superare lo scrutinio della loro compatibilità con l'ordinamento costituzionale italiano.

3.1. Quanto alla regola di sistema, la Corte europea ha ritenuto che nel giudizio de qua "è stato leso il diritto del ricorrente a essere informato in modo dettagliato, della natura e dei motivi dell'accusa elevata a suo carico nonchè il suo diritto a disporre del tempo e delle facilitazioni necessarie a preparare l'accusa".

Non è da revocare in dubbio che la regola - racchiusa nell'art. 521 c.p.p., comma 1 - caratterizzi una funzione indefettibile del giudice, quella della corretta qualificazione giuridica del fatto e delle relative conseguenze sanzionatorie. Regola che diviene ancor più cogente nel giudizio di legittimità perché da contenuto e significato alla funzione della Corte di cassazione chiamata ad assicurare "l'esatta osservanza e l'uniforme interpretazione della legge". La regola è indefettibile, mentre il modulo operativo è emendabile. Nel giudizio di legittimità, l'applicazione dell'art. 521 c.p.p., comma 1 nel senso indicato dalla Corte europea appare conforme al principio epistemologico statuito dall'art. 111 Cost., comma 2, per il quale "... ogni processo si svolge nel contraddittorio tra le parti, in condizione di parità, davanti al giudice ...", principio che non investe soltanto "la formazione della prova" ma anche ogni questione che attiene la valutazione giuridica del fatto commesso.

Si impone una interpretazione della norma de qua adeguata ai principi costituzionali richiamati e al decisum del giudice europeo.

Il giudice ordinario - statuisce il Giudice delle leggi - deve interpretare la norma interna in modo conforme alla disposizione internazionale, entro i limiti nei quali ciò sia permesso dai testi delle norme e, qualora ciò non sia possibile ovvero si dubiti della compatibilità della norma interna con la disposizione convenzionale "interposta", il giudice deve proporre la relativa questione di legittimità costituzionale rispetto al parametro dell'art. 117 Cost., comma 1 *(C. cost. n. 349 del 2007)*.

3.2. Non vi è la necessità di un intervento additivo della Corte costituzionale per stabilire che l'imputato e il difensore devono e possono essere messi in grado di interloquire sulla eventualità di una diversa definizione giuridica del fatto là dove essa importi conseguenze in qualunque modo deteriori per l'imputato così da configurare un suo concreto interesse a contestarne la fondatezza.

La norma va applicata e interpretata nel senso che la qualificazione giuridica del fatto diversa da quella attribuita nel giudizio di merito, riconducibile a una funzione propria della Corte di cassazione, richiede, però, una condizione imprescindibile per il suo concreto esercizio: l'informazione di tale eventualità all'imputato e al suo difensore. Informazione che, qualora manchi una specifica richiesta del pubblico ministero, va formulata dal Collegio con un atto che ipotizzi tale eventualità.

La regola di attuazione dei principi del "processo equo", che la Corte europea ha ritenuto racchiusi nelle norme di Convenzione, si pone in linea con il principio imposto dal richiamato secondo comma dell'art. 111 Cost. e nel processo civile trova riscontro nell'art. 384 c.p.p., comma 3 (nel testo sostituito dal D.Lgs. 2 febbraio 2006, n. 40, art. 12), ai sensi del quale "Se ritiene di porre a fondamento della sua decisione una questione rilevata d'ufficio, la Corte riserva la decisione, assegnando con ordinanza al pubblico ministero e alle parti un termine non inferiore a venti e non superiore a sessanta giorni dalla comunicazione per il deposito in cancelleria di osservazioni sulla medesima questione". 3.3. Quanto alle modalità di intervento sul caso concreto la Corte europea ha rilevato che, in mancanza di richiesta di equo soddisfacimento "l'avvio di un nuovo procedimento o la riapertura del procedimento su richiesta dell'interessato rappresenta in linea di massima un modo adeguato di porre rimedio alla violazione contestata".

Si è già detto, è compito primario del legislatore prevedere strumenti giuridici per la concreta esecuzione delle sentenze della Corte europea dei diritti dell'uomo che abbiano rilevato, nei processi penali, violazioni dei principi sanciti dall'art. 6 della Convenzione. Si è però posto in rilievo che il giudice ha il dovere di ricercare, in considerazione della specificità della violazione, le modalità di restitutio in integrum.

Nel precedente 2 è stata posta in risalto la specificità del decisum della Corte e la sua incidenza sul caso concreto che non postula una "revisione" della sentenza resa all'esito del giudizio di merito. Qui, l'iniquità del giudizio di legittimità si è realizzata con la modificazione ex officio della definizione giuridica del fatto il cui principale effetto è stato il permanere della condanna, cancellata dalla declaratoria di estinzione del reato.

Del resto, la Corte costituzionale, nel dichiarare inammissibile la questione di legittimità delle disposizioni in tema di revisione nella parte in cui non prevedevano la riconducibilità a tale istituto delle decisioni penali della Corte di cassazione per errore di fatto, ha sottolineato che l'istituto della revisione è un "modello del tutto eccentrico rispetto alle esigenze da preservare nel caso di specie, avuto riguardo: sia alla diversità dell'organo chiamato a celebrare tale giudizio (la corte di appello); sia alla duplicità di fase (rescindente e rescissoria) che ne contraddistingue le cadenze; sia alle stesse funzioni che tale istituto è chiamato a soddisfare nel sistema" *(Corte Cost. sentenza n. 395 del 2000)*.

Nella recente sentenza *n. 129 del 2008*, poi, è la Corte costituzionale a porre in rilievo che il legislatore "... per soddisfare le esigenze e le lacune poste in luce nella pronuncia richiamata - ha introdotto, con l'art. 625 bis c.p.p., un nuovo istituto per rimuovere gli effetti di quel tipo di errori commessi dalla Corte di cassazione, denominandolo significativamente ricorso straordinario per errore materiale o di fatto; ed assegnandogli una collocazione sistematica ed una disciplina avulse (e logicamente alternative) rispetto a quelle che caratterizzano la revisione".

In tal modo, definito il contesto nel quale si chiede di intervenire, ad avviso del Collegio, lo strumento giuridico idoneo a dare attuazione alla sentenza europea può essere quello del ricorso straordinario contro le sentenza della Corte di cassazione, previsto dall'art. 625 bis c.p.p..

Questa norma - sebbene realizzata per colmare vuoti di tutela definiti e tassativi, errore materiale o di fatto - ampiamente giustifica un ragionamento "per analogia", non incorrendo nei divieti posti dall'art. 14 disp. gen..

Anzitutto, non si è in presenza di una norma penale incriminatrice e, in ogni caso, il ragionamento che si vuole sviluppare per similitudine conduce a effetti in bonam partem. La norma inoltre non si caratterizza per eccezionalità rispetto al sistema processuale, poichè realizzata per colmare un vuoto normativo dovuto all'inadeguatezza della precedente disciplina a tutelare anomalie e violazioni riconducibili al diritto di difesa, pur configurabili con ordinarietà nel giudizio di legittimità.

Ragionamento per similitudine, dunque, che conduce ad applicare all'ipotesi de qua uno strumento giuridico modellato sull'istituto introdotto dall'art. 625 bis c.p.p.. Si è in presenza di situazioni analoghe nel senso che l'elemento che le accomuna è l'identità di ratio: rimediare, oltre che a veri e propri errori di fatto, a violazioni del diritto di difesa occorse nell'ambito del giudizio di legittimità e nelle sue concrete e fondamentali manifestazioni che rendono invalida per iniquità la sentenza della Corte della cassazione. Per di più, nel caso specifico, si è in presenza di violazione affermata dalla Corte europea; violazione che trova la sua immediata tutela nell'art. 6 della Convenzione europea dei diritti dell'uomo e nel citato art. 111 Cost., comma 2.

In conclusione, vi è una parziale "rimozione" del giudicato, nella parte in cui esso si è formato nel giudizio di legittimità mediante un vulnus al diritto di difesa, che si è tradotto in una "iniquità" della sentenza, "iniquità" che non è scaturita da preclusioni processuali addebitabili al ricorrente, bensì dal "governo" del processo da parte del giudice.

Mette conto - a completamento dell'area degli argomenti giuridici - che nel bilanciamento di valori costituzionali, da un lato, quello della funzione costituzionale del giudicato e, dall'altro, quello del diritto a un processo "equo" e a una decisione resa nel rispetto di principi fondamentali e costituzionali posti a presidio del diritto a interloquire sull'accusa, non può che prevalere quest'ultimo; e proprio la prevalenza di quest'ultimo valore ha determinato il legislatore a introdurre il ricorso straordinario ex art. 625 bis c.p.p. contro le sentenze della Corte di cassazione, *cfr. ex. Multis, Cassa. Pen. Sez. VI, 12/11/2008, n. 45807, Rv. 241753.*

Legge 4 agosto 1955, n. 848, ratificato ed esecuzione della convenzione per la salvaguardia dei diritti dell'uomo e delle libertà fondamentali a Roma il 4 novembre 1950 e del Protocollo addizionale alla convenzione stessa, firmato a Parigi il 20 marzo 1952 (Gazzetta Ufficiale n. 221 del 24 settembre 1955).

E' opportuno ricordare giurisprudenza incontrovertibile della Corte Europea dei Diritti dell'Uomo:

- che ai sensi dell'art. 6, par. 1 CEDU, richiede che un individuo goda della possibilità chiara e concreta di contestare un atto che viola i suoi diritti fondamentali, cfr. Corte Europea dei Diritti dell'Uomo 10.2.1995;

- a' sensi dell'art. 6, par. 1. CEDU, garantisce a ciascuno il diritto che un Tribunale esamini tutte le contestazioni relative ai suoi diritti e dovere, cfr. per tutte, Corte Europea dei Diritti dell'Uomo, 9/10/1979;

Secondo le direttive della Corte Europea dei Diritti dell'Uomo un individuo che in maniera plausibile si ritiene di una violazione dei diritti riconosciuti della convenzione deve disporre di un ricorso davanti ad una istanza nazionale per ottenere una decisione sulla sua doglianza e, se del caso, per ottenere riparazione, *Cfr; ex. Multis, Corte Europea dei Diritti dell'Uomo, 27/4/1988; Corte Europea dei Diritti dell'Uomo, 6/3/1987; Corte Europea dei Diritti dell'Uomo, 25/3/1983;*

l'imparzialità prevista dall'art. 6, par.1, CEDU si sostanzia in due piani: quello soggettivo, che si riferisce al foro interiore del magistrato, ritenuto imparziale fino a prova contraria, e l'altro, oggettivo, nel quale vengono in considerazione quelle condizioni esteriori, e anche le semplici apparenze che debbono assicurare una giustizia imparziale, *Cfr. Corte Europea dei Diritti dell'Uomo, 26/10/1984;*

in rispetto agli artt. 6 e 13 del CEDU, la presenza di una istituzione giudiziaria in senso stretto, purché i suoi poteri e le garanzie procedurali offerte dalla stessa siano in grado di garantire un ricorso effettivo il quale – in ordine al profilo in disamina e sinonimo di imparzialità ed indipendenza e di un giusto processo, *Cfr. Corte Europea dei Diritti dell'Uomo, 4/7/2006;*

Deve essere valutata l'imparzialità del giudice, di cui all'art. 6 par.1 CEDU, sia sotto il profilo oggettivo, onde assicurare dell'esistenza di garanzie sufficienti ad escludere ogni legittimo dubbio circa la sussistenza dell'imparzialità medesima e sia sotto il profilo soggettivo, avendo riguardo alla convinzione ed al comportamento personale del giudice, *Cfr. Corte Europea dei Diritti dell'Uomo, 16/11/2000;*

L'art. 5 CEDU, proclamando nel suo par.1 il diritto alla libertà, intende la libertà fisica della persona e ha per obiettivo di assicurare che nessuno ne sia privato in maniera arbitraria, *Cfr. Corte Europea dei Diritti dell'Uomo, 25/6/1996;*

Il principio della presunzione di innocenza non costituisce solo garanzia processuale in materia penale, ma implica che, non solo nessun giudice o Tribunale, ma anche nessun'altra autorità pubblica dichiari che una persona è colpevole di un'infrazione prima che la sua colpevolezza sia stata accertata da un giudice, *Cfr. Trib. I Grado Comunità Europee Sez.III, Sent., 8/7/2008, n. 48/05;*

la presunzione di innocenza sancita dall'art. 6, par.2 CEDU è pure violata se una decisione giudiziaria concernente un imputato rispecchia la sensazione che egli sia colpevole, quando la sua colpevolezza non è previamente provata legalmente, *Cfr. Corte Europea dei Diritti dell'Uomo, 10/2/1995;*

Il diritto alla presunzione di innocenza di cui all'art. 6, par., 2 CEDU deve ritenersi violato nel caso in cui una decisione giudiziaria o un provvedimento di un pubblico ufficiale resi nei confronti dell'accusa riflettano l'opinione che questo sia colpevole prima che ciò sia provato ai termini di legge. Tale principio vale non solo per il procedimento penale pendente, ma anche per tutti quei processi conseguenti o concomitanti a questo. Tale diritto sorge in relazione allo specifico capo d'accusa, qualora sia provato la colpevolezza; esso non è suscettibile di coprire le doglianze mosse al contegno dell'accusa nel corso dell'irrogazione della pena, salvo che le stesse siano di tale natura inappropriata rispetto a un reato per il quale la persona confiscata non sia stata effettivamente giudicata colpevole; qualora sussista a favore del confiscato una pronuncia di assoluzione, le predette misure costituiscono violazione del diritto alla presunzione di innocenza, *Cfr. Corte Europea dei Diritti dell'Uomo, Sez.III, 1/3/2007;*

l'art. 5, comma 3, CEDU, che sancisce il diritto di ogni persona arrestata o detenuta di essere giudicata entro un termine ragionevole, o liberata nel corso del procedimento, si riferisce unicamente all'art. 5, par.1 cedu, *Cfr. Corte Europea dei Diritti dell'Uomo, 18/6/1971;*

E' illegittimo, rispetto ai vincoli rigorosi previsti dal par. 3 dell'art. 5 CEDU, un periodo di detenzione senza che questo sia preceduto da un controllo giudiziario, *Cfr. Corte Europea dei Diritti dell'Uomo, 18/12/1996;*

Viola l'art. 6, CEDU, quando il risultato della prova sia risultato poi, anche a giudizio della Corte, essere effettivamente rilevante per la difesa ai fini del giudizio, il consapevole rifiuto di acquisire una prova da parte dell'Autorità giudiziaria, anche nel periodo delle indagini affidate a rappresentante pubblico dell'accusa, *Cfr. Corte Europea dei Diritti dell'Uomo, 27/4/2000;*

l'autorità che dispone le intercettazioni, per prevenire abusi facilmente attuabili con tale strumento, deve sempre garantire l'effettività del controllo su di esse, *Cfr. Corte Europea dei Diritti dell'Uomo, 29/3/2005;*

La Moldava è stata condannata perché le autorità giudiziarie hanno abusato del sistema di intercettazioni di comunicazioni che si presenta privo di qualsiasi garanzia legale, *Cfr. Corte Europea dei Diritto dell'Uomo, Sez. IV, 10/2/2009;*

Le disposizioni del codice di procedura penale Italiano all'art. 268, comma 3 del c.p.p. devono essere interpretate sempre restrittivamente, posto che l'autorità giudiziaria deve sempre controllare le operazioni di intercettazione al fine di evitare ogni abuso, anche quando lo svolgimento delle operazioni sia delegato ad autorità di polizia, *Cfr. Corte Europea dei Diritti dell'Uomo, 29/3/2005;*

Integra una violazione dell'art. 6, par. 1 e 3 del CEDU, la condanna in grado di appello dell'imputato assolto in primo grado, sulla base della mera rivalutazione contraria delle deposizioni a discarico rese in primo grado, senza accogliere la richiesta di nuova escussione testimoniale, *Cfr. Corte Europea dei Diritti dell'Uomo, 18/5/2004;*

La riforma della sentenza assolutoria in appello, basata unicamente sugli stessi elementi per i quali il giudice di primo grado aveva escluso la possibilità di accertare la responsabilità dell'imputato, comporta una Violazione dell'art. 6 della Convenzione, *Cfr, Corte Europea dei Diritti dell'Uomo, Sez. III, 4/6/2013;*

La mancata possibilità di contestare le irregolarità commesse dalle autorità, nel prorogare la durata delle intercettazioni, giustifica in sede di controllo di legittimità dal fatto che trattandosi di intercettazioni disposte sulla linea di un terzo, il ricorrente non era legittimato a sindacare le condizioni di proroga, integra una violazione dell'art. 8 Conv. Eur. Dir. Uomo, *Cfr. Corte Europea dei Diritti dell'Uomo, 24/8/1998;*

Viola l'art.8 della Convenzione Europea, la conservazione, in una database, delle impronte digitali, di un imputato assolto, comportando ciò un'interferenza sproporzionata con il diritto al rispetto della sua vita privata né potendo ciò essere considerato necessario in una società democratica, *Cfr. Corte Europea dei Diritti dell'Uomo, Sez. V, 18/4/2013;*

conservare le impronte digitali di un soggetto incensurato in una database nazionale costituisce una indebita ingerenza nel diritto al rispetto della vita privata, *Cfr. Corte Europea dei Diritti dell'Uomo, Sez.V, 18/4/2013;*

La Corte Europea ha ritenuto sussistente la violazione affermando che, una volta divenuta definitiva la sentenza di assoluzione, qualsiasi dubbio circa la responsabilità penale, anche se contenuta nella stessa decisione di assoluzione, deve ritenersi in contrasto con il principio riconosciuto nella convenzione, *Cfr. Corte Europea dei Diritti dell'Uomo, Sez.III, 10/7/2001;*

La persistenza di un ragionevole dubbio che la persona abbia commesso un delitto è condizione essenziale per la continuazione della detenzione, ma dopo un certo periodo di tempo, non risulta più sufficiente. Laddove la detenzione si protragga, quindi l'uso da parte del Tribunale, di motivazioni stereotipate sul punto costituisce violazione dell'art. 5, comma 3 Cedu, *Cfr. Corte Europea dei Diritti dell'Uomo, 23/5/2006.*

Se dal silenzio dell'accusa in sede di interrogatorio davanti alla polizia giudiziaria, il giudice trae elementi contra reum, si ha violazione dell'art. 6, par. 1 CEDU, dato che non si può derivare nessuna conseguenza negativa del fatto che l'imputato eserciti un proprio diritto, *Cfr. Corte Europea dei Diritti dell' Uomo, 8/10/2002.*

Costituisce violazione dell'art. 8 CEDU, relativo al diritto al rispetto della vita priva e familiare, perché il controllo sulla corrispondenza, di detenuti in regime di applicazione dell'art. 41Bis dell'art. 18-ter della legge n. 354 del 1975, introdotto con la legge n. 95 del 2004, non può essere esercitato sulle missive indirizzate al proprio difensore di fiducia ed agli organi internazionali competenti in materia di diritti umani, *Cfr. ex. Pluris, Corte Europea dei Diritti dell'Uomo, 20/1/2009, n. 24424/'03; Corte Europea dei Diritti dell'Uomo, 19/1/2010, n. 24950/'06.*

La sofferenza fisica o psichica dovuta ad una malattia che sopraggiunge naturalmente può rientrare nell'art. 3 del CEDU, e sé o rischia di essere aggravata dalla detenzione o dalla condizione della stessa, *Cfr. Corte Europea dei Diritti dell'Uomo, 29/4/2002;*

Per costante giurisprudenza della Corte Europea dei Diritti dell'Uomo, ha più volte ribadito che in seguito alla Violazione del diritto della vita privata, garantito dall'art. 8 della Convenzione per la salvaguardia dei diritti dell'Uomo e della libertà fondamentale, *lo Stato Italiano Va Condannato al risarcimento del danno morale, Cfr. Corte Europea dei Diritti dell'Uomo, 19/2/1998;*
La pena dell'ergastolo, così come l'esecuzione di una pena detentiva di

lunga durata, pone dei problemi di compatibilità con l'art. 3 CEDU allorquando non esista alcuna speranza che il condannato possa beneficiare di misure quali la libertà condizionale, *Cfr. Corte Europea dei Diritti dell'uomo, 14/1/2003;*

Ai fini di rendere la pena perpetua compatibile con l'art. 3 della convenzione sono necessari meccanismi che consentono, anche a distanza di anni, una revisione della condanna, *Cfr. Corte Europea dei Diritti dell'Uomo, 9/7/2013;*
Le condizioni di vita di molti detenuti, Italiani, costretti a vivere in spazi molto limitati, contrasta con il divieto di tortura e trattamenti inumani e degradanti. Lo Stato Italiano è tenuto ad assicurare, entro un anno, idonee misure strutturali, *Cfr. Corte Europea dei Diritti dell'uomo, Sez.II, 8/1/2013.*

E' costituzionalmente illegittimo, per contrasto con l'art. 24, comma 2, Cost. , l'art. 41Bis, comma 2 quater lettb) ult. Periodo, lette 354/1975, nella parte in cui consente al condannato in regine di sospensione delle regole trattamentali di effettuare con il difensore <<*fino ad un massimo di tre volte alla settimana, una telefonata o un colloquio della stessa durata di quelli previsti con i familiari*>>, *pari rispettivamente a dieci minuti o ad un'ora, cfr. Corte Cost., 20/06/2013, n. 143.*

Per consolidata giurisprudenza di legittimità, si veda *Cass. Pen. Sez. I, 8/2/2008, n. 8364,* nel ribadire: Non è possibile assimilare in toto le infrazioni disciplinari alle fattispecie di reato; ai fini della questione posta con la censura, deve tenersi conto che anche in relazione alle prime trovano applicazione quei principi fondamentali di garanzia per i quali il detenuto può essere sottoposto a sanzione solo per infrazioni espressamente previste ed a conclusione del regolamentato procedimento disciplinare (L. n. 354del 1975, ex. Artt. 38 e 39 e D.P.R. n. 230 del 2000, artt. 77 e ss.). Tenuto conto che modalità e termini di contestazioni dell'addebito e di applicazione della sanzione sono strumenti per la concreta attuazione di qui principi di garanzia che presiedono alla regolamentazione della procedura disciplinare siffatta modalità e termini non possono essere pretermessi e la loro inosservanza, negativamente riflettendosi sull'intero procedimento, *rende illegittima la decisione adottata a conclusione del medesimo (cfr. Cass. Pen. Sent. n. 14670/2007, nonché seppure con diversa valutazione* della "natura" dei termini di cui al D.P.R. n. 230 del 2000, art. 81, cfr. Cass. Pen. 2003, n. 48848.

Pronunciandosi su un caso che vedeva coinvolto detenuto che aveva denunciato di essere stato maltrattato dagli agenti della Polizia Penitenziaria che erano soliti spruzzargli addosso uno spray al peperoncino quale forma di punizione, la Corte di Strasburgo ha, condivisibilmente, ritenuto che lo spray al peperoncino non deve essere utilizzato in spazi ristretti e che il suo uso non era giustificato, in quanto i agenti della polizia penitenziaria hanno a disposizione mezzi alternativi per immobilizzare i detenuti, *Cfr. Corte Europea dei Diritti dell'Uomo, Sez. I, 13/2/2014, n.66393/'10.*

Art. 415 *bis* cod. proc. Pen.

1) *Ratio* dell' istituto è fornire alla persona sottoposta alle indagini gli strumenti atti a garantirle il completo esercizio del diritto di difesa in una fase antecedente rispetto alle possibili determinazioni che il Pubblico Ministero dovrà assumere in relazione all'esercizio dell' azione penale.

La norma in esame, sostanzialmente, oltre ad informare l' indagato relativamente ai motivi ed alla natura dell' accusa che gli si muove, concede allo stesso la facoltà di accedere al materiale raccolto nel corso delle indagini e confluito nel fascicolo dell' accusa, così da consentirgli le opportune valutazioni in ordine agli addebiti contestati,
al materiale probatorio in atti e, soprattutto, alla strategia difensiva da attuare.
Infatti, l' art. 415-*bis* cod. proc. pen. concede all' indagato un lasso di tempo,(20 giorni), entro il quale lo stesso ha la possibilità di effettuare alcune "attività", le quali, potenzialmente possono condizionare le successive determinazioni del PM.

2) Ambito di applicazione dell' istituto in relazione ai procedimenti speciali ed in relazione al procedimento davanti al Giudice di Pace

L'avviso *ex* 415-*bis* cod. proc. pen. non è previsto in relazione al giudizio immediato; a tale conclusione è prevenuta la Consulta che ha dichiarato " *manifestamente infondata la questione di leggittimità costituzionale dell'art. 453 cod. proc. pen., in riferimento agli artt. 3 e 24 comma 2 Cost.*" (Corte Cost. 16 maggio 2002, n 203, in Dir.Pen e Proc. 2002, p. 818, cfr. all. n. 1).

Nello stesso senso si è espressa la Corte di Cassazione, la quale ha affermato che " *nel rito speciale del giudizio immediato, l' art. 453 cod proc pen. non prevede che la richiesta di giudizio debba essere preceduta dall'avviso di conclusione delle indagini preliminari ai sensi dell'art. 415-bis.*

Ed invero tale adempimento è previsto quando si procede nelle forme ordinarie con la richiesta di rinvio a giudizio o con la citazione diretta a giudizio, mentre il presupposto del giudizio immediato è l'evidenza della prova la cui sussistenza permette di evitare la celebrazione dell'udienza preliminare" (Cass. Sez VI, 24 febbraio 2003, n. 18151, in *Cass. Pen.* 2004, p. 2455, cfr. all. n. 2).

Anche per quanto attiene il decreto penale di condanna non è previsto l' avviso di chiusura delle indagini preliminari.

Sul punto la Corte Costituzionale ha ritenuti che "*è manifestamente infondata, in riferimento agli artt. 3, 24 e 111 Cost, la questione di legittimità costituzionale dell' art. 459 cod. proc. pen., nella parte in cui non prevede che, prima di chiedere al Giudice per le indagini preliminari l' emissione del decreto penale di condanna, il Pubblico Ministero debba fare notificare all' indagato l' avviso di cui all' art. 415-bis cod. proc. pen.*" (Corte Cost. 4 febbraio 2003, n.32, in *Giur. Cost.* 2003, p. 201, cfr. all. n.

3) In relazione ai reati per cui è prescritta la citazione diretta ex art. 550 cod. proc. pen., sono invece applicabili gli adempimenti previsti dall'art. 415- *bis* cod. proc. pen..

In relazione al procedimento davanti al Giudice di Pace è stata avanzata questione di legittimità costituzionale dell'art. 15 d.lgs 28 agosto 2000 n. 274 in riferimento agli artt.3, 24 e 111 Cost. nella parte in cui non prevede che nel procedimento dinanzi al Giudice di Pace sia dato avviso all' indagato della conclusione delle indagini preliminari ai sensi dell'art. 415-*bis* cod. proc. pen..

La Consulta con pronuncia 28 giugno 2004 n.201 ha dichiarato la manifesta infondatezza di tale questione (Corte Cost. 28 giugno 2004, n.201, in *Giur. Cost.* 2004, p. 2058, cfr. all. n.4).

Forma e contenuto

Enunciazione del fatto

Il contenuto dell'avviso *ex* art. 415-*bis* cod. proc. pen. è stabilito dal comma 2 della norma in questione, ma, come meglio precisato dalla giurisprudenza, " *l' avviso di conclusione delle indagini preliminari è atto preordinato all'esercizio del diritto di difesa e, pertanto, la mancanza e l' incompletezza di taluni degli elementi essenziali, quali sono la sommaria enunciazione del fatto per il quale si procede e la data del luogo del fatto, determinano una nullità di ordine generale a regime intermedio di cui all' art. 178 lett c) cod. proc. pen.".* (Trib. Milano, ord. 27 giugno 2000, in *Foro ambrosiano* 2000,p. 581, cfr. all. n. 5).

In sostanza il requisito della sommarietà nella enunciazione del fatto va inteso come un richiamo al carattere della " concisone" della descrizione dell'addebito, ma non può estricarsi in un enunciato tanto indeterminato da risultare inidoneo a consentire alla difesa la possibilità di conoscere effettivamente gli addebiti per cui si procede e quindi di richiedere il compimento di attività investigative in modo consapevole e mirato.

La chiave di lettura dell'art.415-*bis* cod.poc.pen.deve oggi essere quella del novellato art. 111, comma 3, Cost. che garantisce che la persona " accusata di un reato" sia, nel più breve tempo possibile, informata riservatamente della natura e dei motivi dell'accusa elevata a suo carico.

In definitiva il contenuto dell'avviso *ex* 415-*bis,* comma 2, cod. proc. pen.(che impone al PM di indicare solo le norme di legge che si assumono violate, la data e il luogo del fatto).

I destinatari

Notifica dell' avviso

Il primo comma dell'art 415-*bis* cod. proc. pen. prevede che l'avviso di chiusura delle indagini preliminari debba essere notificato sia alla persona sottoposta alle indagini,sia al suo difensore.Tale impostazione è stata ampiamente confermata dalla giurisprudenza che in diverse occasioni ha ribadito come "*il dettato dell'art. 415-bis comma 1 imponga la notifica dell'avviso di conclusione delle indagini preliminari non solo alla persona sottoposta alle indagini ma anche al difensore e l' intento della nuova normativa è proprio quello di anticipare il contraddittorio, nella sua massima estensione comprensiva della difesa tecnica, ad un momento antecedente all' esercizio dell'azione penale, al fine di consentire alla difesa di potere influire sulle determinazioni del PM in ordine a tale esercizio*" (Cass.Pen. , Sez II, 2 luglio 2002 ,in Dir.Pen. e Proc. 2002, p. 1089, cfr all. n.6).

La Cassazione ha precisato inoltre che " *l'avviso di conclusione delle indagini preliminari di cui all'art 415-bis cod.proc.pren. non è suscettibile di delega alla polizia giuduziaria, in quanto rientrante nell' ambito delle attività riservate al diretto espletamento da parte del PM procedente,unico legittimato a sottoscriverlo*" (Cass.Pen., Sez v.,13 gennaio 2004,cfr. all.n.7).

Facoltà difensore, obblighi del PM e scelte strategiche.

Le facoltà difensive concesse all'indagato sono,in sostanza, quelle elencate nei commi 2 e 3 della norma in questione:
1) facoltà di prendere visone ed estrarre copia degli atti;
2) facoltà di presentare memorie, produrre documenti;
3) facoltà di depositare documenti relativi ad attività investigativa compiuta dalla difesa ;
4) facoltà di richiedere che il PM procedente espleti ulteriri indagini;

5) facoltà di rilasciare dichiarazioni al PM;
6)facoltà di chiedere al PM di essere sottoposto ad interrogatorio.

Sotto un profilo strettamente pratico è utile sapere che:
-gli atti depositati dal PM, a seguito di avviso di chiusura delle indagini preliminari,sono allocati (per quanto attiene la sede giudiziaria di Milano) in una specifica stanza della Procura della Repubblica (stanza 419 sita al 4/5 piano);
-al fine di essere autorizzati a prendere visione dei fascicoli ed estrarre copia dei relativi atti è necessario presentarsi muniti dell'avviso *ex* 415-*bis* cod. proc. pen., unitamente ad una copia della nomina già depositata presso la cancelleria del PM procedente,e una delega (nel caso in cui non sia direttamente l'avvocato nominato a prendere visione del fascicolo)ed, infine alle marche da bollo di vario taglio;
- nell'ipotesi in cui si decida di depositare memorie o documentazione sarà necessario produrre e depositare tali atti direttamente presso la segreteria del PM procedente;
-nell'eventualità in cui si renda necessario invece richiedere che il PM proceda all'espletamento di ulteriori indagini, sarà necessario avanzare specifica istanza, da depositare, anch'essa, presso la segreteria del PM (o presso l'Ufficio Ricezione Atti, sito presso il Tribunale competente Sez. GIP); stessa cosa nel caso on cui si richieda di essere sottoposti ad interrogatorio.

Il termine stabilito per l' espletamento delle facoltà previste ai commi 2 e 3 dell'art 415-*bis* cod. proc. pen.è di 20 giorni.
Sul punto si segnala come la Corte di Cassazione abbia tuttavia stabilito che "*il deposito degli atti delle indagini preliminari ex art. 415-bis cod. proc. pen. e la facoltà per il difensore di prenderne visione ed estrarne copia costituiscono il presupposto per esercitare efficacemente le attività difensive previste nel comma terzo della medesima disposizione , in particolare la facoltà di chiedere nuove indagini. Peraltro, poichè il termine di venti giorni previsto per tali attività difensive non è stabilito a pena di decadenza,qualora esse non siano state espletate per mancanza di una condizione essenziale,quale la facoltà di estrarre copia degli atti depositati, l'indagato ed il suo difensore hanno diritto ad esercitare le citate facoltà sino a che il PM non eserciti l'azione penale con la richiesta di rinvio a giudizio*" (Cass. Pen. Sez. III,14 aprile 2005, n. 13713, in Riv.Pen., 2006,p.745,cfr.all.n.8).

Va peraltro evidenziato che,ove non sorgono i problemi o le difficoltà richiamate nella citata sentenza (ad es. impossibilità di esaminare gli atti depositati per cause non imputabilia alla difese)il termime previsto dovrà essere rispettato.

Si segnala inoltre una pronuncia con cui la Suprema Corte ha stabilito che *"qualora il deposito degli atti dell'indagine preliminare avvenga successivamente alla notifica dell'avviso di conclusione prescritto dall'art. 415-bis cod. proc. pen., il termine di venti giorni indicato al comma terzo per l'esercizio delle facoltà concesse all'indagato inizia a decorrere solo a seguito del deposito"* (Cass. Sez. VI, 17 giugno 2004,n. 33158,cfr. all. n. 9).

La Cassazione ha inoltre precisato che *"nel caso in cui l'avvertimento indicato all'art.415-bis cod. proc. pen. sia notificato in tempi diversi all'indagato ed al difensore, il termine di venti giorni previsto per l'esercizio delle facoltà indicate al comma terzo (presentazione di memorie, produzione di documenti ,deposito della documentazione relativa ad investigazioni del difensore,richiesta di atti di indagine,ecc) decorre per entrambi dall'ultima notificazione"* (Cass.Sez.III, 20 settembre 2006, n.35880,cfr. all. n. 10).

In merito agli obblighi del Pubblico Ministero, occorre rilevare come non gravi su di esso l' obbligo di compiere le indagini che gli siano state sollecitate dall'indagato, se non esclusivamente nei limiti degli artt.326 358 cod. proc. pen.,

In particolare, la Cassazione ha affermato che *"non è prevista alcuna nullità per il caso in cui il PM non disponga le indagini richieste dall'indagato ex art.415-bis comma 3 cod. proc. pen."* (Cass., Sez. V, 25 maggio 2005, 17690, in *Riv. Pen* .,2006, p. 986,cfr.all. n. 11).

Sul punto è inoltre espressa la Corte Costituzionale (ord.30 luglio 2003 n.287) respingendo la questione di costituzionalità degli artt.415-*bis* cod. proc. pen., comma 3, e 552, comma 2, cod. proc. pen. *"nella parte in cui non prevedono alcun obbligo del PM di compiere gli atti di indagine richiesti all'indagato, nè alcun obbligo del PM di provvedere con atto motivato nel caso di rigetto della richiesta nè alcun rimedio contro l'inerzia del PM nè la nullità del decreto di citazione a giudizio che sia nondimeno emesso"* (Corte Cost.30 luglio 2003, n.287,in *Dir.Pen e Proc.*,2003, p. 1332,cfr.all.n.12).

Come visto il PM, a seguto dell'avviso di chiusura delle indagini preliminari,deve depositare gli atti riguardanti le stesse.ciò al preciso scopo di consentire all'indagato di conoscere in modo completo gli addebiti contestati e le fonti di prova che sorregono la tesi dell'accusa.

Nell'eventualità in cui il Pubblico Ministero non depositi tutto il materiale probatorio raccolto nel corso delle indagini, tale omissione non determina la nullità della successiva richiesta di rinvio a giudizio, .a esclusivamente l' inutilizzabilità degli atti non depositati.

Tale è l'impostazione della Corte di Cassazione secondo cui "*l'ommisione del deposito di atti dell'indagine preliminare, contestualmente alla notifica dell'avviso di conclusione prescritto dall'art. 415-bis cod. proc. pen., comporta l'inutilizzabilità degli stessi, ma* non la nullità *della successiva richiesta di rinvio a giudizio e del conseguente decreto che dispone il giudizio*" (Cass.,Sez.III,15 ottobre2003,44422, in Arch .Nuova Proc.Pen.,2004, p. 582,cfr. all. n. 13).

Invalidità e nullità connesse a violazioni dell'art.415-*bis* cod. proc. pen.

La richiesta di rinvio a giudizio è nulla:

1) nel caso in cui non sia stato dato l'avviso di cui all'art.415-*bis* cod. proc. pen.;

2) nell'ipotesi in cui l'indagato abbia richiesto di essere sottoposto ad interrogatorio nei termini stabiliti dalla legge (20 giorni) e tuttavia non si sia svolto l'interrogatorio di cui all art. 375,comma 3, cod. proc. pen..

In tema di interrogatorio richiesto dall' indagato *ex* art 415-*bis* cod. proc. pen. si segnala come la Suprema Corte abbia affermato che "*la richiesta dell'indagato di rendere l'interrogatorio al pubblico ministero ai sensi dell'art.375 cod. proc. pen. eventualmente presentata nel corso delle indagini preliminari, non ha valore equipollente alla richiesta di interrogatorio prevista dal comma 3 dell'art.415-bis cod. proc. pen., che obbliga l'organo di accusa ad assumere l'atto di indagine preliminare;*" (Cass.Sez. VI,16 aprile 2004, n.17702, in Arch.Nuova.Proc.Pen.,2005, p.388,cfr. all. n. 14)

Le nullità sopra richiamate sono di ordine generale a regime intermedio ex art.180 cod. proc. pen.,rilevabili quindi, anche d'ufficio, ma in ogni caso non dopo la pronuncia della sentenza di primo grado.

Si segnala inoltre una pronuncia del Tribunale di Milano con cui è stato stabilito che in caso di notifica dell'avviso di conclusione delle indagini preliminari ad indagato alloglotta sia necessaria *ex* art. 415-*bis* cod. proc. pen "la traduzione nella lingua dell' imputato" (...) al fine di garantire l'esercizio del diritto di difesa al quale l'avviso medesimo si riconnette (...). Ne consegue , in caso di omessa traduzione ,la nullità della richiesta di rinvio a giudizio" (Trib.Milano, Ufficio GIP, 12 novembre 2002, in Foro.Ambrosiano, 2002, p.344,cfr. all. n. 15).

Si riporta infine un'ordinanza della Corte Costituzionale nella cui motivazione si è affermato che l'esercizio dell'azione penale dal parte del Pubblico Ministero prima del decorso dei 20 giorni stabiliti dall.art.415-*bis* , comma 3,cod. proc. pen. genera una nullità a regime intermedio *(Corte Cost. ord. 15 dicembre 2005,n.425,in Dir.Pen e Proc., 2006,p. 41,cfr. all. n. 16).*
L'omessa trasmissione dell'avviso di conclusione delle indagini preliminari,in una lingua nota all'indagato aloglotta,ne determina la nullità *ex* art.178 lett.c) e 180 c.p.p, ed è comunque sottoposto ai sebsi dell'art 183 c.p.p, nel caso in cui l'interessato faccia richiesta di giudizio abbreviato, dimostrando così di non avere interesse all' osservanza della disposizione violata e di accettare gli effetti dell'atto nullo, che per diretta *Cass. Pen. Sez. Un.26 settembre 2006 n 39298.*

Effetto dell'avviso ex art.415-bis cod. proc. pen. rispetto al corso della prescrizione

Un problema che si è posto in passato attiene all'effetto dell'avviso di cui all'art 415-*bis* cod. proc. pen. rispetto alla prescrizione.
Da un lato vi era un orientamento giurisprudenziale che riteneva che tale avviso dovesse ritenersi atto interruttivo della prescrizione, e dall'altro vi era un opposto orientamento che negava l'efficacia interruttiva dell'avviso di cui all'art. 415-*bis* cod. proc. pen.
La questione è stata di recente risolta dalle Sezioni Unite della Suprema Corte secondo le quali *"l'avviso di conclusione delle indagini di cui l'art. 415-bis cod. proc. pen. non costituisce atto interruttivo della prescrizione del reato ai sensi e per gli effetti dell'art.160 cod.pen ".*La suprema Corte

infatti ribadisce come *"l'elenco di atti che determinano l'interruzione della prescrizione del reato contenuto nell'art. 160 cod.pen. è, per giurisprudenza costante della Corte di Cassazione, tassativo proprio per il rilevante effetto pregiudizievole per l'indagato e/o per l'imputato che tali atti producono(...) La norma citata non è suscettibile di interpretazione analogica perché si tratterebbe di analogia in malam partem vietata dal codice penale vigente"* (Cass. Sez. Un. 5 giugno 2007,n 21883, in Dir.Pen e Proc.,2007, p. 1605,cfr.all. n. 17)

RICHIESTA DI ARCHIVIAZIONE E PROCEDIMENTO DI OPPOSIZIONE
Artt. 408 (409) 410 (411) cod. proc. pen.

Richiesta di archiviazione

1) **Ambito di operatività**

I casi di archiviazione sono riconducibili sostanzialmente a 3 gruppi di ipotesi.

1)Il caso in cuoi il PM rinunci ad esercitare l'azione penale per "infondatezza della *notitia criminis* " *ex* art. 408,omma 1, cod. proc. pen..

Un caso particolare di infondatezza della *"notitia criminis"* è quello previsto - con una sorta di prescrizione *iuris et de iure* - nel comma 1 *bis* dell'art. 405 cod. proc. pen., che prevede che *"la Corte di Cassazione si sia pronunciata in ordine alla insussistenza dei gravi indizi di colpevolezza, ai sensi dell'articolo 273, e non siano stati acquisiti, successivamente elementi a carico della persona sottoposta alle indagini "*.

2) Le ipotesi in cui vi siano "cause obbiettivamente rilevabili che impediscono l'esercizio dell'azione penale o la sia prosecuzione. In particolare ove ci sia in presenza:
-della mancaza di una condizione di procedibilità;
-di un'ipotesi di estinzione del reato;
-di un fatto non previsto dalla legge come reato.

La giurisprudenza, a tal proposito, afferma infatti che *"nel nuovo sistema processuale l'archiviazione assume un'estensione ignota al precedente sistema, giacché è dovuta non solo nei casi tipici della infondatezza della notizia di reato, ma anche quando risulta che manca una condizione di procedibilità, che il reato è estinto o che il fatto non è previsto dalla legge come reato. E l'art.125 disp. att. cod. proc. pen. ha avuto cura di specificare che il PM deve presentare al Giudice la richiesta di archiviazione quando ritiene l' infondatezza della notitia criminis perché gli elementi acquisiti nelle indagini preliminari non sono idonei a sostenere l'accusa in giudizio"* (Cass. Pen, Sez.III, 1 agosto 1990, n.2591,in *Riv.Pen.,*1991,p. 527, cfr. all. n. 18).

3)Vi è infine un' ulteriore ipotesi prevista e disciplinata dall'art. 415 cod. proc. pen che prevede la possibilità per il PM di richiedere l'archiviazione da parte del Pubblico Ministero nel caso in cui, trascorsi inutilmente sei mesi dalla registrazione della notizia di reato, resti ignoto l'autore dello stesso.

2) **Presupposto per l'archiviazione per infondatezza della** *notitia criminis*

Il presupposto sul quale il Pubblico Ministero fonda la formulazione della richiesta di archiviazione *ex* art. 408 co. 1 cod. proc.pen. deve essere ravvisato nell'art.125 disp. att. cod. proc. pen., che impone l'archiviazione quando l'infondatezza della notizia di reato derivi dalla incapacità degli elementi acquisiti di sostenere l' accusa in giudizio.

Tale norma, sospettata di incostituzionalità, è stata sottoposta al vaglio della Corte Costituzionale, in considerazione del fatto che, stando al tenore letterale della stessa, sarebbe archiviato un procedimento non sulla scorta delle valutazioni compiute sui fatti di reato e sugli elementi probatori emersi nel corso delle indagini preliminari, ma all'esito di una stima, anticipata ed incerta, sulla capacità e sulla idoneità degli elementi posti a sostegno dell'accusa.
La Corte Costituzionale si è espressa sul punto con sentenza n. 88/1991 affermando come l'art.125 disp. att. cod. proc. pen. sia *"la traduzione in chiave accusatoria del principio di non superficialità del processo in quanto affermare che elementi acquisiti non sono idonei a sostenere l'accusa equivale a dire che, sulla base di essi, l'accusa è insostenibile e*

quindi la notizia di reato è, sul piano processuale, infondata" (Corte Cost. 15 febbraio 1991, n. 88 Giur. Cost., 1991,p. 586, cfr. all. n. 19).

3) **Potere di "cestinazione" del PM**

Sul potere di " cestinazione " diretta da parte del Pubblico Ministero nelle ipotesi in cui la *notitia criminis* già all' origine non costituisca ipotesi di reato, la giurisprudenza si è in passato divisa. Il contrasto è stato risolto da una pronuncia delle Sezioni Unite della Corte Cassazione (22 novembre 2000 n. 34) le quali hanno stabilito che " *gli atti*
non costituenti notizia di reato, iscritti nel modello 45, non devono essere sottoposti al Giudice per le indagini preliminari per l'archiviazione",riconoscendo,quindi, al PM il potere di cestinazione diretta delle c.d. pseudonotizie di reato *(Cass. Pen. Sez. Un., 15 gennaio 2001,n.34,*in *Arch. Nuova Proc.Pen.,*2001, p.39,cfr. all. n. 20).
Ancora in tema di "pseudo-notizie" di reato si segnala l' orientamento delle Sezioni Unite della Suprema Corte secondo cui *"qualora il pubblico ministero, dinanzi a un atto contenente una notizia di reato, abbia omesso l' iscrizione nel registro mod.21 ovvero l'abbia eseguita nel registro mod. 21 ovvero l'abbia eseguita nel registro mod.45 delle cd.pseudonotizie si reato,* il procuratore generale ha facoltà di avocare le indagini preliminari" (Cass. Pen. Sez.Un., 11 luglio 2001, n 25, in *Cass. Pen.,* 2002. p. 933,cfr. all. n.21).

In buona sostanza secondo la Cassazione se da un lato il PM ha un autonomo potere di "cestinazione" delle c.d. pseudo-notizie di reato (ciò al fine pratico di evitare di "intasare" l' Ufficio del GIP),dall'altro il potere di avocazione del Procuratore Generale costituisce una sufficiente garanzia per evitare il rischio di comportamenti incompatibili con l' obbligo costituzionale dell' esercizio dell' azione penale.

4) **Avviso alla persona offesa.**

4.1)I destinatari della notifica .

Ai sensi del comma 2 dell'art. 408 cod. proc. pen. la persona offesa può chiedere di essere informata in merito alla presentazione della richiesta di archiviazione da parte del Pubblico Ministero. Tale volontà può essere espressa dalla persona offesa, oltre che contestualmente alla notizia di reato, anche in epoca successiva; in tale seconda ipotesi la persona offesa può dichiarare di voler essere informata circa l' archiviazione fino al momento in cui il Pubblico Ministero, trasmettendo al Giudice per le indagini preliminari la richiesta di archiviazione, non si sia spogliato del procedimento stesso *(in termini Cass., Pen. Sez VI, 7 luglio 1995, n. 1817, in Riv.Pen., 1996, p.644, cfr. all. n.22).*

Nell' ipotesi in cui la persona offesa non abbia dichiarato di voler essere informata (e quindi non sia stata avvisata della determinazione del PM) la stessa (ove sia venuta a conoscenza *aliunde* della richiesta di archiviazione) ha tuttavia la possibilità di presentare opposizione alla richiesta di archiviazione ai sensi dell'art. 410 cod. proc. pen. fino a quando il Giudice per le indagini preliminari abbia deciso in merito alla richiesta stessa (cfr. Cass. Sezioni Unite, 30 giugno 2004 n. 29477, in *Cass. Pen.,* 2004, p. 3547, cfr. all. n. 23).

E' importante precisare che tra i soggetti legittimati a ricevere l'avviso della richiesta di archiviazione avanzata dal Pubblico Ministero vi è solo la persona offesa e non il danneggiato dal reato (sulla difformità tra persona offesa e danneggiato vedi p. 12).
Ad esempio sono stati esclusi dal diritto di ricevere l'avviso di cui all'art. 408 cod. proc. pen. il denunciante del delitto di abuso d'ufficio realizzato mediante il conseguimento di un profitto ingiusto (Cass.Pen. Sez.VI, 3 novembre 1999, n. 3499, cfr. all. n.24), il denunciante del delitto di falsa testimonianza (Cass. Pen. Sez. VI, 14 gennaio 2000, n. 4627, cfr.all.n. 25), ed il danneggiato dal delitto di omissione di atti d'ufficio (Cass.Pen. Sez. VI, 14 gennaio 2000, n.241,cfr.all.n. 26),sempre che il pubblico interesse non coincida con l' interesse del privato (Cass.Pen. Sez.VI, 9 marzo 200, n.1881, cfr.all.n. 27).
Viceversa sono stati ritenuti legittimati a ricevere l'avviso di cui sopra il danneggiato dal delitto di calunnia (Cass.Pen.Sez. VI, 11 novembre 1998,n. 3507, in *Cass.Pen.,*1997, p.1392,cfr. all. n. 29).

4.2) Notifica e rinnovazione della stessa.

Secondo la Corte di Cassazione la notifica effettuata al domicilio della persona offesa e non presso il difensore domiciliatario comporta la nullità del successivo decreto di archiviazione *"perché l' avviso è stato notificato alla persona offesa in modo invalido (il ricorrente aveva* nominato un difensore, sicché in base all'art. 33 disp. att. cod. proc. pen. il domicilio della persona offesa si intendeva eletto presso il difensore e a questo, quale domiciliatario, andava effettuata la notificazione)" (Cass. Pen.Sez. V, 28 febbraio 1995,p. 430, cfr. all. n.30).

Altro è il caso in cui la persona offesa abbia personalmente ricevuto l'avviso in questione: in questo caso la Suprema Corte ha affermato che " la notifica effettuata a mani della persona offesa, anziché presso il difensore, è valida in quanto idonea a garantire la conoscenza dell' atto " (Cass.Pen. Sez. V,28 febbraio 1995, in Dir.Pen.Proc., 1995, p. 430, cfr. all. n. 30).

Altro è il caso in cui la persona offesa abbia personalmente ricevuto l'avviso in questione: in questo caso la Suprema Corte ha affermato che " la notifica effettuata a mani della persona offesa, anziché presso il difensore, è valida in quanto idonea a garantire la conoscenza dell'atto " (Cass.Pen.Sez VI, 23 marzo 2000, n.1574, cfr.all.n.31).

La Cassazione ha poi precisato che "il Pubblico Ministero è tenuto a dare avviso alla persona offesa, che ne abbia validamente e tempestivamente fatto richiesta, della richiesta di archiviazione degli atti da lui avanzata, e ciò anche nel caso in cui essa costituisca reiterazione dell' omologa richiesta precedentemente avanzata e rigettata dal GIP all'esito dell'udienza camerale" (Cass.Pen. Sez. VI, 23 marzo 2000,n. 1574,cfr. all. n. 31).

La Cassazione ha poi precisato che "il Pubblico Ministero è tenuto a dare avviso alla persona offesa, che ne abbia validamente e tempestivamente fatto richiesta, della richiesta di archiviazione degli atti da lui avanzata, e ciò anche nel caso in cui essa costituisca reiterazione dell'omologa richiesta precedentemente avanzata e rigettata dal GIP all'esito dell'udienza camerale " (Cass.Pen.Sez. IV, 6 giugno 2005, n. 29822, in Guida al diretto, 2005, 37, p.89, cfr.all.32).

In sostanza nell'ipotesi in cui la persona offesa abbia manifestato la volontà di essere informata circa l'archiviazione del procedimento "non è necessario che l'istanza debba essere ulteriormente riproposta, avendo in tal modo la parte interessata manifestato la volontà di avvalersi della predetta facoltà per l'intera fase, unitaria e complessa, della chiusura delle indagini preliminari" (Cass.Pen.Sez.II, 18 dicembre 1995, Riccio, in Giust.Pen 1996,III, p.559,cfr. all. n. 33).

4.3)Omesso avviso alla persona offesa

In merito all'omesso avviso alla persona offesa si richiama la sentenza 16 luglio 1991 n. 353 della Corte Costituzionale.

Con tale pronuncia la Consulta ha affermato che *"in conformità dell'espresso riconoscimento alla persona offesa della legittimazione a proporre ricorso per cassazione contro l'ordinanza di archiviazione pronunciata a seguito di udienza, di cui non le sia stata dato avviso (art. 409, comma sesto cod. proc. pen.), deve ritenersi che lo stesso rimedio spetta anche alla persona offesa che venga privata dell'avviso della richiesta di archiviazione del Pubblico Ministero, nonostante la sua espressa domanda di essere preavvertita"* (Corte. Cost., 16 luglio 1991, n.353, in *Arch. Nuova Proc.Pen.,*1991,p.515, cfr. all. n. 34).

Sulla scorta di tale pronuncia la giurisprudenza di legittimità ha più volte affermato che *"è esperibile il ricorso per Cassazione nel caso di decreto di archiviazione emesso dal Giudice per le indagini preliminari senza preventivo avviso alla persona offesa che abbia ritualmente manifestato la volontà di essere informata dell'eventuale richiesta di archiviazione del Pubblico Ministero, stante l'identità della ratio normativa con l'ipotesi del ricorso previsto dall'art.409, sesto comma, cod. proc. pen., avverso l'ordinanza di archiviazione emanata dal Giudice per le indagini preliminari all'esito dell'udienza in Camera di Consiglio"* (Cass.Pen.Sez. V, 1 aprile 1993, n.155, in *Riv.Pen.,*1994,p.219, cfr. all. n. 35).

5) Facoltà della persona offesa (compiti della difesa, visione atti.....)

La persona offesa che sia stata validamente e tempestivamente avvisata dell'intervenuta richiesta di archiviazione da parte del Pubblico Ministero ha facoltà di compiere alcune attività dirette a conoscere le motivazioni che hanno indotto la pubblica accusa ad assumere tale determinazione e a valutare, sulla base delle risultanze di tale verifica, le strategie difensive atte a contrastare tale impostazione.

Al proposito le attività esperibili in tale fase possono essere cosi riassunte:

1) visione degli atti

Sul punto si ricorda che gli atti relativi al procedimento sono depositati presso la segreteria del Pubblico Ministero procedente;

2)estrazione di copia degli atti
In relazione a tale secondo aspetto si rammenta che, secondo la Suprema Corte, *"la persona offesa, che ha dichiarato di voler essere informata circa l'eventuale archiviazione, può essere autorizzata ,in caso di proposizione della richiesta di archiviazione, all' estrazione di copie degli atti di cui ha comunque diritto di prendere visone"* (Cass.Pen.,Sez. II, 3 aprile 2007 n.15500,cfr. all. n. 36).

Procedimento di opposizione

Natura e presupposti dell'opposizione all'archiviazione

Preliminarmente occorre precisare che con l'atto di opposizione alla richiesta di archiviazione, la persona offesa non può contestare il merito della richiesta di archiviazione stessa, ma si deve limitare a sottoporre al vaglio del Giudice per le indagini preliminari la non completezza delle indagini svolte dal Pubblico Ministero, sollecitando, quindi, un intervento volto a dimostrare la necessità del rinvio a giudizio dell' imputato.

1) **Soggetti legittimati**

I soggetti legittimati a proporre opposizione alla richiesta di archiviazione sono:

1) la persona offesa

Sul punto si segnala una pronuncia con cui la Suprema Corte ha definito e distinto la figura della persona offesa da quella del danneggiato dal reato: *" nella categoria delle persone che subiscono pregiudizio dalla commissione di un reato occorre distinguere la figura del danneggiato da quella del soggetto passivo; il primo è colui che subisce dal reato un danno patrimoniale valutabile mentre il soggetto passivo si identifica nel titolare del bene-interesse tutelato dalle norme penali, che viene offeso o posto in pericolo, in via diretta ed immediata, dalla condotta dell'agente"* (Cass.Pen.Sez. II, 3 maggio 1988, in *Riv.Pen.*1980, p. 250,cfr all. n. 37).
Si segnala al proposito una recentissima sentenza delle Sezioni Unite

della Suprema Corte in tema di reato di falso che ha superato quell'orientamento giurisprudenziale che non consentiva al denunciante-danneggiato nei delitti contro la fede pubblica di presentare opposizione alla richiesta di archiviazione.

Con tale sentenza le Sezioni Unite hanno infatti affermato che *" i delitti contro la fede pubblica tutelano anche il soggetto sulla cui concreta posizione giuridica l'atto incide direttamente, al soggetto che in tal caso, è legittimato a proporre opposizione contro la richiesta di archiviazione "* (Cass.Pen.Sez. Un. 18 dicembre 2007, n. 46982, cfr. all. n. 38).

2)Gli elementi e le associazioni rappresentative di interessi lesi dal reato di cui all'art.91 cod. proc. pen.

3)I congiunti della persona offesa deceduta in conseguenza del reato di cui all'art.90, comma 3, cod. proc. pen..

Tuttavia la Cassazione ha precisato che *"qualora* nel corso del procedimento incidentale di archiviazione di cui agli artt.408 e segg c.p.p si verifichi il decesso della persona offesa, l'erede non può succedere nella posizione sostanziale e processuale del defunto, in quanto la qualità di persona offesa è strettamente personale e correlata al rapporto processuale penale che si instaura con l'indagato e non è trasmissibile iure hereditatis, mentre, nel caso in cui la persona offesa-successivamente deceduta-abbia provveduto a costituirsi parte civile, per ottenere il risarcimento dei danni patrimoniali e morali cagionati dal reato, si trasmette all'erede il diritto al risarcimento dei detti danni, nonchè la relativa posizione processuale nel contesto dell'esercizio dell'azione civile nel processo penale", (Cass. Pen. Sez.VI,22 ottobre 2002, n. 35518, in Arch. Nuova Proc.Pen., 2005,p. 483, cfr. all. n. 39).

4) sono infine legittimati all'opposizione anche i soggetti indicati dagli artt. 120 e 121 cod.pen. (genitori, tutori, curatori, ecc) relativamente ad interessi di minori.

2) **Termini**

Ai sensi dell'art.408,comma 3, cod. proc. pen.,la persona offesa ha la facoltà di prendere visione ed estrarre copia degli atti relativi al procedimento nel termine di 10 giorni.

Nello stesso termine ha la facoltà di presentare opposizione alla richiesta di archiviazione.

A tal proposito si segnala una pronuncia della Corte di Cassazione che ha stabilito che *"l'opposizione alla richiesta si archiviazione non rientra tra le impugnazioni, cui sia applicabile l'art.583 cod. proc. pen., capoverso,(che prevede che l'istanza possa anche avvenire mediante raccomandata o telegramma) ma costituisce l'espressione specifica di quella facoltà conferita in via generale dall'art.121, primo comma,cod. proc. pen..Ne consegue che l'opposizione deve pervenire nella cancelleria del Giudice entro il termine di 10 giorni dall'avviso alla parte offesa e che è legittima la pronuncia di archiviazione intervenuta de plano, appena trascorso quel termine senza che l'opposizione sia stata depositata in cancelleria"* (Cass. Pen. Sez. V.,18 giugno 1999,n. 1623, *Cass. Pen.,*2000,p. 1991,cfr all. n. 40).

Si segnala, inoltre, che in una recente pronuncia della Suprema Corte, negando nuovamente la natura di atto di impugnazione dell'opposizione alla richiesta di archiviazione, ha stabilito che ad essa *"non si applica il capoverso dell'art. 582, che consente alle parti private ed ai difensori di depositare l'atto di impugnazione presso la cancelleria del Giudice di pace o del Tribunale del luogo in cui si trovano, ovvero presso un agente consolare all'estero;* ne consegue che deve considerarsi tardiva e dunque inammissibile, la dichiarazione di opposizione depositata tempestivamente presso la cancelleria del luogo in cui si trova la persona offesa e tuttavia pervenuta nella cancelleria del Giudice procedente oltre il termine di dieci giorni indicato al comma 3 dell'art.408 cod. proc. pen.". (Cass. Pen. Sez. VI, 18 settembre 2003,n.38944, in Arch. Nuova Proc. Pen..,2005,p.387,cfr all. n.41).

3) **L'atto di opposizione**

3.1) Ammissibilità e contenuto dell'atto di opposizione

L'art. 410 cod. proc. pen. prevede due specifiche condizioni di ammisibilità dell'atto si opposizione:
1)deve essere indicato l'oggetto della investigazione suppletiva;
2)l' atto di opposizione deve contenere i mezzi di prova che sostengono l'investigazione suppletiva richiesta.

Le Sezioni Unite della Corte di Cassazione (14 febbraio 1996, 1209) hanno fissato i criteri che determinano l'ammissibilità o l'inammisibilità dell'atto di opposizione alla richiesta di archiviazione presentato dalla persona offesa.

In particolare con tale pronuncia è stato statuito che:

-" *l'opposizione alla richiesta di archiviazione presentata dal PM può ritenersi idonea a legittimare l' intervento della persona offesa dal reato nel procedimento in quanto contenga quegli elementi di concretezza e specificità previsti tassativamente dall'art.410 comma 1 cod. proc. pen., consistenti nell' indicazione dell' oggetto delle indagini supplettive e dei relativi elementi di prova che devono caratterizzarsi per la pertinenza (cioè la inerenza rispetto alla notizia di reato) e la rilevanza (cioè l'incidenza concreta sulle risultanze dell'attività compiuta nel corso delle indagini preliminari)".*

Non solo:

Nella stessa sentenza la Corte ha stabilito che *"l'inammissibilità dell'opposizione della persona offesa dal reato alla richiesta di archiviazione può derivare esclusivamente dalla mancanza delle condizioni tassativamente previste dall'art.410 comma 1 cod. proc. pen.,le quali, in quanto costituenti un limite al diritto dell'interessato all'attivazione del contraddittorio, non sono suscettibili di discrezionali estensioni nè possono consistere in valutazioni anticipate di merito ovvero in prognosi di fondatezza da parte del Giudice; ne consegue che eventuali ragioni di infondatezza dei temi indicati nell'atto di opposizione non possono costituire motivo legittimo di inammissibilità. Neppure ove attengono ad una valutazione prognostica dell'esito della investigazione suppletiva e delle relative fonti di prova indicate dalla parte offesa"* (Cass. Pen. Sez. Un., 14 febbraio 1996, in *Cass. Pen.,*1996,p.2167, cfr. all. n. 42; in termini Cass. Pen. Sez. V, 21 giugno 2000,n.1938, in *Arch. Nuova Proc. Pen.*2001, p. 211 e Cass. Pen. Sez. VI, 7 gennaio 1997, n.3680, in *Riv. Pen.* 1997, p.766).

L'indirizzo giurisprudenziale sopra riportato è quello prevalente, tuttavia si segnala come in alcune successive pronunce la Suprema Corte abbia attenuato i principi espressi dalle Sezioni Unite.

Nella sentenza 14 gennaio 2003, Sez. VI, n 19039, ad esempio, la Suprema Corte ha affermato che *"nell'opposizione alla richiesta di archiviazione presentata dalla persona offesa ai sensi dell'art.410 cod. proc. pen. l'omessa indicazione delle investigazioni suppletive non ne determina automaticamente l'inammissibilità.*

Infatti la persona offesa qualora si trovi nell'impossibilità di chiedere la prosecuzione delle indagini preliminari, può sempre far valere le ragioni volte a contrastare la richiesta di archiviazione, sulla base della facoltà, riconosciutale dall'art.90 cod. proc. pen.,di presentare memorie al Giudice e nel caso in cui le sue argomentazioni risultino fondate e convincenti, il Giudice dovrà fissare, a norma dell' art.409 comma 2 cod. proc. pen.,l'udienza in camera di consiglio, così pervenendo ad un risultato analogo a quello previsto dalla disciplina apprestata dall'art 410 cod. proc. pen" (Cass. Pen. Sez., VI, 14 gennaio 2003, n.19039, in *Cass.Pen.,*2004, p.2878,cfr. all. n. 43; Cass.Pen. Sez. VI, 22 marzo 2000,in *Riv. Pen.* 2001, p.495).

4) **Facoltà della difesa dell'imputato** (visione atti, memorie...)

Le facoltà della difesa dell'imputato sono previste e disciplinate dal comma 2 dell' art. 409 cod. proc. pen. il quale stabilisce che, in caso di opposizione alla richiesta di archiviazione *"fino al giorno dell'udienza gli atti restano depositati in cancelleria con facoltà del difensore di estrarne copia".*

Risulta quindi chiaro come tale facoltà sia preordinata ad una completa conoscenza da parte della difesa dell'imputato degli elementi posti a fondamento dell'opposizione e delle investigazioni suppletive richieste dalla persona offesa.

Sulla scorta di tali elementi sarà quindi possibile per la difesa valutare le relative strategie difensive atte a contrastare l'atto di opposizione stesso, Come previsto dall'art 409 cod. proc. pen. il Giudice, nell'ipotesi in cui non accolga la richiesta di archiviazione avanzata dal Pubblico Ministero, fissa l'udienza in camera di consiglio che si svolge nelle forme previste dall'art. 127 cod. proc. pen..

Alla luce di tale norma è consentita alla difesa dell'imputato la facoltà di depositare memorie e produrre documenti presso la cancelleria del Giudice per le indagini preliminari designato fino a 5 giorni prima dell'udienza fissata.

5) **Provvedimenti del Giudice**

5.1) Archiviazione *de plano*

Nell'ipotesi in cui non sia stata avanzata opposizione da parte della persona offesa (o quest'ultima sia tardiva) ed il Gip condivida le ragioni che il Pubblico Ministero ha posto a fondamento della richiesta di archiviazione, la stessa viene dal Giudice pronunciata *"de plano"* ai sensi dell'art. 409 comma 1 cod. proc. pen. e gli atti sono restituiti al PM.

Al contrario nell'ipotesi in cui sia stata avanzata opposizione, *"non può che ricorrersi al procedimento camerale, senza il quale il provvedimento di archiviazione deve considerarsi emesso con violazione della garanzia del contraddittorio e perciò impugnabile con il ricorso per Cassazione"* (Cass.Pen. Sez. IV, 1 aprile 2004, n. 23624, in *Arch. Nuova. Proc.Pen.*,2005,p.517,cfr. all. n. 44).

5.2) Udienza camerale

Come anticipato,nell' ipotesi in cui il Giudice ritenga ammissibile l'atto di opposizione presentato dalla persona offesa oppure non condivida la richiesta di archiviazione del PM, fissa l'udienza camerale, dandone avviso, ai sensi dell'art. 409 commi 2 e 3, cod. proc. pen.,al PM, alla persona offesa del reato, alla persona sottoposta alle indagini, al suo difensore ed al Procuratore Generale.

Nel corso dell'udienza camerale la persona offesa *"deve essere sentita solo quando ne abbia fatto specifica istanza. Gli artt. 409, comma 2, e 127, comma 3, cod proc pen. non impongono il dovere di interpello dal parte del GIP, ma l' onere in capo alla parte offesa di richiedere la propria audizione ove il GIP non vi provveda d'ufficio".*
(Cass.Pen. Sez VI, 11 febbraio 1999, n. 3501, in *Arch. Nuova Proc.Pen.*, 1991, p. 431, cfr.all.n. 45).

Per costante giurisprudenza di legittimità la persona offesa, ha diritto se ne ha fatto espressa richiesta nell' istanza di opposizione al G.I.P l'audizione della persona offesa, cfr. Cass. Pen. Sez. VI 31/1/2003 CED, Cass. 22426, Cass Pen. Sez. VI, 2/12/2004, N. 230761 Cass. Pen. Sez. V, 2008, n. 9566 Rv. 239039, in tutto in rispetto ed in attuazione dell'art.124 cod. proc. pen.

La omessa valutazione da parte del decreto di archiviazione del Giudice di Pace, dell' alto di opposizione della persona offesa, in quanto costituente una violazione del principio del contraddittorio, da luogo a nullità del decreto stesso che deducibile con il ricorso per cassazione, *cfr. Cass. Pen .Sez. V 6/11/ 2008, n. 43755 Rv. 241803.*

6) **Impugnazioni**

6.1) Ricorso per Cassazione

Contro il decreto di archiviazione non può proporsi appello.
Infatti ai sensi dell'art.409 comma 6 cod. proc. pen. tra i rimedi esperibili vi è dunque solo il ricorso per Cassazione (per i casi di nullità *ex* art.127 co 5 cod. proc. pen).
In particolare la Suprema Corte, con la sentenza 1209/1996, ha precisato che *"è impugnabile mediante ricorso per la Cassazione il decreto di archiviazione carente di motivazione in ordine all'ammissibilità dell' opposizione proposta dalla persone offesa dal reato ai sensi dell'art. 410 cod. proc. pen.; l'arbitraria ovvero illegittima declaratoria di inammisibilità sacrifica infatti il diritto al contraddittorio della parte offesa in termini equivalenti o maggiormente lesivi rispetto all'ipotesi di mancato avviso per l'udienza camerale, sicché il predetto vizio del provvedimento è riconducibile alle ipotesi di impugnabilità contemplate dall'art. 409 comma 6 ed ai casi di ricorso indicati nell'art. 606 lett.c) cod.proc.pren."* (cfr.all.n.42).

Una recentissima sentenza delle Sezioni Unite della Suprema Corte ha poi risolto un annoso contrasto giurisprudenziale stabilendo che *"secondo quanto stabilisce l'art.101 cod. proc. pen., comma 1, la persona offesa ha la facoltà di nominare un difensore con le semplici modalità indicate nell'art. 96 cod. proc. pen.,comma 2, e tale difensore ha, in virtù di tale nomina , il potere di esercitare tutti i diritti e le facoltà che la legge attribuisce all'offeso. Non vi è poi alcuna ragione per ritenere che sia necessario il conferimento di una ulteriore procura speciale per l' impugnazione del provvedimento di archiviazione, dal momento che questa impugnazione non rientra tra gli atti per i quali l'art.122 cod. proc. pen. richiede il previo conferimento della procura speciale e che non vi è alcuna altra norma che sia applicabile al difensore della persona offesa e che gli imponga la necessità di una procura speciale per proporre detta impugnazione* " (Cass.Pen. Sez. Un. 20 dicembre 2007,n. 47473, cfr.all.n.46)

RICHIESTA DI RINVIO A GIUDIZIO
Artt. 416-417 cod. proc. pen.

Con la richiesta di rinvio a giudizio il PM esercita l'azione penale e si apre la c.d. fase processuale.

1) **Requisiti della richiesta**

La richiesta di rinvio a giudizio, come previsto dall'art 417 cod. proc. pen., deve contenere tutti gli elementi che consentano di individuare con precisione gli addebiti contestati ed i soggetti ai quali essi si riferiscono e quindi:
-generalità dell'imputato;
-generalità della persona offesa (se identificata);
-enunciazione in forma chiara e precisa del fatto, delle circostanze aggravanti e di quelle che possono comportare l'applicazione di misure di sicurezza e indicazione dei relativi articoli di legge;
-indicazione delle fonti di prova ;
-domanda al Giudice di emissione del decreto che dispone il giudizio;
-data e sottoscrizione;

Una importante differenza tra la richiesta di rinvio a giudizio e l'avviso di conclusione delle indagini preliminari *ex* art. 415 *bis* cod. proc. pen. si ravvisa nel fatto che in quest'ultimo - come visto in precedenza - si prevede che sia "una sommaria enunciazione del fatto" e non che il fatto sia enunciato " in forma chiara e precisa".

Ci si deve chiedere quali siano le possibilità per la difesa dell'imputato di fronte ad una richiesta di rinvio a giudizio in cui la contestazione sia generica o comunque confusa.

In passato vi era un orientamento giurisprudenziale secondo cui *"non è abnorme il provvedimento del Giudice dell'udienza preliminare che dichiari la nullità della richiesta di rinvio a giudizio, in virtù dell' imprecisa enunciazione del fatto contestato"* (Cass.Pen.,Sez. V, 4 ottobre 2001, n. 36009, in *Mass. Cass. Pen.* 2001,cfr.all.n.47).

Ed ancora: *"non è abnorme, e non può dunque essere oggetto di ricorso per Cassazione, il provvedimento con il quale il Giudice dell' udienza preliminare dichiari la nullità della richiesta di rinvio a giudizio per la ritenuta indeterminatezza dell'imputazione"* (Cass.Pen., Sez. I, 20 gennaio 2004, n. 1334, in *Arch. Nuova Proc.Pen.*,2005, p. 737, cfr.all.n.48).

Di segno opposto vi sono altre pronunce in cui la Suprema Corte ha affermato invece che *" è abnorme il provvedimento con il quale il Giudice dell' udienza preliminare dichiari la nullità della richiesta di rinvio a giudizio per la ritenuta intedeterminatezza dell' imputazione. Infatti, a differenza di quanto avviene per il decreto che dispone i giudizio, nessuna nullità è prevista per il caso in cui la richiesta di rinvio a giudizio manchi di uno dei requisiti indicati dall'art. 417 cod. proc. pen. e ciò in considerazione del fatto che è sempre possibile nell'udienza preliminare procedere, anche oralmente, alle necessarie modifiche ed integrazioni della imputazione "* (Cass.Pen. Sez VI, 7 ottobre 2004, n. 42011; in termini cfr. Cass.Pen. Sez. I, 4 aprile 2003, n.28987, in *Cass.Pen.*,2005, p. 2692,cfr.all.n.49).

La controversia interpretativa è stata risolta da una recentissima pronuncia delle Sezioni Unite della Suprema Corte secondo cui *"è abnorme, e quindi ricorribile per cassazione, il provvedimento con cui il Giudice dell' udienza preliminare disponga la restituzione degli atti al Pubblico Ministero per genericità o indeterminatezza dell' imputazione, senza avergli previamente chiesto di precisarla. E' invece rituale il provvedimento con cui il medesimo Giudice, dopo aver sollecitato il Pubblico Ministero nel corso dell'udienza preliminare ad integrare l'atto imputativo senza che quest'ultimo abbia adempiuto al dovere di provvedersi, determini la regressione del procedimento onde consentire il nuovo esercizio dell'azione penale in modo aderente alle effettive risultanze d'indagine "* (cfr. Cass. Pen., Sez. Unite, 20 dicembre 2007,n. 5307, cfr. all. n.50).

Un caso che si pone con una qualche frequenza è poi quello in cui vi sia una differenza tra la contestazione contenuta nel 415-*bis* cod. proc. pen. e quella di cui alla richiesta di rinvio a giudizio.

Sul punto si segnala come la Suprema Corte abbia affermato *che "è abnorme il provvedimento con il quale il GIP dichiara la nullità della richiesta di rinvio a giudizio e dispone la restituzione degli atti al PM per essere stato enunciato il fatto addebitato all'imputato in termini parzialmente diversi da quelli contenuti nell'avviso di conclusione delle indagini preliminari di cui all'art. 415-bis cod. proc. pen"* (Cass. Pen. Sez, I, 10 marzo 2004,n. 11405, in *Arch. Nuova Proc.Pen.,*2005, p.251, cfr.all.n.51)

Nella prassi capita di imbattersi in richieste di rinvio a giudizio in cui il fatto è contestato in forma alternativa: ad esempio si contesta alternativamente il reato di furto o quello di ricettazione.
Al proposito la dottrina prevalente ritiene che siffatta contestazione dia luogo alla nullità della richiesta di rinvio a giudizio in quanto la descrizione dei fatti contestati ed addebitati risulti sostanzialmente indeterminata, con ciò violando il diritto di difesa dell'indagato.
La giurisprudenza della Suprema Corte ha invece affermato che *"con il decreto che dispone il giudizio* - e ciò a maggior ragione deve valere anche per la richiesta di rinvio a giudizio - *è consentito formulare anche contestazioni alternative, in quanto tale modo, in presenza di una condotta dell'imputato tale da richiedere un approfondimento dell'attività dibattimentale per la definitiva qualificazione dei fatti contestati, risponde a un' esigenza della difesa, posto che l'imputato , da un lato, è messo in condizioni di conoscere esattamente le linee direttrici sulle quali si svilupperà il dibattito e, dall' altro, non si vede costretto a rispondere dell'ipotesi criminosa più grave, rinviandosi all'esito del dibattimento la risoluzione della questione attraverso la successiva riduzione dell'imputazione originaria, secondo lo schema dell'art. 521 cod. proc. pen "* (Cass.Pen., Sez. I, 25 giugno 1999, n. 10795, in *Cass.Pen.,* 2000, p. 2077, cfr.all.n.52).

La richiesta di rinvio a giudizio è notificata all'imputato ed alla persona offesa insieme all'avviso di fissazione dell'udienza preliminare ai sensi dell'art. 419 cod. proc. pen..
Si noti bene che invece al difensore dell'imputato e della persona offesa è notificato solo l'avviso di fissazione dell'udienza.

2) **Nullità**

La richiesta di rinvio a giudizio è nulla se non è preceduta, oltre che dall'avviso *ex* art. 415-*bis* cod. proc. pen., anche dall'invito a rendere l'interrogatorio ai sensi dell'art. 375, comma 3, cod. proc. pen, ove la persona sottoposta alle indagini ne abbia fatto esplicita richiesta anteriormente alla scadenza del termine previsto dall'art. 415-*bis* cod. proc. pen. (art. 416, comma 2, cod. proc. pen).

Come precisato dalla Corte di Cassazione *"l'invito a presentarsi per rendere interrogatorio, che a norma dell'art. 416, comma 2, cod. proc. pen. deve precedere la richiesta di rinvio a giudizio, ha la finalità di rendere possibile all'indagato di esporre le sue difese in ordine all'imputazione prima dell'esercizio dell'azione penale"* (Cass.Pen. Sez. VI 10 gennaio 2002, n. 937, in *Cass.Pen.*, 2003, p. 1594, cfr.all.n.53).

Secondo la giurisprudenza della Suprema Corte tale nullità, inoltre, *"non può essere eccepita dall'imputato o dal suo difensore dopo la conclusione dell'udienza preliminare"* (Cass.Pen. Sez.,II, 9 maggio 2007, n. 32901, cfr.all.n.54).

Secondo la Suprema Corte di Cassazione invece *"la nullità del decreto di citazione a giudizio conseguente al mancato invito all'indagato rendere l'interrogatorio ai sensi dell'art. 375 cod. proc. pen., comma terzo, sussiste anche nell'ipotesi in cui il predetto sia già sottoposto ad interrogatorio in sede di convalida dell' arresto, ex art.391 cod. proc. pen., stante la diversa finalità dei due istituti e atteso il fatto che il rinvio a giudizio può essere richiesto anche in riferimento a fatti di reato connessi, per i quali non fu operato l'arresto nella flagranza"* (Cass.Pen., Sez. III. 16 giugno 2004, n. 26904, in *Arch.Nuova Proc.Pen.*, 2007, p. 47, cfr.all.n.55).

Pare infine opportuno sottolineare che la nullità derivante dall' omesso avviso a rendere l'interrogatorio, come ribadito dalla Suprema Corte," *rileva solo nel caso in cui l'azione penale sia esercitata con la richiesta di rinvio a giudizio e non anche in altre modalità. In conseguenza è abnorme (...) il provvedimento con cui il Tribunale dichiara la nullità del decreto di giudizio immediato conseguente ad opposizione al decreto penale di condanna e dispone la restituzione degli atti al PM per l'ulteriore corso sul rilievo che la richiesta di decreto penale non era* stata preceduta dall'invito a comparire per rendere l'interrogatorio" (Cass.Pen. 8 maggio 2000,n. 3403, in *Cass.Pen.*,2001, p.2410,cfr.all.n.56).

Fascicolo allegato alla richiesta di rinvio a giudizio (attività incombenti al difensore momento importante per valutare la scelta di riti alternativi, verifica già parzialmente espletata in sede di 415-*bis* cod. proc. pen.)

L'art. 416, comma 2, cod. proc. pen. prevede che *"con la richiesta è trasmesso il fascicolo contenente la notizia di reato, la documentazione relativa alle indagini espletate ed i verbali degli atti compiuti davanti al Giudice per le indagini preliminari".*

Le prescrizioni previste dal secondo comma dell'art 416 cod. proc. pen. sono strettamente correlate a quanto previsto dall'art. 419 cod. proc. pen. che al secondo comma concede all'imputato *" la facoltà di prendere visione degli atti e delle cose trasmessi a norma dell'art. 416 comma 2 e di presentare memorie e produrre documenti".*
In tale fase, dunque, la difesa "tecnica " ha il diritto (non che l'onere) di conoscere gli atti ed o documenti che sorreggono la richiesta di rinvio a giudizio ciò anche al fine di valutare le possibili strategie difensive proprio sulla base di quanto emerge dagli atti depositati dal PM.
Si comprende quindi come tale fase rappresenti un "momento" di cruciale importanza ai fini di una valutazione globale sui possibili e probabili esiti del processo.
Sulla base di tali risultanze è infatti possibile decidere se sia opportuno o meno richiedere riti speciali (giudizio abbreviato o patteggiamento), le cui richieste dovranno essere avanzate in udienza preliminare.
In relazione all'obbligo di cui all'art.416, comma 2, cod. proc. pen. la Consulta con la pronuncia 5 aprile 1991 n. 145 ha chiarito che *"l'articolo impugnato pone a carico del PM l'obbligo di trasmettere al giudice dell'udienza preliminare tutti gli atti attraverso cui l'indagine preliminare si è sviluppata e che concorrono a formare il fascicolo processuale nella sua interezza"* non solo: la Corte Costituzionale ha precisato infine che *"al PM non spetta alcun potere nella scelta degli atti che devono essere trasmessi al GIP"* (Corte Cost. 5 aprile 1991, n.145, in *Giur. Cost.*1991,p.1314,cfr.all.n.57).

La sanzione prevista per la violazione di tale obbligo tuttavia- secondo la giurisprudenza di legittimità - è la sola inutilizzabilità degli atti non trasmessi.

La giurisprudenza dominante infatti ha più volte affermato che *"l' inosservanza dell'obbligo del PM di depositare tutti gli atti di indagine con la richiesta di rinvio a giudizio comporta la sola conseguenza della inutilizzabilità degli atti non trasmessi tempestivamente, non essendo prevista una sanzione autonoma di nullità degli atti, indipendentemente dalla loro utilizzabilità"* (Cass.Pen. Sez. VI, 11 maggio 1998, n. 5500, in *Cass.Pen.*, 1998,p. 3543,cfr.all.n.58).

Tale consolidato orientamento giurisprudenziale ha il limite di non garantire un'adeguata tutela per l'imputato ove gli atti non depositati siano favorevoli allo stesso o comunque in qualche modo eccentrici rispetto alla impostazione accusatoria.

Nei procedimenti in cui il numero degli imputati è particolarmente elevato in cui svariate sono le imputazioni, si pone in concreto il problema di separare gli atti relativi a posizioni nei confronti delle quali è matura la richiesta di rinvio a giudizio, rispetto a quelle posizioni in ordine alle quali tale condizione non risulta ancora esservi.

Questa eventualità è normativamente regolata dall'art. 130 d.lsg 28 luglio 1989 n. 271 il quale prevede che *"il PM forma il fascicolo previsto dall'art. 416, secondo comma, cod. proc. pen., inserendovi gli atti ivi indicati per la parte che si riferisce alle persone o alle imputazioni per cui viene esercitata l'azione penale"*.

Sul punto si è espressa anche la Cassazione che ha disposto che *"l'art. 416 cod. proc. pen. e l'art. 130 disp. att. cod. proc. pen., delegando al Pubblico Ministero l' onere di formare il fascicolo da tramettere al Giudice per le indagini preliminari insieme alla richiesta di rinvio a giudizio degli imputati, attribuiscono in via esclusiva al potere deliberativo dell'organo dell'accusa il compito di individuare ed allegare quegli atti che attengono, strettamente, ai soggetti ed all'oggetto del rinvio a giudizio predetto, con la conseguenza che non può ipotizzarsi a suo carico alcun obbligo di allegazione di atti che riguardino persone estranee a questo ovvero afferiscano ad indagini diverse od ancora in corso di sviluppo"* (Cass.Pen., Sez II, 11 settembre 1995, n. 9533, in *Cass.Pen.*, 1996, p.3433, cfr.all.n.59).

Nullità della richiesta di rinvio a giudizio per mancanza o

insufficienza enunciazione del fatto contestato
art. 417 c.1 lett, b c.p.p.

A sostegno di tale tesi si richiama le seguenti sentenze:

Non è abnorme l'ordinanza del giudice dell'udienza preliminare che abbia dichiarato la nullità della richiesta di rinvio a giudizio per mancata o insufficiente enunciazione del fatto contestato e disposto la trasmissione degli atti al P.M. La Suprema Corte di Cassazione, sul punto, pur prendendo atto di un contrario orientamento formatosi nella giurisprudenza di legittimità, ha ritenuto di supportare la propria conclusione, tra l'altro, sul rilievo che rientra nei poteri del giudice dell'udienza preliminari quello di verificare l'adempimento, da parte del P.M, della prescrizione di legge, contenuta nell'art. 417 comma 1 lett, b c.p.p., in ordine alla enunciazione in forma chiara e precisa del fatto, di guida che l'esercizio di detto potere non può comunque ritenersi extra ordinem al punto di determinare l'abnormità del provvedimento, cfr. ex. Multis, Cass. Pen. Sez. IV, 14/10/2005, n. 46271.

La indeterminatezza del capo di imputazione non dà luogo ad una nullità generale ai sensi dell'art. 178 c.p.p, ma solo ad una nullità relativa, ai sensi dell'art. 181 c.p.p, che resta sanata se non eccepita entro il termine di cui all'art. 491 c.p.p, *cfr. ex. Pluris, Cass. Pen. Sez. Un. 11/4/2006, n. 15983.*

DECRETO DI CITAZIONE A GIUDIZIO
Art. 552 cod. proc. pen.

1) Natura e funzione

Il decreto di citazione diretta a giudizio è atto caratterizzato da una duplice funzione: è considerato infatti atto che include sia il tipico esercizio dell'azione penale da parte del Pubblico Ministero mediante la formulazione dell'imputazione, sia la " *vocatio in ius* " delle parti.

2) Requisiti, contenuto e relative nullità

L'art.552 cod. proc. pen. stabilisce i requisiti della citazione diretta a giudizio.

In particolare al comma 1 le lettere a) e b) attengono ai profili soggettivi; la lettera c) si riferisce all'oggetto dell' imputazione, la lettera d) concerne l'indicazione del Giudice competente con l'indicazione della data di comparizione, del luogo e dell'ora dell'udienza, le lettere e), f), e g)

riportano le facoltà difensive concesse all'indagato (in particolare la facoltà di nominare un difensore, avanzare richiesta di giudizio abbreviato o di patteggiamento e la facoltà di visionare ed estrarre copia degli attivi relativi alle indagini depositati nella segreteria del PM) ed infine la lettera h) prescrive l' obbligatorietà della data e della sottoscrizione dell'atto da parte del Pubblico Ministero e del suo ausiliario.

Il comma 2 disciplina invece le conseguenze (nello specifico la nullità del decreto stesso) previste in caso di assenza dei requisiti prescritti dal comma 1.

In particolare:

- " il decreto è nullo se manca o è insufficiente l'indicazione di uno dei requisiti previsti dalle lettere c), d), e) ed f) del comma 1".

Come anticipato la lettera c) dell' art. 552 attiene all'oggetto dell' imputazione che deve essere enunciata "in forma chiara e precisa".

Una prima questione può porsi in relazione alla eventuale mancanza nel decreto degli articoli di legge che l'accusa ritiene violati. A tal proposito si riporta quanto affermato dalle Sezioni Unite della Corte di Cassazione; nella sentenza 21 giugno 2000 n.18 in cui si afferma che *"ai fini della contestazione dell'accusa, ciò che rileva è la compiuta descrizione del fatto, non l'indicazione degli articoli di legge che si assumono violati(...). Il requisito della enunciazione del fatto, delle circostanze aggravanti di quelle che possono comportare l'applicazione delle misure di sicurezza, con l'indicazione dei relativi articoli di legge, imposto a pena di nullità dall'art 555 comma 1 lette c) e comma 2, per il decreto di citazione a giudizio, ha la funzione di informare l'imputato circa il tenore delle accuse che gli vengono mosse al fine di consentirgli l'esercizio del diritto di difesa. Esso, pertanto, può dirsi soddisfatto quando il fatto addebitato sia enunciato in modo tale che l'interessato ne abbia immediata e compiuta conoscenza. Ne consegue, altresì, che la mancata indicazione dello specifico articolo di legge relativo ad una circostanza aggravante* del reato, di per sè, non vale a farla ritenere insussistente, ove la stessa risulti in forma chiara e precisa contestata in fatto sì da consentire la difesa su ogni elemento di accusa " (Cass. Pen.Sez . Un., 21 giugno 2000, n.18, in Cass. Pen.,2000, p.3270, cfr.all.n.60).

Anche di recente la Corte Cassazione ha ribadito l' orientamento delle Sezioni Unite di cui sopra affermando che " si ha sufficiente indicazione dell'enunciazione del fatto, delle circostanze aggravanti e di quelle che possono comportare l'applicazione di misure di sicurezza, qualora si abbia l'individuazione dei tratti essenziali del fatto di reato attribuito,dotati di adeguata specificità, sicché l'imputato possa apprestare la sua difesa" (Cass.Pen.,Sez.VI, 1 aprile 2003, n.21953, in Riv.Pen., 2004,p. 902,all.n.61).

Un ulteriore problema in tema di completa enunciazione del fatto contestato si è posto con riferimento alla mancata o imprecisa indicazione del "locus commissi delicti " e/o del momento consumativo del reato. Sul punto la giurisprudenza ha stabilito che: "non sussiste nullità quando dal medesimo fatto contestato - che pure non abbia una specifica indicazione di luogo e data - è possibile rilevare un riferimento, sia pure indiretto, a circostanze spazio-temporali che consentano la facile individuazione di quegli elementi" (Cass.Pen. Sez. V, 5 ottobre 1999, n. 12894, in Cass. Pen., 2001, p.2458, cfr.all.n.62).

Si segnala inoltre una risalente pronuncia delle Sezioni Unite della Suprema Corte con cui si è affermato che "quando il capo di imputazione contenuto nel decreto di rinvio a giudizio relativo ad un reato permanente si limiti ad indicare soltanto la data iniziale del fatto o quello della denuncia, ma non anche la data di cessazione della permanenza, l'intrinseca idoneità di tale tipo di reato a durare nel tempo, anche dopo l'avverarsi dei suoi elementi costitutivi, comporta che l' originaria contestazione si estenda all'intero sviluppo della fattispecie criminosa e che l'imputato sia conseguentemente chiamato a difendersi, fin dall'origine, non soltanto in ordine alla parte già realizzatasi di tale fattispecie, ma anche con riguardo a quella successiva, perdurante fino alla cessazione della condotta o dell'offesa e comunque non oltre la sentenza di primo grado" (Cass.Pen. Sez. Un.,11 novembre 1994, in Cass.Pen.,1995, p.531, cfr.all.n,63).

Con riferimento alle prescrizioni indicate alla lettera d) la Cassazione ha osservato che "il requisito del decreto previsto dall'art. 552, comma primo, lett. d) cod. proc. pen., secondo cui è prescritta l'indicazione del

Giudice competente per il giudizio, va inteso nel senso che tale indicazione riguarda l'organo giudicante, con la conseguenza che la nullità stabilita al comma successivo ha luogo quando l'eventuale omissione abbia determinato incertezza circa l'autorità giudiziaria dinanzi alla quale l'imputato è chiamato a comparire" (Cass.Pen. Sez. V, 19 gennaio 2005, n. 1336, in Riv.Pen., 11/2005, cfr.all.n.64).

In relazione, invece, alla data di comparizione si è affermato che: *"qualora il Pubblico Ministero, in luogo di chiedere preventivamente al Presidente del Tribunale l'indicazione di una data per la citazione a giudizio dell'imputato, emetta direttamente il decreto di citazione senza indicare la data di comparizione, con avvertenza che questa sarà fissata dal Presidente del Tribunale, tale decreto è idoneo a produrrà i suoi effetti, posto che il suo deposito sia accompagnato da quello del provvedimento integrativo di fissazione da parte del Presidente del Tribunale"* (Cass.Pen. Sez. II, 12 marzo 2002, n.10404, in *Arch.Nuova Proc.Pen.*,2003, p. 81,cfr.all.n.65).

In relazione a quanto prescritto alla lettera f) (che prevede che il decreto contiene *"l'avviso che, qualora ne ricorrano i presupposti, l'imputato, prima della dichiarazione di apertura del dibattimento di primo grado, può presentare le richieste previste dagli articoli 438 e 444 ovvero presentare domanda di oblazione"*) si segnala un contrasto giurisprudenziale relativo al grado della nullità prevista.

Un primo orientamento qualifica tale nullità "a regime intermedio" ai sensi dell'art. 180 cod. proc. pen.: *"Qualora il decreto di citazione a giudizio davanti al Tribunale in composizione monocratico sia erroneamente emesso secondo le prescrizioni poste per il rito pretorile al vecchio testo dell'art.555 cod. proc. pen.,si determina, tra l'altro, una falsa indicazione del termine per la richiesta di accesso ai riti speciali o all' oblazione (quindici giorni dalla notificazione del decreto invece che - come prescrive il testo attuale dell'art 552 comma 1 lett. f) cod. proc. pen.- la dichiarazione di apertura del dibattimento di primo grado. Da ciò consegue, a mente dell'art. 552, comma 2, del Codice di rito, la nullità del decreto, che però non è assoluta risultando piuttosto riconducibile alla previsione dell'art. 180 dello stesso codice"* (Cass,Pen. Sez. VI, 25 marzo 2004, in *Giust. Pen.*, III,p. 219, cfr.all.n.66).

Un secondo orientamento la qualifica invece come "nullità relativa": *"il decreto di citazione - emesso dopo l'entrata in vigore della legge 479 del 1999 e contenente l'indicazione del termine di 15 giorni dalla notificazione per la richiesta di ammissione ai riti alternativi anziché quello previsto dal nuovo testo di cui all'art.552, comma 1 lett. f) cod. proc. pen. e coincidente con il momento immediatamente precedente all'apertura del dibattimento - risolvendosi in un'isufficiente informazione circa la possibilità di orientarsi tra le diverse strategie difensive, è nullo, ex art 552, comma 2, cod. proc. pen.; detta nullità, attinente alla citazione dell'imputato, è relativa,ed in quanto tale, deve essere dedotta con le questioni preliminari, per le quali l'art. 491 cod. proc. pen. stabilisce la preclusione, se non proposte immediatamente dopo che sia stato compiuto, per la prima volta, l'accertamento della costituzione delle parti"* (Cass.Pen. Sez., V, 17 gennaio 2003, n. 2027, in *Riv. Pen.,* 2004, p.131, cfr.all.n.67).

La prescrizione prevista alla lettera g) non è garantita da sanzioni di alcun genere in caso di violazione. In concreto, tuttavia, il fatto che gli atti relativi alle indagini preliminari siano depositati nella segreteria del PM con la conseguente facoltà per le parti ed i loro difensori di prenderne visione ed estrarne copia è circostanza importante.

Si pensi al caso in cui l'indagato (e/o il suo difensore) abbia visionato gli atti depositati *ex* art. 415-*bis* cod. proc. pen., ma il Pubblico Ministero abbia effettuato indagini suppletive: in tale eventualità l'avviso di cui all'art. 552, comma 1, lett.g) cod.roc.pen. assicura all'indagato la possibilità di conoscere (e quindi valutare tramite il supporto della difesa tecnica) gli ulteriori atti acquisiti dal Pubblico Ministero.
Non solo.
Gli atti relativi alle indagini preliminari sono portati a conoscenza dell'indagato e del suo difensore mediante l'avviso *ex* art.415-*bis* cod. proc. pen.,mentre tale facoltà è preclusa alla persona offesa dal reato: l'avviso di cui all'art. 552, comma 1, lett g) cod. proc. pen.,di cui è destinataria anche la persona offesa, assume dunque una funzione informativa di rilevante importanza nei confronti di quest'ultima, che, in tal modo, avrà la possibilità di prendere visione ed eventualmente estrarre copia degli atti del procedimento.

Il comma 2 dell'art 552 cod. proc. pen. prevede inoltre che il decreto di citazione diretta a giudizio è nullo se:

- non è preceduto dall'avviso *ex* art.415-*bis* cod. proc. pen.;

-non è preceduto dall'invito a presentarsi a rendere l'interrogatorio *ex* art.375, comma 3, sempre che la persona sottoposta alle indagini ne abbia fatto richiesta entro i termini previsti dall'art.415-*bis* comma 3, cod. proc. pen..

In relazione al primo aspetto la Cassazione ha in una recente pronuncia affermato che *"la nullità del decreto di citazione a giudizio per l'omesso avviso di conclusione delle indagini preliminari - previsto dall'art. 415-bis cod. proc. pen. - è a regime intermedio e, pertanto, deve essere eccepita o rilevata d' ufficio prima della deliberazione della sentenza di primo grado"* (Cass. Pen. Sez. V,16 giugno 2006, n. 29931, in *Arch.Nuova Proc.Pen.*,2007,p. 656. cfr.all.n.68).

In relazione invece al secondo aspetto la Cassazione ha ritenuto che *"è del tutto conforme a legge la declaratoria di nullità del decreto di citazione e il conseguente ordine di restituzione degli atti al PM per l'omessa spedizione all'indagato dell'invito a rendere l'interrogatorio: tale invalidità è, infatti, espressamente contemplata, come già dall'abrogato art. 555, comma 2, cod. proc. pen., dal vigente art. 552, comma 2 cod. proc. pen. e deve annoverarsi tra quelle generali a regime intermedio di cui all'art.178 cod. proc. pen. lett c), attenendo all'intervento dell'imputato nel procedimento"* (Cass.Pen. Sez II, 5 aprile 2002,n. 18153, in *Giur.It.*,2003,p. 313, cfr.all.n.69).

Non solo: con sentenza 1 ottobre 2003,n. 44159 la Suprema Corte ha ritenuto che *"la nullità del decreto di citazione a giudizio prevista dall'art. 552, comma 2, cod. proc. pen., per il caso in cui l'imputato, avendo fatto tempestiva richiesta di rendere l'interrogatorio ai sensi dell'art.375, comma 3, cod. proc. pen., non sia stato invitato a presentarsi, sussiste anche nell'ipotesi in cui lo stesso imputato, a suo tempo sottoposto a misura cautelare, abbia già reso l'interrogatorio di garanzia previsto dall'art. 294 cod. proc. pen."* (Cass.Pen. Sez. III, 1 ottobre 2003, n. 44159, in *Arch. Nuova Proc.Pen.*,2004, p. 70, cfr.all.n.70).

Si segnala inoltre una pronuncia in cui si afferma che *"l'art. 552 cod. proc. pen. prevede la nullità del decreto di citazione nel caso di omissione dell'invito all'indagato a comparire e non anche dell'ipotesi di avviso notificato oltre i termini di legge per la chiusura delle indagini preliminari"* (Cass.Pen. Sez. V, 10 dicenbre 2003, cfr.all.n.71).

3) **Notifica, nullità e rinnovazione della citazione**

In tema di notifica il comma 3 dell'art 552 stabilisce che il decreto debba essere notificato all'imputato, al suo difensore ed alla parte offesa almeno 60 giorni prima dell'udienza di comparizione; in caso di urgenza tale termine si riduce a 45 giorni.

La Cassazione ha stabilito che *"nel caso di nullità della notificazione del decreto di citazione o di inosservanza del termine di difesa stabilito dall'art. 552, comma 3, cod. proc. pen.,deve ritenersi abnorme, pertanto ricorribile in cassazione, il provvedimento del Giudice del dibattimento con il quale, invece di provvedere egli stesso a rinnovare la notifica, disponga la restituzione degli atti al Pubblico Ministero perché provveda alla rinnovazione della notificazione"* (Cass.Pen., Sez IV, 8 giugno 2004, n. 37619, in *Arch.Nuova Proc.Pen.,* 2005,p. 57, cfr.all.n.72; in termini Cass. Sez. Un. 29 maggio 2002, n. 28807, in *Cass. Pen.,* 2002,p. 3363).

Il principio espresso in tale pronuncia viene confermato anche in relazione al procedimento avanti il Giudice di Pace: infatti la Suprema Corte ribadisce che *"nel caso di nullità della notificazione del decreto di citazione a giudizio per il mancato rispetto del termine stabilito dall'art. 20, comma terzo, d.lsg 28 agosto 2000, n. 274, il Giudice di pace deve provvedere egli stesso a rinnovare la notifica e non può disporre la restituzione degli atti al PM con un provvedimento che, determinando una indebita regressione del processo, si configura come abnorme "* (Cass.Pen., Sez IV,23 settembre 2004, n.37617, in *Arch. Nuova Proc.Pen.,* 2005, p. 58, cfr.all.n.73).

E' importante ricordare inoltre che *"il termine di giorni sessanta previsto dall'art. 552, comma terzo, cod. proc. pen., che deve intercorrere tra la notifica del decreto di citazione e la data dell'udienza di comparizione, non deve essere inteso nel senso di giorni liberi; conseguentemente il suo computo deve essere effettuato secondo le regole generali previste dall'art. 172 cod. proc. pen."* (Cass.Pen. Sez. II, 10 giugno 2005, n.23474,in *Arch Nuova Proc.Pen.,*2006, p. 588, cfr.all.n.74).

Si segnala poi l'esistenza di un contrasto giurisprudenziale relativo agli effetti del decreto di irreperibilità dell'imputato emesso nel corso delle indagini preliminari, il quale - secondo un certo orientamento - *"non spiega efficacia ai fini della notificazione del decreto di citazione a giudizio disposta dal Pubblico Ministero ai sensi dell'art. 552 cod. proc. pen, in quanto la chiusura delle indagini di cui all'art. 160, comma 1, cod. proc. pen.,ha luogo con l'emissione di quest'ultimo decreto, sicché ai fini della 'vocatio in iudicium', che segna l'inizio della fase dibattimentale e si realizza con la notificazione del provvedimento, è necessario un nuovo decreto di irreperibilità"* (Cass.Pen. Sez. II, 17 maggio 2007,n.29914, cfr.all.n.76).

Un problema che può porsi laddove il procedimento penale riguardi un soggetto straniero attiene alla necessità o meno di tradurre il decreto di citazione a giudizio nella lingua dell'indagato.

Sul punto le Sezioni Unite della Suprema Corte hanno stabilito che *"la mancata traduzione nella lingua dell'imputato alloglotta del decreto di citazione a giudizio, in presenza delle condizioni richieste dall'art.143 c.p.p. come interpretato dalla Corte Cost. 12 gennaio 1993, n. 10, integra una nullità generale di tipo intermedio (art.178 lett.c) e 180 c.p.p.) la cui deducibilità è soggetta a precisi termini di decadenza e che resta sanata dalla comparizione della parte"* (Cass.Pen. Sez. Un., 31 maggio 2000, n. 12, in *Cass.Pen.*, 2000,p. 3255, cfr.all.n.77).

Si ricorda che l'art.143 cod. proc. pen. prevede che *"l'imputato che non conosce la lingua italiana ha diritto di farsi assistere gratuitamente da un interprete al fine di poter comprendere l'accusa conto di lui formulata e di seguire il compimento degli atti cui partecipa. La conoscenza della lingua italiana è presunta fino a prova contraria per chi sia cittadino italiano. Oltre che nel caso previsto dal comma 1 e dall'art. 119 Cod. Proc. Pen., l'autorità procedente nomina un interprete quando occorre tradurre uno scritto in lingua straniera o in un dialetto non facilmente intelligibile ovvero quando la persona che vuole o deve fare una dichiarazione non conosce la lingua italiana. La dichiarazione può anche essere fatta per iscritto e in tal caso è inserita nel verbale con la traduzione eseguita dall'interprete. (....). La prestazione dell'ufficio di interprete è obbligatoria "*.

L'omesso avviso - nel decreto di citazione a giudizio, per l'udienza dibattimentale di primo grado, notificato al difensore dell'imputato - di luogo, giorno ed ora di comparizione determina, ai sensi *dell'art. 179 c.p.p., una nullità assoluta non suscettibile di sanatoria e rilevabile anche d'ufficio in ogni stato e grado del procedimento. Ne consegue necessariamente che detta nullità invalida tutti gli atti consecutivi e dipendenti, cfr. Corte di Appello Genova 22.03.2005.*

In tema di notificazioni all'imputato, l'art. 179 c.p.p. prevede la nullità assoluta ed insanabile solo nel caso in cui la notificazione della citazione sia stata omessa ovvero quando, essendo stata eseguita in forme diverse da quelle prescritte, non risultando idonea a determinare la conoscenza effettiva dell'atto da parte dell'imputato. Secondo il consolidato orientamento della S.C., la nullità conseguente alla notificazione all'imputato del decreto di citazione a giudizio, è di ordine generale a regime intermedio perché comunque idonea determinare la conoscenza effettiva dell'atto laddove la notificazione venga eseguita presso lo studio del difensore con il quale, si presume, il prevenuto abbia instaurato un rapporto fiduciario, *cfr. ex. Pluris, App. Perugia, 22/08/2011;*

Si osserva che, in tema di notificazioni all'imputato della citazione (v. tra le massime, Cass. Pen Sez. Un. 2004, n.119), la nullità assoluta ed insanabile prevista dall'art. 179 c.p.p., addotta dalla difesa dell'appellante, ricorre solo nel caso in cui la notificazione della citazione sia stata omessa o quando, essendo stata eseguita in forme diverse da quelle prescritte, risulti inidonea a determinare la conoscenza effettiva dell'atto da parte dell'imputato.

La Suprema Corte ha sancito, al riguardo, che "la nullità conseguente alla notificazione all'imputato del decreto di citazione a giudizio presso lo studio del difensore anziché presso il domicilio eletto è di ordine generale a regime intermedio, perché idonea comunque a determinare una conoscenza effettiva dell'atto in ragione del rapporto fiduciario con il difensore, sicché soggetta a termini di deduzione di cui all'art. 182 comma 2 c.p.p. (v. Cass. Pen. Sez. II, 30/09/ 2010, n. 35345).

4) **Termini a comparire**

La disciplina attuale, come visto, prevede che il termine di comparizione di 60 giorni, che deve intercorre tra la notifica e la data fissata per l'udienza, sia un termine riducibile a giorni 45 in casi di particolare urgenza.
Tale impostazione normativa, a differenza dell'abrogato art. 555 cod. proc. pen., concede all'imputato e alla sua difesa un termine maggiore, al fine di consentire la predisposizione delle strategie difensive da attuare in vista del dibattimento od in vista di possibili scelte di riti alternativi che devono essere compiute entro, e non oltre, l'apertura della fase

dibattimentale.

Un 'altra significativa differenza tra l'abrogato art. 555 cod. proc. pen. e l'attuale art 552 cod. proc. pen. risiede nel fatto che, ora, non vi sono più differenze di termini in ordine alla notificazione del decreto di citazione all'imputato da un lato, e alla persona offesa dall'altro.

Il comma terzo dell'art.552 cod. proc. pen. prevede, infatti, che il termine di 60 giorni valga, allo stesso modo, per l'imputato, per il suo difensore e per la parte offesa.

Da ultimo merita una riflessione la posizione del responsabile civile, parte processuale "eventuale" nei cui confronti non è espressamente previsto alcun termine per la notifica.

A tal proposito la prevalente dottrina ritiene applicabile alla citazione diretta a giudizio - per analogia degli istituti - i principi espressi nella pronuncia della Corte Costituzionale n. 453/1992 con cui è stato stabilito che " è costituzionalmente illegittimo, per contrasto con l'art. 24 Cost. l'art. 83, comma 5, cod. proc. pen., nella parte in cui non prevede per la citazione nel procedimento davanti al Pretore il medesimo termine assegnato all'imputato dall'art. 55 comma 3 dello stesso codice. L'assenza per il responsabile civile della previsione di alcun termine per la sua citazione, da disporre ad opera del Giudice su richiesta della parte civile, lede il suo diritto di difesa sotto un duplice profilo: in primo luogo, perché, nel concreto, il termine fissato dal Giudice potrebbe rivelarsi incongruo ai fini della costituzione di tale parte; in secondo luogo, perché. comunque, resta affidato all'apprezzamento insindacabile del Giudice stabilire se il responsabile civile sia stato posto in grado di esercitare i suoi diritti nel giudizio" (Corte Cost., 17 novembre 1992, n. 453, in Giur. Cost. 1992, p.4112, cfr.all.n.78).

TEMA GENERALE

L'ISCRIZIONE DELLA NOTIZIA DI REATO E IL TERMINE DI DURATA MASSIMA DELLE INDAGINI PRELIMINARI

QUESTIONE N. 1

QUALI RIMEDI SONO ESPERIBILI DALLE PARTI QUALORA IL PUBBLICO MINISTERO ISCRIVA ERRONEAMENTE UNA NOTIZIA DI REATO COME PSEUDO-NOTIZIA DI REATO E, COME TALE, LA CESTINI?

LA GIURISPRUDENZA DELLE SEZIONI UNITE

Cassazione penale, sez. un., 11 luglio 2001, n. 34536

Le massime

1) In tema di azione penale, qualora il p.m., dinanzi a un atto contenente una notizia di reato, abbia omesso l'iscrizione nel registro mod. 21 ovvero l'abbia eseguita nel registro mod. 45 delle cd. pseudonotizie di reato, il Procuratore Generale ha facoltà di avocare le indagini preliminari.

2) I provvedimenti del p.m., in quanto atti di parte, non hanno natura giurisdizionale e, come tali, non sono nè qualificabili come abnormi (caratteristica esclusiva degli atti di giurisdizione), nè impugnabili, quantunque illegittimi. (Fattispecie concernente ricorso del procuratore generale della Repubblica avverso provvedimento di diretta trasmissione in archivio, da parte del p.m., di atti ritenuti penalmente irrilevanti).

IL TESTO INTEGRALE DELLA SENTENZA

LA CORTE SUPREMA DI CASSAZIONE
SEZIONI UNITE PENALI
Composta dagli Ill.mi Sigg.:
Dott ALDO VESSIA PRESIDENTE
1. Dott. PASQUALE TROIANO COMPONENTE
2. "FRANCO MARRONE "
3. " FRANCESCO MORELLI"
4. " RENATO FULGENZI "
5. " AMEDEO POSTIGLIONE"
6. " FRANCESCO MARZANO"
7. " GIOVANNI CANZIO"
8. " ANIELLO NAPPI"
Ha pronunciato la seguente
SENTENZA
sul ricorso proposto dal Procuratore Generale presso la Corte di Appello di Genova nel procedimento riguardante gli atti relativi all'esposto di:
G. C.;
avverso il decreto in data 28.4.1992 del Procuratore della Repubblica presso il Tribunale di Sanremo;
Udita la relazione del cons. Dr. Marrone;
Letta la requisitoria del Procuratore Generale presso questa Corte dr. Vincenzo Geraci che ha concluso per la inammissibilità del ricorso.
Il ricorso del Procuratore Generale
Il Procuratore Generale della Repubblica presso la Corte di Appello di Genova propone ricorso avverso il provvedimento del Procuratore della Repubblica di Sanremo che ha disposto la trasmissione al proprio archivio del fascicolo concernente il decesso di G. P..

FATTO

Premesso:
- che in data 21 dicembre 1991 G. C. aveva presentato al Procuratore della Repubblica di Sanremo un esposto concernente il decesso della P., (sua nonna) deceduta anni prima, nel 1973, all'età di 83 anni; e che, all'esito delle indagini dei CC il P.M. aveva, il 28 aprile 1992, disposto la

trasmissione nell'archivio del proprio ufficio del fascicolo in questione.

Il ricorrente sostiene: che "in presenza del decesso di un soggetto anziano affetto da occlusione intestinale e ... di interrogativi e sospetti avanzati da un parente su possibili ritardi nelle terapie d'urgenza si imponevano indagini preliminari approfondite, specie di natura medico legale; che, in ogni caso, anche in ipotesi di accertata esclusione di responsabilità colposa di terzi, esclusivamente l'organo giurisdizionale avrebbe potuto emettere il provvedimento di archiviazione"; e che "il provvedimento di archiviazione" emesso dal P.M. non solo impedisce alla "sovraordinata Procura Generale ogni verifica della ritualità della procedura" ma sottrae al giudice "quanto di sua esclusiva competenza con la ulteriore conseguenza, nel caso in cui il G.I.P. non accogliesse la richiesta di archiviazione del P.M., di privare il Procuratore Generale della facoltà di avocazione"; donde la natura abnorme del provvedimento impugnato.

Da ultimo, il ricorrente precisa di aver avuto conoscenza del provvedimento in questione solo "occasionalmente ... e recentemente (12 agosto 1999), avendo richiesto in visione il fascicolo a seguito di un ulteriore esposto del C., con la conseguenza che, in difetto di avvisi di deposito, notificazioni ed altro ..." il ricorso sarebbe tempestivo.

Conclude chiedendo l'annullamento senza rinvio del provvedimento impugnato.

Il ricorso è stato assegnato alla terza sezione penale di questa Corte.

La terza sezione, ravvisando la sussistenza del contrasto, pur dopo la sentenza delle Sezioni Unite, cc 22 novembre 2000, PM in proc. Buonarroti, dep. in data 15 gennaio 2001, n. 34, rv 217244, ha ritenuto, in adesione alla richiesta subordinata del Procuratore Generale (peraltro, formulata quando la sentenza succitata non esisteva), l'opportunità di rimettere la questione alle Sezioni Unite.

Il Primo Presidente Aggiunto ha fissato per la trattazione del ricorso in camera di consiglio, l'udienza dell'11 luglio 2001.

L'ordinanza di remissione

Secondo l'ordinanza di remissione, il ricorso del Procuratore Generale di Genova pone in questione l'esistenza del c.d. potere di "cestinazione" del Pubblico Ministero, più esattamente il potere di trasmettere gli atti direttamente in archivio senza adottare la procedura di archiviazione prevista dall'art. 408 ss cod. proc. pen.

L'ordinanza, prende atto che le Sezioni Unite con la decisione, PM in proc. Buonarroti (cit.), hanno stabilito l'esistenza del c.d. potere di "cestinazione" del Pubblico Ministero affermando, altresì, la sua autonomia in ordine alla valutazione preordinata a selezionare i fatti da iscrivere nel modello c.d. 21 e cioè delle notizie di reato (art. 335 cod. proc. pen.) e nel c.d. modello 45 ... e cioè delle pseudo-notizie. Senonché, ad avviso del Collegio remittente, le Sezioni Unite, con la succitata decisione, da un lato, si occupano di "un soggetto diverso", dall'altro, non risolvono" ... il grave problema ... dei rimedi esperibili nei confronti dell'inazione del P.M., e più specificamente, della diretta trasmissione in archivio di atti iscritti a mod. 45 per errore, per negligenza, per dolo ...", giacché un conto è ... "riconoscere il potere di cestinazione", altro "escludere che siano reperibili nell'ordinamento rimedi di carattere processuale qualora si assuma che di tal potere il P.M. abbia fatto un uso non corretto".

Ciò detto, l'ordinanza rileva che mentre alcune decisioni escludono la sindacabilità del decreto con il quale il P.M. disponga la trasmissione in archivio degli atti iscritti al mod. 45, la sentenza Cappelli (sez. VI, cc 10 novembre 1999, dep. 28 novembre 1999, n. 3583) ha ritenuto configurabile, in tal caso, "quanto meno sotto il profilo procedimentale" l'abnormità e, pertanto, la ricorribilità in cassazione del relativo provvedimento.

Da ultimo, l'ordinanza di remissione afferma che "d'altronde" la sentenza delle Sezioni Unite, P.M. in proc. Buonarroti, "... ha chiarito che la disciplina dettata dagli articoli 408 ss e 125 disp. Att. Cod. proc. pen., concerne soltanto le notizie di reato iscritte a modello 21, mentre non sembrano configurabili rimedi processuali diversi dall'impugnazione del decreto del P.M., dal momento che anche il potere d avocazione del P.G. ... presuppone evidentemente quest'ultima iscrizione". E conclude affermando che "la sussistenza del contrasto giurisprudenziale sopra rilevato ... e la delicatezza della questione di principio, indubbiamente di fondamentale importanza ..." ne suggeriscono la rimessione, anche in adesione alla richiesta subordinata del P.G., alle Sezioni Unite "... affinché individuino i rimedi esperibili e decidano sull'ammissibilità del proposto gravame del P.G. genovese avverso il decreto di diretta archiviazione emesso dalla Procura della Repubblica di Sanremo.

La requisitoria del Procuratore Generale

Il Procuratore Generale presso questa Corte, con requisitoria scritta in data 21 luglio 2000, aveva già chiesto che il ricorso fosse dichiarato inammissibile:

- per l'inoppugnabilità oggettiva del provvedimento censurato: per giurisprudenza consolidata, impugnabili sono solo i provvedimenti del giudice e non quelli di una parte del processo, quale il P.M.;

- in quanto "la più significativa eccezione a tale indirizzo" aveva riguardato un provvedimento del P.M. "addirittura illegale" ed "incidente sulla libertà personale oggetto di tutela costituzionale rafforzata" (sez. VI, 11 dicembre 1995, Esposito) che non risulta invocabile nella specie dove "...tale profilo ... non risulta compromesso";

- giacché, il provvedimento impugnato sfugge alla classificazione di abnormità in quanto è stato adottato nell'esercizio di un potere espressamente riservato al pubblico ministero dall'ordinamento, in virtù del quale egli può "... selezionare gli atti portati a sua conoscenza" e iscriverli nei registri all'uopo predisposti, realizzando con ciò "atti interni a contenuto non giurisdizionale che, secondo la giurisprudenza assolutamente prevalente di questa Corte, sfuggono alla possibilità di impugnazione";

- sotto il profilo della sua intempestività, per il mancato rispetto dei termini di cui all'art. 585 co. Proc. Pen., che secondo la giurisprudenza di legittimità valgono anche per i provvedimenti abnormi.

Con memoria 4 giugno 2001 il Procuratore Generale ha insistito nella richiesta di declaratoria di inammissibilità del ricorso, evidenziando i principi affermati nelle pronunce a Sezioni Unite di questa Corte Suprema, nel frattempo intervenute (SS.UU. 21.6.2000, Tammaro e 22.11.2000, n. 34).

Ha aggiunto, inoltre che ove si rifletta sul fatto che il P.M. può sempre riconsiderare la natura dell'atto iscritto nel registro delle "pseudo-notizie" e - sulla base di una diversa valutazione - procedere all'iscrizione della (a tal punto ritenuta) notizia di reato nel registro di cui all'art. 335 (citata sent. S.U. 22.11.2000, n. 34), nulla vieta che a tale "riconsiderazione" lo stesso P.M. possa essere sollecitato dalla parte interessata.

Tanto più che - ove quest'ultima si identifichi nel P.M. - siffatta sollecitazione sembra propiziata da quell'obbligo di cooperazione istituzionale tra uffici di cui v'è traccia nella giurisprudenza di questa Corte Suprema (Sez. II, 15.2.1996, n. 803; Sez. VI, 17.12.1997, n. 1146) e della stessa Corte Costituzionale (sent. N. 420/95).

DIRITTO

MOTIVI DELLA DECISIONE

1) Va premesso l'accertamento della tempestività del ricorso che risulta proposto in data 13.9.1999 avverso il provvedimento del P.M. che reca la

data del 28.4.1992.

Per quanto riguarda i provvedimenti abnormi le Sezioni Unite hanno avuto occasione di precisare che le disposizioni del codice di rito concernenti i termini per la proposizione dell'impugnazione operano anche col riferimento al ricorso per cassazione avverso gli atti abnormi, non essendo previste deroghe alla rigorosa generalizzazione della disciplina dei termini perentori contenuta nell'art. 585 c.p.p. (Sez. Un., 9.7.1997, Quarantelli). E, però, la natura stessa (abnorme) del provvedimento, pone il problema del dies a quo del termine che non può non coincidere con la sua effettiva conoscenza da parte del ricorrente.

Nel caso in esame, dovendosi ritenere attendibile in carenza di prova contraria, la dichiarazione del ricorrente di essere venuto a conoscenza del provvedimento solo il 12.8.1999, il ricorso è da considerare tempestivo.

2) Il ricorso non è però ammissibile in quanto proposto avverso il provvedimento di una parte processuale, il P.M. e non avverso una decisione del giudice.

La lettera dell'art. 568, 1 c.p.p. e l'interpretazione sistematica della norma non lasciano adito a dubbi: sono soggetti a impugnazione solo i provvedimenti del giudice. E, in giurisprudenza, è consolidato il principio per cui gli atti di parte, quali quelli del P.M., non sono annoverabili, nella categoria del provvedimento abnorme la quale comprende solo i provvedimenti aventi natura giurisdizionale e, quindi, i provvedimenti dotati di uno specifico contenuto giurisdizionale (sez. V, cc 9.4.1992, Ciarrapico, dep. in data 13.6.1992, n. 1055, rv. 190617; sez, VI, ud. 17.10.1994, Armanini, dep. in data 22.12.1994, n. 1823, rv. 199982). La decisione contrastante con tale principio (e, perciò, citata nell'ordinanza di remissione) è quella riguardante il caso Cappelli (Cass., sez. VI, sent. n. 3583 del 10.11.1999), che riconnette l'intervento della Cassazione alla necessità di ovviare alla elusione del principio di obbligatorietà dell'azione penale (art. 112 Costit.) che consegue all'uso improprio del registro delle pseudonotizie da parte del P.M. quando (con atto perciò abnorme) archivia direttamente una notitia criminis.

Tesi non condivisibile, però, perché viola il principio fondante del processo penale per il quale tutto il sistema delle impugnazioni è imperniato sul controllo dei provvedimenti adottati dall'autorità giudiziaria (e aventi specifico contenuto giurisdizionale). Le decisioni e gli atti delle parti (pubbliche o private), assumono rilievo solo se e quando filtrate dal provvedimento del giudice. Di tal che non è configurabile l'abnormità degli atti e dei provvedimenti delle parti processuali.

Peraltro, ove si volesse prospettare una deroga a tale principio nei riguardi dei provvedimenti del P.M. con riferimento alla natura costituzionale dell'obbligatorietà dell'azione penale (art. 112 Costit.), bisognerebbe poi riconoscere che la deroga andrebbe estesa agli atti della difesa con riferimento alla norma costituzionale (art. 24) della inviolabilità del diritto di difesa. Va perciò ribadito l'orientamento per il quale i provvedimenti del P.M., in quanto provenienti da una parte processuale non hanno natura giurisdizionale, e, come tali non possono essere inquadrati nella categoria degli atti abnormi, quale che sia il tasso della loro patologia.

La natura di parte del provvedimento esclude la possibilità dell'intervento diretto del giudice di legittimità, dato che l'eventuale accoglimento del ricorso si sostanzierebbe nel sostituire alla volontà della parte (nella specie di cestinare per inesistenza della notizia criminis) quella del giudice di legittimità (di iscrivere la notizia nel registro delle notizie di reato previsto dall'art. 335 c.p.p.).

Nel caso in esame, cioè, questa Corte dovrebbe sostituirsi al P.M. per stabilire se l'esposto del C. sia da configurare come notitia criminis, come sostiene il P.G. ricorrente, facendo leva sull'interrogativo posto dall'esponente sulla causa della morte dell'anziana parente; o debba essere considerata una pseudo notizia (da archiviare senza il controllo del giudice) come deciso dal P.M., facendo leva sull'esito delle indagini dei CC che avevano riferito essere stata la donna "amorevolmente curata" da un giovane medico suo nipote.

Va rilevato, inoltre, che il controllo del G.I.P. sull'operato del P.M. è previsto dal codice di rito solo nell'ipotesi in cui il P.M. aziona la domanda (chiedendo l'archiviazione o il rinvio a giudizio) e non nell'ipotesi in cui il Procuratore della Repubblica si avvalga della facoltà ex art. 109 Disp. Att. C.p.p., di iscrivere l'atto nel registro delle pseudo-notizie (mod. 45). Come precisato nella recente decisione di queste Sezioni Unite in data 22.11.2000, n. 34, (P.M. in proc. Buonarroti), gli atti penalmente irrilevanti, non sono assoggettati alla procedura formale di archiviazione la quale concerne esclusivamente le notizie di reato, onde non è possibile estendere il controllo del giudice anche alle pseudo-notizie, stante la ineludibile correlazione tra l'archiviazione e la notizia di reato.

In conclusione, va affermato il principio che i provvedimenti del P.M., in quanto atti di parte, non aventi natura giurisdizionale non sono impugnabili davanti al giudice, neppure quando evidente appaia il loro tasso di illegalità.

Il che, naturalmente non esclude la necessità di controllo sui provvedimenti del P.M. in materia di esercizio dell'azione penale, dovendo essere assicurata l'attuazione dell'art. 112 Costit.

3) Il ricorso del Procuratore Generale genovese, la citata sentenza sul caso Cappelli, l'ordinanza di rimessione e la stessa requisitoria del Procuratore Generale ripropongono in realtà il problema dei rimedi esperibili avverso l'inazione del P.M.

A tale proposito il ricorrente afferma che il provvedimento di cestinazione emesso dal P.M., priva il Procuratore Generale presso la Corte di Appello della facoltà di avocazione.

Conviene, perciò, soffermare l'attenzione sull'istituto previsto dall'art. 412 c.p.p., riguardante appunto l'avocazione delle indagini preliminari per mancato esercizio dell'azione penale.

Il legislatore delegante (legge 16.2.1987 n. 81) aveva previsto al punto 42) il potere di avocazione da parte del procuratore generale da esercitarsi con decreto motivato, soltanto nel caso di inerzia del pubblico ministero.

Potere che nel codice di rito previgente riguardava in generale l'istruzione sommaria (art. 392, 3° co.) ma le cui modalità di esercizio (volte in più casi rilevanti ad interrompere lo sviluppo delle indagini istruttorie) hanno indotto il nuovo legislatore a limitare tale potere alle ipotesi in cui il pubblico ministero resti inattivo.

Per quel che qui interessa, l'avocazione è prevista dall'art. 412, n. 1 c.p.p. in due casi specifici: quando il pubblico ministero non esercita l'azione penale, oppure non richiede l'archiviazione nel termine stabilito dalla legge o prorogato dal giudice.

Orbene, tenuto conto: che l'istituto è sorretto dal favor actionis (Cass., sez. V, 11.1.1991, Agnolucci); che sulla base dei principi affermati nella recente e citata sentenza Buonarroti, la valutazione dell'organo dell'accusa in ordine alla esistenza o inesistenza della notitia criminis prescinde dal dato formale della iscrizione nel registro delle notizie di reato (art. 335 c.p.p.) o in quello delle pseudo-notizie (mod. 45); che tale valutazione compete in eguale misura al Pubblico Ministero presso il Tribunale procedente, e, in caso di sua inerzia al Procuratore Generale presso la Corte di Appello, l'art. 412 è da interpretare nel senso che qualora il Pubblico Ministero iscriva un atto contenente una notizia di reato nel registro (mod. 45) delle pseudo-notizie (o non provveda affatto all'iscrizione), il Procuratore Generale ha facoltà di avocare a sé le indagini preliminari. È evidente, infatti, che se il potere di avocazione è esercitabile quando il P.M., dopo avere iscritto l'atto nel registro delle notizie di reato, pur dovendo non esercitare l'azione penale, a fortiori è esercitabile quando l'inattività del P.M. si spinge al punto da non effettuare l'iscrizione nell'apposito registro o da effettuarla nel registro delle pseudo-notizie, facendo così un uso distorto del suo potere.

Se la notizia di reato non viene azionata dal P.M., si creano i presupposti per l'intervento avocativo del Procuratore Generale e per l'esercizio da parte di questi dello stesso potere di iniziativa del P.M.

A conforto di tale interpretazione, è la norma contenuta nel sesto comma dell'art. 20 D.Pr.R. 22.9.1988 n. 449 (riguardante l'adeguamento dell'ordinamento giudiziario al nuovo processo penale, che con l'art. 20 ha sostituito l'art. 70 del R.D. 30.1.1941 n. 12): al Procuratore Generale presso la Corte di Appello, è fatto obbligo, quando avoca un procedimento penale, di trasmettere copia del relativo decreto motivato al Consiglio Superiore della Magistratura e al Procuratore della Repubblica interessato; obbligo originariamente collegato alle avocazioni "per inerzia del Pubblico Ministero" e successivamente, (con la soppressione di tale frase operata coll'art. 4 del D.L. 9.9.1991 n. 292, convertito nella l. 8.11.1991 n. 356) esteso a tutti i casi di avocazione previsti dal codice di rito.

La ratio di tale norma va individuata chiaramente nella necessità del più rigoroso controllo sul corretto esercizio dell'azione penale da parte del P.M., in ossequio al principio dell'obbligatorietà dell'azione penale fissato nell'art. 112 Costit.; controllo che certo non può essere escluso nella ipotesi di un uso distorto del potere di cestinazione.

Pertanto, il ricorso proposto dal Procuratore Generale genovese è inammissibile perché proposto avverso un provvedimento: emesso da una parte processuale (il P.M.), non avente natura giurisdizionale e, perciò, non configurabile come abnorme.

Va, però, precisato che l'impossibilità di controllo giurisdizionale sui provvedimenti del P.M., qualificabili come espressione di inerzia nell'attività di indagine o nell'esercizio dell'azione penale, non esclude l'esistenza dei rimedi esperibili, (in gran parte indicati nella citata sentenza Buonarroti) tra i quali è da ricomprendere l'istituto dell'avocazione delle indagini da parte del Procuratore Generale, tenendo naturalmente conto dei limiti temporali imposti dallo stesso dall'art. 412 c.p.p. per la formulazione delle richieste (trenta giorni dal decreto di avocazione) e delle condizioni poste (decreto motivato, indagini preliminari indispensabili) per il corretto esercizio del potere di avocazione.

P.Q.M.
dichiara inammissibile il ricorso.
Così deciso in Roma, nella Camera di Consiglio delle Sezioni Unite Penali, in data 11 luglio 2001.
DEPOSITATA IN CANCELLERIA IL 24 SET. 2001

V. anche art. 413 c.p.p.

GLI APPROFONDIMENTI DOTTRINALI

1) Avocazione delle indagini art. 412 c.p.p. *Sulla «avocazione per analogia» delle pseudo-notizie di reato*, **in** *Cass. pen.* **2002, 3, 938**

1. Le fattispecie tipiche dell'avocazione della notizia di reato. --- 2. Le fattispecie atipiche dell'avocazione. --- 3. L'avocazione della pseudo-notizia erroneamente registrata come notitia criminis. --- 4. Inammissibilità dell'avocazione della pseudo-notizia, tale ontologicamente e come tale registrata. --- 5. La c.d. «avocazione analogica della pseudo-notizia, come tale registrata, ma ritenuta dal p.g. notitia criminis. --- 6. Ragioni della inammissibilità della c.d. «avocazione analogica».

(1-3) 1. Le fattispecie tipiche dell'avocazione della notizia di reato. --- L'avocazione del p.g. costituisce un rimedio interno all'organizzazione degli uffici di accusa per auto-ripristinare, ad opera del p.g., il regime procedurale tipico delle notitiae criminis (o supposte tali). Non è espressamente disciplinata alcuna ipotesi di avocazione per le pseudo-notizie di reato (esposti anonimi o apocrifi; esposti per fatti privi di rilevanza penale) (1).
Nel disegno codicistico, per i procedimenti di competenza del tribunale

(ed ora per quelli del giudice di pace, ai sensi dell'art. 2 d.lg. n. 274/2000, che rinvia, in quanto applicabile, alla disciplina del codice), è espressamente disciplinata unicamente l'ipotesi procedurale tipica, ossia quella della normale corrispondenza tra tipo di notizia, tipo di registrazione e tipo di definizione. Le notitiae criminis debbono essere iscritte nei registri (2) mod. 21 e 21- bis (per reati a carico di indagati noti, di competenza rispettivamente del tribunale e del giudice di pace) (3) e mod. 44 (per reati a carico di indagati ignoti, per entrambe le tipologie di giudice) mentre le pseudo-notizie debbono essere iscritte nei registri mod. 45 (esposti non attinenti alla materia penale e, quindi, pseudo-notizie in senso oggettivo) e mod. 46 (4) (esposti anonimi o apocrifi e, quindi, pseudo-notizie per inidoneità della fonte). Le pseudo-notizie sono direttamente definite dal procuratore della Repubblica (da qui in poi, per semplicità, p.m.), mentre le notitiae criminis debbono essere definite dal p.m. con richiesta di archiviazione al g.i.p. (artt. 408-415 c.p.p.) o al giudice di pace (art. 17 d.lg. n. 274/2000) (5) oppure con uno degli atti di esercizio dell'azione penale previsti, per i procedimenti di competenza del tribunale, dall'art. 60 c.p.p. e, per i procedimenti del giudice di pace, dagli artt. 12 e 15 d.lg. n. 274/2000.

Per le pseudo-notizie, il vigente sistema processuale non contempla espressamente alcun controllo giurisdizionale (da parte del g.i.p. o del giudice di pace circondariale), né alcun potere di avocazione da parte del procuratore generale presso la Corte di appello (da qui in poi, per brevità, p.g.), anche se in giurisprudenza talvolta si ammette la possibilità della loro avocazione c.d. per analogia ex art. 412 comma 1 c.p.p.

Per le notitiae criminis, invece, il p.g. può disporre l'avocazione obbligatoria e quella facoltativa (art. 412 commi 1 e 2 c.p.p.). Il p.g. ha il potere-dovere di avocare quando il p.m., entro il termine ordinario o prorogato per le indagini, omette di attivarsi, non esercitando l'azione penale, né richiedendo l'archiviazione, secondo lo schema alternativo previsto dall'art. 405 comma 1 c.p.p. per i reati di competenza del tribunale. Similare opzione definitoria è prevista, per i procedimenti per i reati di competenza del giudice di pace, dall'art. 15 d.lg. n. 274/2000 (6). Inoltre, limitatamente ai procedimenti per reati di competenza del tribunale, è configurabile per il p.g. anche la c.d. avocazione facoltativa ex art. 412 comma 2 c.p.p., quando la richiesta di archiviazione formulata dal p.m. non è accolta de plano, perché «contestata» ex officio dal g.i.p. o fatta oggetto di opposizione della persona offesa ex art. 409 comma 2, 410 e 415 comma 3 c.p.p. (7).

In tali casi, l'avocazione, nella sua sola forma obbligatoria, è da ritenersi istituto applicabile anche in ordine ai procedimenti per reati di competenza del giudice di pace ex art. 2 comma 1 d.lg. 28 agosto 2000, n. 374, ma qui limitatamente ai casi in cui il procedimento sia stato iscritto come notizia di reato nel registro della Procura ex art. 16 d.lg. n. 274/2000 (8).

2. Le fattispecie atipiche dell'avocazione. --- Le fattispecie atipiche riguardano le ipotesi di incoerenza tra tipo di notizia (o pseudo-notizia), tipo di sua registrazione e tipo di definizione del concreto procedimento. In particolare, possono verificarsi la discrasia tra natura della notizia (o pseudo-notizia), da un lato, e tipo di registrazione e, caso-limite, l'omissione di qualsiasi registrazione; possono esservi errori ed omissioni nell'attività di qualificazione come notizia o pseudo-notizia e, comunque, nella scelta del registro in cui iscriverla.

In caso di registrazione erronea, la discrasia può manifestarsi in due opposte direzioni: pseudo-notizia registrata come notizia di reato (e, quindi, iscritta nel mod. 21, 21- bis o 44); notizia di reato registrata come pseudo-notizia (e, quindi, iscritta nel mod. 45 o nel mod. 46).

Quid juris, in tali casi, in ordine all'applicabilità dell'istituto dell'avocazione (atipica)?

Il principio generale è che la violazione dell'ordine delle corrispondenze tra modelli di registrazione e modelli procedurali di definizione può legittimare l'avocazione da parte del p.g. solo se quella violazione ha leso il favor actionis (o favor judicis) e, quindi, solo se ha sottratto al g.i.p. (o al giudice di pace circondariale) il controllo sul mancato esercizio dell'azione penale in ordine ad una notitia criminis (ovvero ad una pseudo-notizia erroneamente ritenuta notitia criminis e come tale registrata).

L'istituto dell'avocazione atipica può presentare le seguenti varianti.

3. L'avocazione della pseudo-notizia erroneamente registrata come notitia criminis. --- La pseudo-notizia, ontologicamente tale, può essere stata erroneamente qualificata dal p.m. (ab origine o nel corso delle indagini, per effetto dell'aggiornamento dell'iscrizione) come notitia criminis e pertanto iscritta nel registro mod. 21, 21- bis o 44. In tal caso, basta il solo dato formale del tipo di iscrizione a legittimare il regime procedurale di trattamento della notizia e, quindi, a fare sorgere per il p.m. l'obbligo di chiederne l'archiviazione (o di esercitare l'azione penale), con la sanzione procedurale dell'avocazione da parte del p.g.,

anche nel caso in cui questa deve essere finalizzata alla richiesta di archiviazione (9).

Qui è la forma di iscrizione (come notitia criminis) che prevale sulla sua effettiva sostanza (di pseudo-notizia). Forma dat esse rei. (10). La definizione della pseudo-notizia ad opera di un giudice (con eventuale avocazione delle indagini) qui discende dal favor judicis e dal principio di non regressione (11). In forza del primo, il legislatore ha inteso privilegiare l'intervento giurisdizionale nella procedura di archiviazione, in luogo della valutazione solitaria del p.m. Ne deriva che il p.g. può e deve intervenire, nell'àmbito interno del reticolato degli uffici di accusa, avocando il procedimento, sia quando il p.m., scaduto il termine di durata delle indagini, è rimasto inerte, sia quando ha irritualmente auto-archiviato (cosa che al p.m. sarebbe stato consentito solo se la pseudo-notizia fosse rimasta iscritta come tale e non quando, sia pure per errore, è stata iscritta come notitia criminis). Qui l'avocazione vale a rimuovere una situazione di irritualità patologica ed a ripristinare il formale ordine procedurale violato (12). L'effettuata iscrizione (anche se erronea) in uno dei registri tipici delle notizie di reato (mod. 21, 21- bis e 44) non consente, in forza del principio di non regressione, la retrocessione della notizia a pseudo-notizia e la regressione dell'iscrizione verso uno dei registri tipici delle pseudo-notizie (mod. 45 e 46), né, quindi, la sottrazione del procedimento al suo giudice naturale (13). Qui il «crisma» giurisdizionale, una volta impresso al procedimento con la sua iscrizione (14), anche se per errore, come notitia criminis, non può più essere eliminato da una «parte» procedimentale, sia pure pubblica, quale è il p.m. Il sistema processuale consente soltanto la «progressione» del procedimento lungo la via della «giurisdizionalizzazione» e, quindi, dai registri delle pseudo-notizie a quelli delle notizie di reato e, nell'àmbito di queste ultime, dal registro degli Ignoti (mod. 44) a quello dei noti (mod. 21 o 21- bis) ma non viceversa (15). Peraltro, il favor judicis consente al p.m. di attivare il procedimento giurisdizionale di definizione anche per le pseudo-notizie anche se non iscritte nei registri delle notizie di reato (16).

4. Inammissibilità dell'avocazione della pseudo-notizia, tale ontologicamente e come tale registrata. --- In punto di astratto diritto, è inammissibile l'avocazione del p.g. per le pseudo-notizie di reato che siano ontologicamente tali e come tali siano state esattamente registrate (esposti relativi a fatti privi di rilevanza penale ovvero scritti anonimi, correttamente iscritti rispettivamente a mod. 45 ed a mod. 46) (17).

Spetta allo stesso p.m. procedere alla loro c.d. auto-archiviazione (o auto-cestinazione). Qui non sono giustificabili né l'esercizio dell'azione penale, né le indagini preliminari finalizzate a tale determinazione (art. 326 c.p.p.), né, quindi, l'avocazione delle indagini da parte del p.g., né alcun controllo del g.i.p. o di altri organi giurisdizionali. Coerentemente, il p.g. non è destinatario di alcuna comunicazione o avviso in ordine alle vicende di tali pseudo-notizie ed alla loro auto-cestinazione, sicché usualmente egli ne ignora perfino la esistenza. Del resto, il p.g. non riceve nessuna comunicazione nemmeno in ordine alle rituali o presunte notitiae criminis nel caso di archiviazione disposta de plano dal g.i.p. Coerentemente deve ritenersi inammissibile il ricorso per cassazione del P.g.o. della persona offesa che abbia a dolersi del mancato trattamento del suo esposto come notizia di reato (18) o denunci la presunta abnormità dell'auto-cestinazione (19).

5. La c.d. «avocazione analogica» della pseudo-notizia, come tale registrata, ma ritenuta dal p.g. notitia criminis. --- Tuttavia, in concreto, una pseudo-notizia, tale ontologicamente e come tale ritualmente registrata, potrebbe non essere considerata tale dal p.g. o, comunque, potrebbe non apparire tale all'inizio del procedimento. Da qui nasce la problematicità della c.d. «avocazione analogica». Secondo una concezione «formalistica», seguita, tra l'altro, dalle Sezioni unite con la sentenza 15 gennaio 2001 (c.c. 22 novembre 2000), n. 34 (20), è il tipo di registrazione, anche se erroneo, a determinare la modalità di autocestinazione del p.m. ovvero di etero-archiviazione del g.i.p. (21). Recentemente, le Sezioni unite, con sentenza n. 25 dell'11 giugno 2001, depositata il 24 settembre 2001, si sono occupate di un caso in cui un esposto era stato iscritto nel registro delle pseudo-notizie di cui al mod. 45 ed era stato, quindi, in coerenza con tale sua ritenuta qualificazione, direttamente definito dal p.m. con auto-archiviazione (o auto-cestinazione). Proposto ricorso per cassazione dal p.g. territoriale sul presupposto che si trattasse, invece, di una vera e propria notitia criminis, che sarebbe stata da iscrivere nel mod. 21 o nel mod. 44, le Sezioni unite hanno ravvisata la praticabilità della avocazione del procedimento da parte del p.g. sulla base dell'applicazione analogica della disposizione di cui all'art. 412 comma 1 c.p. che legittima l'avocazione in caso di inerzia antidoverosa del p.m., che non assume nessuna delle determinazioni alternative di cui all'art. 405 comma 1 c.p.p. (richiesta di archiviazione o esercizio dell'azione penale).

La soluzione pro avocatione si inscrive nella concezione sostanzialistica, secondo la quale il regime procedurale degli atti dipende dalla loro sostanza (o natura), quando questa sia in contrasto con la loro veste formale. In materia vige il principio (22) che «il regime processuale degli atti non è necessariamente condizionato dal tipo di iscrizione, poiché in questa materia è la sostanza che prevale sulla forma» (23).

Nella specie, l'avocazione sarebbe servita ad assicurare l'obbligatorietà dell'esercizio dell'azione penale di cui all'art. 112 Cost. ed a realizzare l'esigenza del favor actionis (24).

6. Ragioni dell'inammissibilità della c.d. avocazione analogica. --- L'avocazione in applicazione analogica dell'art. 412 comma 1 cit., propugnata senza limiti e senza condizioni dalla sentenza n. 24/2001 delle Sezioni unite per le pseudo-notizie (25) di reato, è frutto di una filosofia di fondo che non può essere condivisa.

Tale filosofia, da un lato, sotto il profilo procedimentale, pecca per difetto giacché il p.g. non dispone di alcun mecanismo informativo sul modo in cui in concreto il p.m. iscrive o non iscrive le notizie di reato, sicché il suo potere-dovere di avocazione analogica potrebbe avere attuazione solo episodica o casuale e dipenderebbe essenzialmente dall'iniziativa privata del singolo, peraltro proteso a perseguire la persona da lui denunciata, piuttosto che a conseguire finalità di giustizia obiettiva. Non risulterebbe, comunque, garantita la esigenza costituzionale di assicurare l'esercizio dell'azione penale potenzialmente in tutti i casi similari (artt. 3 e 112 Cost.) (26). Del resto, nel vigente sistema processuale, il p.g. non riceve alcuna informativa né delle pseudo-notizie né delle notizie di reato, né della loro auto-cestinazione ad opera del p.m., né della loro archiviazione de plano da parte del g.i.p. (o del giudice di pace circondariale).

Quindi, se l'esigenza del favor actionis di cui all'art. 112 Cost. fosse qui realmente configurabile, sarebbe incostituzionale la disciplina di cui all'art. 412 comma 1 c.p.p. nella parte in cui non contempla lo strumento della comunicazione al p.g. dei provvedimenti del p.m. di auto-cestinazione e dei decreti (o ordinanze) giurisdizionali di archiviazione.

Dall'altro lato, la teorizzazione dell'avocazione ad libitum del p.g. rispetto alle (da lui ritenute) pseudo-notizie pecca gravemente per eccesso, giacché finisce per risuscitare quel nefasto meccanismo previsto dall'art. 74 c.p.p. del codice abrogato che, in origine, conferiva al p.g. il potere anche di ordinare al p.m. di procedere e di avocare il procedimento anche se già archiviato; poteri di ingerenza nell'azione penale che il nuovo legislatore ha voluto (e ben a ragione) sottrargli expressis verbis.

Nel vigente sistema, il p.g. non è l'organo titolare del potere di indagine, né di quello di azione; tanto che, emblematicamente, non dispone nemmeno di una propria sezione di polizia giudiziaria.

Disarmonico apparirebbe, quindi, un controllo del p.g. di estensione teoricamente generale sulla più modesta (e meno allarmante) categoria delle pseudo-notizie (ritenute tali dal p.m.) e relative iscrizioni e modalità di definizione, se si tiene presente che, in ordine alle vere e proprie notizie di reato, registrate come tale e come tali archiviate de plano dal g.i.p., il p.g. non riceve alcun avviso o comunicazione, né può comunque esercitare alcun controllo o avocazione. Il p.g. che fosse di diverso avviso potrebbe, quindi, avocare le pseudo-notizie, ma non le notizie di reato. L'esercizio da parte del p.g. del controllo (mediante l'eventuale c.d. avocazione analogica) su quelle che il p.m. ha classificato e trattato come pseudo-notizie (iscritte a mod. 45 o 46), anche se effettuato al limitato fine di verificarne la mancata iscrizione come notizia di reato (e, quindi, di censurare la diretta auto-archiviazione), finirebbe per risuscitare nello stesso p.g. una sorta di potere c.d. gerarchico (27). Un rapporto gerarchico (e nemmeno para-gerarchico) certamente non si addice tra organi di giustizia, anche se del pubblico ministero, che, nell'esercizio delle loro funzioni di promotori di giustizia, non possono non essere autonomi ed indipendenti tra loro, senza alcun generale potere di autosostituzione del p.g. al p.m.; potere di avocazione ormai estraneo perfino al reticolato della p.a. (28). Invero, l'attuale distinzione di funzioni, rispettivamente esercitate in primo e secondo grado dal p.m. e dal p.g., non può valere a fare qualificare le une o le altre come superiori, ma unicamente come esercitate in gradi diversi del medesimo giudizio di merito. Anche per il p.m., rispetto al p.g., vige, in misura sia pure attenuata, il principio della esclusiva soggezione alla legge (cfr. art. art. 101 comma 2 Cost., secondo cui «i giudici sono soggetti soltanto alla legge»).

Del resto, perfino all'interno del medesimo ufficio di procura, l'art. 70 comma 4 r.d. 30 gennaio 1941, n. 12, sull'ord. giud., assicura la «piena autonomia» del pubblico ministero in udienza. Sembra, pertanto, contrastante con tale linea evolutiva la estensione del potere di intervento del p.g. nell'attività (o inattività) del p.m., tanto più se preteso in nome della analogia legis.

Sotto il profilo strettamente giuridico, la c.d. avocazione analogica propugnata dalla citata sentenza n. 25/01 delle Sezioni unite non può non incontrare i limiti propri di qualsiasi concezione sostanzialistica in un campo, quale è quello processuale, dominato dal rispetto delle forme ed, in particolare, dal principio di legalità-tassatività (artt. 177 e 568 c.p.p.), scarsamente compatibile con l'interpretazione estensiva ed ancor meno con l'applicazione analogica.

Vero è che gli eventuali errori di registrazione delle notizie o pseudo-notizie di reato da parte del p.m., siano essi casuali o anche scientemente compiuti, non possono sconvolgere il regime procedurale proprio degli atti disegnato dal codice. Ma il recupero di quel regime non può essere conseguito attraverso strade non tipizzate. Né a legittimare un potere di avocazione in casi non previsti espressamente dalla legge (tale è il fondamento dell'applicazione analogica propugnata delle Sezioni unite con la sentenza n. 25/01, cit.) può valere il timore di abusi da parte del p.m. che indebitamente proceda ad iscrivere notizie di reato nei registri mod. 45 ovvero 46 (29). Del resto, non possono essere esclusi errori di avocazione da parte del p.g., specialmente sotto la spinta di privati particolarmente combattivi o litigiosi, né, in tesi, suoi possibili abusi. Peraltro, il p.m. che operasse la dolosa degradazione della notizia in pseudo-notizia per auto-cestinarla, commetterebbe un illecito disciplinare e anche penale, ma nessuna norma ne prevede l'impugnazione nemmeno sotto il profilo dell'atto abnorme, categoria inapplicabile agli atti non giurisdizionali (30). L'errore di registrazione o di omessa registrazione, di per se stesso, non è censurabile nemmeno dal g.i.p. (31), almeno nei limiti in cui esso non sottrae la notitia criminis alla sua valutazione (32). L'incensurabilità vige anche per la tardività nel suo aggiornamento o modifica (33). In proposito, è stato ritenuto abnorme il provvedimento del g.i.p. che dichiari il non luogo a provvedere in ordine alla richiesta di archiviazione e restituisca gli atti al p.m. deducendo dalla permanenza di iscrizione nel mod. 45 l'insussistenza di una notitia criminis (34).

A fortiori, l'errore di iscrizione compiuto dal p.m. non può essere contestato dal p.g. Peraltro, se si ritenesse giustificata l'esigenza di controllo sull'operato del p.m. in ordine all'auto-cestinazione delle pseudo-notizie di reato, sarebbe più coerente col sistema processuale una forma di intervento, non già dal p.g., ma del suo giudice naturale, il g.i.p. (35).

In ogni caso, l'erronea iscrizione a mod. 45 ovvero 46, quando non sia stata poi operata la rettifica o aggiornamento mediante iscrizione a mod. 21, 21- bis ovvero 44 o, comunque, sia mancata da parte del p.m. la richiesta al g.i.p. (o al giudice di pace circondariale) di archiviazione, sottrae al p.g. la esperibilità dell'avocazione, difettando la fattispecie procedurale specificamente prevista dall'art. 412 comma 1 c.p.p. (36), ma ciò non impedisce al p.m. di chiederne l'archiviazione al g.i.p. (o al giudice di pace) (37). Il privato interessato può comunque sollecitare il p.m. affinché sottoponga al giudice la valutazione di quella che egli ritiene essere una notizia di reato e, qualora ciò non avvenga, può contestare il presunto abuso del p.m. In ogni caso può ripresentare la sua denuncia, meglio evidenziando i profili penalmente rilevanti (38).

NOTE

(1) In tali sensi, Carli, Le indagini preliminari nel sistema processuale panel, Giuffrè 1999, p. 165.

(2) Le tipologie dei registri sono state disciplinate, per il tribunale, con d.m. Giustizia 30 settembre 1989 n. 334 e 11 ottobre 1989 n. 347 e, per il giudice di pace, con d.m. 6 aprile 2001, m. 204.

(3) Il Ministero della giustizia - Dip. aff. giust. - dir. gen. giust. pen. - con Circolare n. 592 del 21 dicembre 2001, pur istituendo un distinto registro mod. 21- bis per le notizie di reato, ha previsto un uso promiscuo dei preesistenti modelli 44 (ignoti), 45 (registro degli atti non costituenti notizie di reato) e 46 (esposti anonimi), per i reati di competenza del tribunale e per quelli del giudice di pace. Sono stati, altresì, istituiti altri registri per altri incombenti procedurali, ad es. per la fase giurisdizionale innanzi al giudice di pace.

(4) Il Ministero della giustizia con la citata Circolare n. 592 ha suggerito che i fascicoli per i reati di competenza del giudice di pace da iscrivere presso la procura della Repubblica nel mod. 44 (Ignoti) aggiungano alla ordinaria numerazione la sigla g.d.p. (iniziali di giudice di pace). Per le iscrizioni a mod. 45 ed a mod. 46 non sono concepibili modalità di distinzione giacché gli esposti penalmente irrilevanti da iscrivere a mod. 45 non sono suscettibili di suddivisione per competenza penale tra tribunale e giudice di pace e gli esposti anonimi da iscrivere a mod. 46, non essendo utilizzabili nemmeno ai fini procedimentali, sono destinati ad estinguersi presso l'ufficio di Procura.

(5) Nei procedimenti di competenza dei giudici di pace, il decreto di archiviazione (o, in mancanza, la restituzione, con ordinanza, degli atti al p.m. richiedente) è emesso dal giudice di pace c.d. circondariale, ossia della città in cui ha sede il procuratore della Repubblica (cfr. art. 5 comma 2 e 17 d.lg. 28 agosto 2000, n. 274).

(6) Per i procedimenti di competenza del giudice di pace, in caso di

richiesta di archiviazione, l'art. 17 d.lg. 28 agosto 2000, n. 274 (a differenza di quanto previsto dagli artt. 408 e 409 c.p.p. per i procedimenti innanzi al g.i.p. del tribunale) contempla sempre l'adozione della procedura de plano, senza alcuna udienza camerale, nemmeno in caso di opposizione della persona offesa.

(7) Per i procedimenti di competenza del giudice di pace deve, invece, escludersi l'applicabilità della avocazione facoltativa perché l'art. 17 d.lg. n. 274/2000, che disciplina compiutamente la materia, non contempla alcuna comunicazione al p.g., a differenza di quanto previsto per i procedimenti di competenza del tribunale dalle disposizioni di cui agli artt. 409 comma 3 e 410, comma 3 c.p.p.

(8) A nostro parere, l'avocazione non sembra configurabile in caso di esercizio dell'azione penale da parte dell'offeso, in quanto qui non è il p.m. ad esercitare l'azione penale. Qui il p.m. si limita ad iscrivere a mod. 21- bis il ricorso a lui presentato dall'interessato, ma non ha il compito di espletare le indagini preliminari, sicché queste ultime non potrebbero giammai essere avocate dal p.g.

(9) La disposizione dell'art. 127 disp. att. c.p.p., secondo la quale la segreteria del p.m. deve trasmettere al p.g. l'elenco delle notizie di reato contro persone note per le quali sussistono i presupposti per l'avocazione, deve ritenersi applicabile anche per i procedimenti relativi a pseudo-notizie, erroneamente qualificate come notizie di reato a carico di noti.

(10) La rigida applicazione di tale principio comporterebbe, ad es., che l'esposto apocrifo o anonimo, se iscritto dal p.m. (inavvertitamente) a mod. 21 (anziché a mod. 46), l'archiviazione non potrebbe essere direttamente effettuata dal p.m., ma dovrebbe essere richiesta al g.i.p. Tale rigore formale supererebbe il divieto di utilizzazione previsto per le delazioni anonime dagli artt. 240 e 333 c.p.p. e dall'art. 5 d.m. 20 settembre 1989 n. 334, secondo il quale, invece, nemmeno per effetto di un errore (o di una scelta voluta) del p.m. o per altra via traversa, gli anonimi non dovrebbero mai pervenire alla cognizione di nessun giudice e, quindi, nemmeno del g.i.p.

(11) La complessità della tematica è affrontata da Vanni, I delicati confini tra notizie da trasmettere all'archivio e notizie da archiviare formalmente, in Dir.pen. e proc., 1997, p. 1516.

(12) Il rapporto tra tipologia di iscrizione della notizia o pseudo-notizia e procedimento di definizione è valorizzato da Congiu, Iscrizione nel registro delle notizie di reato e procedimento di archiviazione, in Giur.it.,

1992, II, c. 452.

(13) Sostanzialmente conforme, Sau, Fatti non previsti dalla legge come reato ed archiviazione, in Riv.it.dir. e proc.pen., 1992, p. 1172.

(14) Secondo Sez. un., 30 giugno 2000, Tammaro, in C.E.D. Cass., n. 216468, sul regime procedurale delle notizie di reato non esplica alcun effetto l'eventuale ritardo della sua iscrizione nel registro mod. 21 o 44 rispetto al momento della sua ricezione dalla Segreteria dello stesso p.m.

(15) La progressione è ammissibile solo dal registro Ignoti (mod. 44) al registro noti (mod. 21 ovvero 21- bis) e non viceversa, giacché nel sistema delle registrazioni, per un principio di ordine logico, ciò che è proceduralmente ignoto può diventare noto, ma ciò che è già non può degradare ad ignoto. Il sistema informatico si uniforma a tale regola.

(16) Conformi Sez. un., 22 novembre 2000, n. 34, in Arch.n.proc.pen., 2001, p. 39, e in Dir.pen. e proc., 2001, p. 229.

(17) Le Procure della Repubblica non dispongono di distinti registri mod. 45 ovvero mod. 46 per i giudici di pace. Per il mod. 45, relativo a fatti privi di rilevanza penale, non avrebbe senso parlare di materia di competenza penale del giudice di pace. Per il mod. 46 (registro anonimi) non presenterebbe alcuna utilità pratica un separato registro per i reati di competenza del giudice di pace denunciati da scritti anonimi, giacché questi ultimi non sono utilizzabili e, pertanto, non possono essere trasmessi a tale giudice dovendo essere direttamente «cestinati» dal p.m. (artt. 240, 333 comma 3 c.p.p., 108 disp. att. c.p.p. e 5 d.m. 30 settembre 1989, n. 334).

(18) Sez. VI, sent. 4 novembre 1997, n. 4300, in Giust.pen., 1999, III, c. 189.

(19) Sez. V, sent. 29 maggio 1997, n. 2683, in Giust.pen., III, c. 49.

(20) In questa rivista, 2001, p. 1777, n. 847; e in Arch.n.proc.pen., 2001, p. 39.

(21) Sez. V, 25 gennaio 1991, Boschetti, in questa rivista, 1991, II, p. 577, attribuisce preminente rilevanza al tipo di registrazione prescelto dal p.m., ammettendo l'etero-archiviazione del g.i.p. solo per i casi in cui il p.m. abbia iscritto la notizia a mod. 21 ovvero 44.

(22) Conforme, Mercone, I limiti al potere di auto-archiviazione del pubblico ministero, in questa rivista, 2001, p. 1826, n. 876.

(23) Così, testualmente, Sez. II, 17 maggio 2000, Bonacina, in questa rivista, 2001, p. 1825, n. 876.

(24) Il favor actionis è propugnato da Sez. V, 11 gennaio 1991,

Agnolucci.

(25) La problematicità delle soluzioni venne evidenziata, poco dopo l'entrata in vigore del nuovo codice, da Selvaggi, Notizie e pseudo-notizie di reato: quale controllo?, in questa rivista, 1991, II, p. 586, n. 190.

(26) L'esigenza di un controllo giurisdizionale è richiamata da Rivello, Perplessità e contrasti in ordine alla legittimità del c.d. potere di «cestinazione» da parte del p.m., in Dif.pen., 1992, p. 50.

(27) La giurisprudenza, sin dal 1979, escluse l'esistenza di un rapporto di subordinazione gerarchica tra il procuratore generale ed i procuratori della Repubblica del distretto: cfr. Sez. I, 12 febbraio 1979, Lotta continua, in questa rivista, 1980, p. 494, n. 488; Sez. V, 9 novembre 1982, Alberti, ivi, 1984, p. 328, n. 246. Conforme, in dottrina, Zagrebelski in questa rivista, 1979, p. 197, n. 233.

(28) La autonomia del singolo magistrato del p.m., perfino nell'àmbito interno del medesimo ufficio di Procura, è riconosciuta dall'art. 70 comma 4 r.d. 30 gennaio 1941, n. 12, ord. giud., modificato dall'art. 20 d.P.R. 22 settembre 1988, n. 449, recante norme di adeguamento dell'ord. giud. L'autonomia è piena nel «corso delle udienze penali» ed è garantita dal divieto di sostituzione del magistrato-persona, se non nei casi espressamente previsti dalla legge. L'istituto, invece, della dipendenza gerarchica implicherebbe un generale potere di sostituzione autoritativa del magistrato ed una potestà di avocazione, difficilmente compatibili con un ordinamento giudiziario basato su un reticolato di potere diffuso, secondo criteri democratici.

(29) Sez. VI, n. 4300 del 21 gennaio 1998 (C.c. 4 novembre 1997), Ferretti, in C.E.D. Cass., n. 210061, esclude la impugnabilità del potere di autoarchiviazione esercitato dal p.m. in riferimento alle notizie iscritte al mod. 45, salva la facoltà dell'interessato di fornire al p.m. eventuali elementi che consentano l'inizio delle indagini preliminari.

(30) Conforme, Sez. VI, 4 novembre 1997, in Giust.pen., 1999, III, c. 189, e ancora Sez. VI, 15 febbraio 1996, Pergola, in questa rivista, 1997, p. 2113, n. 1201 e in Giust.pen., 1997, III, c. 306.

(31) Sez. V, n. 2683 dell'11 luglio 1997 (C.c. 29 maggio 1997), Bove, in C.E.D. Cass., n. 208369, afferma la incensurabilità processuale della scelta del p.m. di iscrivere un documento a mod. 45 e, quindi, del provvedimento di auto-cestinazione.

(32) Conformi, Sez. un., 22 novembre 2000, in C.E.D. Cass., n. 217244; contra, Sez. III, 7 febbraio 2000, p.m. Napoli, inedita.

(33) Conformi, Sez. un., 21 giugno 2000, Tammaro, in questa rivista, 2000, p. 3259, n. 1763 e in Arch.n.proc.pen., 2000, p. 375.

(34) Sez. un., 22 novembre 2000, cit.

(35) L'esigenza del controllo del g.i.p., è evidenziata da Dinacci, Il controllo giurisdizionale sulla decisione del pubblico ministero di non esercitare l'azione penale, in questa rivista, 1991, II, p. 579, n. 190.

(36) Sez. I, 27 marzo 1998, Dell'Anna, in C.E.D. Cass., n. 210545, puntualizza come il meccanismo di controllo di cui all'art. 415 abilita il g.i.p. ad ordinare al p.m. la iscrizione degli indagati individuati nel registro mod. 21.

(37) Peraltro, in coerenza al principio sostanzialistico, il p.m., pur senza trasferire il fascicolo in uno dei registri delle notizie di reato (mod. 21, 21- bis o 44), potrebbe legittimamente richiedere al g.i.p. (o al giudice di pace circondariale) l'archiviazione della notizia di reato (o anche della pseudo-notizia, sul presupposto, in quest'ultimo caso che potrebbe anche trattarsi di una notizia e non di una pseudopi-notizia). Ma la sua omissione in tali sensi, non varrebbe a fare sorgere nel p.g. il potere di avocazione.

(38) Secondo Marandola, Archiviazione o cestinazione della pseudo-notizia di reato: un problema risolto, in questa rivista, 2001, p. 2389, n. 1128, «l'accantonamento dell'atto nell'archivio della Procura non pregiudica i diritti delle parti eventualmente coinvolte in un procedimento penale»; «tutta l'attività anteriore alle investigazioni ha natura meramente amministrativa e come tale ben si giustifica la scelta sistematica di non avallare (la sua auto-cestinazione) con un atto giurisdizionale».

2) Avv. Donato SANTORO, *Archiviazione o cestinazione della pseudo-notizia di reato: un problema risolto*, in *Cass. pen.* 2001, 9, 2329

1. Confermata - ad opera del d.m. 30 settembre 1989 - l'istituzione del «registro degli atti non costituenti notizia di reato» (1) o c.d. mod. 45 (2), destinato a conservare gli atti non costituenti reato, sembrava prefigurare all'interno del nuovo ordinamento processuale una netta e chiara individuazione degli atti non aventi rilevanza penale per i quali, non essendo necessario compiere delle indagini, appariva ragionevole la conservazione in un registro diverso da quello destinato alle notizie di

reato regolato dall'art. 335 c.p.p.

La disposizione normativa appena citata sembrerebbe riferirsi, infatti, tanto al caso in cui la notizia di reato sia soggettivamente qualificata - nel qual caso l'iscrizione andrebbe annotata nel mod. 21 - quanto all'ipotesi in cui sia ignoto l'autore del reato - nel qual caso l'atto troverebbe consacrazione del mod. 44 - salvo, nel caso in cui sopravvenga la identificazione della persona alla quale attribuire il reato, compiere il successivo passaggio a mod. 21, (o 22 ora soppresso (3) e 52). Ma al di là del rilievo ora formulato, una fondamentale differenza pare riscontrabile tra il registro dei fatti non costituenti reato e registro delle notizie di reato, in quanto, a dispetto di quest'ultimo nel quale devono essere iscritte, con l'indicazione della data e del contenuto, le notizie di reato, cioè le notizie suscettibili di mettere in moto il meccanismo delle indagini preliminari, qualunque sia l'esito di queste (esercizio dell'azione penale o richiesta di archiviazione), nel «registro degli atti non costituenti notizie di reato» devono essere iscritti tutti quegli atti e informative «privi di rilevanza penale (esposti o ricorsi in materia civile o amministrativa; esposti privi di senso, ovvero di contenuto abnorme o assurdo; atti riguardanti eventi accidentali, ecc..). Nessun dubbio circonda il fatto che l'iscrizione dell'informative pervenuta alla Procura nell'uno o nell'altro registro dipenderà dalla valutazione che ne dovrà fare il p.m. a norma dell'art. 109 disp. att. c.p.p. (4), salvo, qualora ritenga di compiere indagini volte all'approfondimento della cd. pseudonotizia di reato - inteso (5) quale atto che pur descrivendo un fatto non consente di ricondurlo *prima facie* ad alcuna fattispecie incriminatrice - operare la reiscrizione del medesimo atto nel registro delle notizie di reato. Solo questo passaggio consentirebbe, infatti, di sviluppare delle investigazioni su quel fatto.

2. Pervero, la costituzione di autonomi registri volta a facilitare la catalogazione degli atti che quotidianamente pervengono all'ufficio della Procura distinguendo quelli che ad avviso del pubblico ministero siano o meno idonei ad assurgere a notitia criminis, ha determinato alcune incertezze interpretative sulla possibilità per il pubblico ministero di procedere in via del tutto autonoma ed informale alla cestinazione degli atti non aventi rilevanza penale.

Il mantenimento di un registro ad hoc non a caso denominato «modello inattivo» (6), il riferimento alla «notizia di reato» contenuto agli artt. 335 (7) e 408 c.p.p. (8) - collocati, peraltro, in sede di archiviazione (9) - induce ad una soluzione di segno positivo (10). Legittimata dalla statuizione in epigrafe, la prassi di attivare la sequenza archiviativa ordinaria solo per le informative che risultino rilevanti ai fini penali, ben si adatta alla configurazione del pubblico ministero quale autonomo titolare nella gestione dei fatti appresi o ricevuti e dell'azione penale. D'altra parte l'accantonamento dell'atto nell'archivio della Procura non pregiudica i diritti delle parti eventualmente coinvolte in un procedimento penale.

Ne discende che tutta l'attività anteriore alle investigazioni ha natura meramente amministrativa (11) e come tale ben si giustifica la scelta sistematica di non avallare con un atto giurisdizionale la determinazione di non attivare per quel fatto alcun meccanismo che non sia anch'esso meramente amministrativo. In ogni caso, a scongiurare eventuali «insabbiamenti» o comportamenti dilatori nella trattazione dell'informativa, censurabili, eventualmente, sotto il profilo disciplinare» (12) e penale, soccorrerebbe il provvedimento espresso del magistrato che dispone l'annotazione nel registro degli atti non costituenti notizia di reato (13) ed il controllo «interno» di natura gerarchica (14) spettante al Procuratore Generale (15). Ma quest'ultimo rilievo pare vacillare a seguito del principio espresso dalle Sezioni unite nella parte in cui affermano che la procedura archiviativa ordinaria vada rispettata pure nel caso in cui il pubblico ministero per il sopravvenire di elementi nuovi ritenga di svolgere delle indagini anche per il fatto non costituente notizia di reato, senza la necessità di disporre il passaggio a mod. 21 o mod. 44.

Condivisibile nella misura in cui rigetta l'impostazione che intende sottoporre al vaglio giurisdizionale ogni informativa ricevuta dal pubblico ministero, in virtù dell'art. 411 c.p.p. (16) o di una supposta garanzia giurisdizionale (17) - secondo la quale tutti gli atti che pervengono alla procura (18) debbono essere sottoposti al controllo del giudice (19) anche se ad avviso del pubblico ministero non risultano meritevoli di seguito investigativo (20) - la decisione che si annota suscita non poche perplessità quando ammette che il pubblico ministero sia esonerato dalla previa «reiscrizione» dell'atto nel registro delle notizie di reato contro noti o ignoti (21).

È pacifico, infatti, che quanto sostenuto determina delle conseguenze processuali di fondamentale importanza alle quali, data l'economia del presente lavoro, si può soltanto accennare.

In realtà la scelta operata dell'autorevole Collegio pare confliggere con il sistema della contingentazione dei tempi d'indagine stabilito dagli artt.

335, 405 e 415 c.p.p. che condizionano la decorrenza degli stessi all'atto di iscrizione del nome della persona alla quale il reato è attribuito o all'iscrizione del fatto per il quale si procede. In secondo luogo, com'è noto, è dalla iscrizione nominativa nel mod. 21 che si assume, quantomeno dal punto di vista formale, la qualità di persona sottoposta alle indagini, idonea a far decorrere i diritti e le facoltà riconosciute dalla legge a norma dell'art. 61 comma 2 c.p.p. Ancora, v'è da chiedersi se dal punto di vista strettamente processuale la scelta di procedere all'archiviazione «garantita», a prescindere dalla previa trascrizione del fatto per il quale si procede nel registro delle notizie di reato, implichi o meno il rispetto delle sequenze di cui all'art. 408 c.p.p., notiziando la persona offesa dell'intenzione di non procedere per il fatto in trattazione. Al quesito va sicuramente data una risposta positiva, pena la violazione e la compromissione di diritti essenziali della parte privata che abbia manifestato la volontà di essere informata sull'eventuale destino del fatto portato a conoscenza dell'autorità giudiziaria. Orbene, la irragionevolezza della soluzione prospettata, d'altra parte, si evidenzia non appena si tenga conto che la scelta archiviativa non è una opzione obbligata nel caso in cui la volontà del pubblico ministero sia quella di verificare la rilevanza penale o meno del fatto. Al di là del fatto che di questa diversa volontà non rimarrebbe traccia mal si comprende perché l'atto debba rimanere iscritto all'interno di un registro non a caso denominato «dei fatti non costituenti reato», salvo, qualora si intenda accedere alla impostazione qui avversata, computare i diversi termini stabiliti dalla legge processuale per accedere ai riti deflattivi delle investigazioni dall'iscrizione originaria nel mod. 45. Come si è cercato di delineare, questa soluzione non pare quella conforme alla volontà espressa del compilatore e dai successivi provvedimenti ministeriali. Le segnalate implicazioni, discendenti dalla esclusione di un obbligo di reiscrizione a mod. 21 o 44, si aggravano non appena si ponga, mente, infine, ai pregiudizi cui potrebbero incorrere i soggetti diversi dal pubblico ministero nel momento in cui, appreso dell'avvenuta annotazione nel registro «dei fatti non costituenti reato» (22), non svolgano alcuna ulteriore attività difensiva a loro vantaggio, con il rischio, poi, di vedersi per quello stesso fatto invitati a proporre opposizione - quando si tratti della persona offesa - ovvero a prospettare la propria posizione processuale - quando si tratti della persona sottoposta alle indagini - che ignara di aver assunto tale qualità fino a quel momento - si veda notificata la data dell'udienza camerale fissata dal g.i.p. che non ritenga di accogliere la domanda di archiviazione formulata dal pubblico ministero.

Alla luce delle considerazioni qui solo accennate, risulta più ragionevole sostenere che qualora il pubblico ministero ravvisi per il medesimo fatto gli estremi di una notizia di reato - magari a seguito della sopravvenienza di nuovi elementi - ovvero qualora ritenga di approfondirlo, sia obbligato ad operare una nuova iscrizione di cui dovrà rimanere traccia tanto nel registro di cui all'art. 335 c.p.p. nel quale andrà annotata la provenienza, quanto nel mod. 45, posto che alla colonna 7 dovrà essere annotato l'avvenuto passaggio (23).

Certamente la decisione in commento si pone all'interno di quell'indirizzo che recentemente va sostenendo l'autonomia e la discrezionalità del pubblico ministero nella gestione iniziale della notizia di reato (24), tuttavia, salvo ammettere che il principio in epigrafe sia stato espresso dalle Sezioni unite con la sola finalità di precludere al g.i.p. il potere di opporre il diniego a provvedere (25), restituendo gli atti alla pubblica accusa, alla luce delle considerazioni sviluppate riteniamo preferibile che il passaggio nel registro delle notizie sia atto obbligato per il pubblico ministero (26) con l'unica eccezione del caso in cui egli opti per l'archiviazione, a condizione, tuttavia, che per il fatto per il quale quella richiesta è avanzata non sia stato compiuto alcun atto d'indagine.

NOTE

(1) Già con il d.m. 20 luglio 1949 istitutivo del Registro generale degli affari penali a cui erano destinati gli atti che danno inizio al procedimento penale contro noti o ignoti, si era previsto un Registro generale «C» (delle Procure) ed un Registro generale «B» (delle Preture) a cui erano, invece, destinati gli atti relativi a rapporti, denunzie, querele, istanze ritenute prima facie infondati. Successivamente, formatasi la prassi di conservare questi atti in un registro «sussidiario», denominato ora registro «protocollo» ora registro «dei ricorsi», s'impose l'intervento del legislatore. Questi intervenne con la istituzione ad opera del d.m. 12 ottobre 1983, in Quest. giust., 1984, p. 271 del c.d. registro «degli esposti anonimi o non attinenti alla materia penale».

V., anche, Circolare 13 ottobre 1983 del Ministero di Grazia e Giustizia, ivi, p. 272.

(2) Il registro è stato introdotto con d.m. 30 settembre 1989, n. 334 secondo le direttive contenute nell'art. 206 disp. att. c.p.p.

(3) V. art. 1 d.m. 17 dicembre 1999, intitolato Modifiche alla disciplina

dei registri penali, in Boll. Ufficiale del Ministero della giustizia, 15 gennaio 2000, n. 1.

(4) Sul potere del pubblico ministero di selezionare i fatti di rilevanza penale ai fini dell'iscrizione: v. Sez. VI, 1 settembre 1992, Panigritti, in C.E.D. Cass., n. 192237; Sez. VI, 23 gennaio 1991, Fabbri, in Foro it., 1991, II, c. 723: «Nel vigente sistema processuale penale gli atti che prospettano fatti completamente privi di rilevanza penale sono informative che non costituiscono `notizie di reato' e che non trovano, pertanto, il loro sbocco in una archiviazione da richiedere al giudice per le indagini preliminari, bensì in una soluzione, di competenza dello stesso pubblico ministero, di non dare corso all'informativa in considerazione dell'inutilità di qualsiasi indagine; a norma dell'art. 109 disp. att. c.p.p., spetta al pubblico ministero valutare se l'informativa si configuri o meno come `una notizia di reato'». V., tuttavia, Sez. III, 7 febbraio 2000, P.M. Napoli, inedita, che contiene un elemento di novità nella misura in cui rinviene in capo al giudice delle indagini preliminari e non al pubblico ministero il potere di valutare se esiste o meno una notizia di reato. In merito alla prima posizione giurisprudenziale essa è avallata in dottrina, tra gli altri, da Carli, Le indagini preliminari nel sistema processuale penale, Giuffrè, 1999, p. 165; Ferraro, Archiviazione e potere di «cestinazione» del pubblico ministero, in Foro it., 1991, II, c. 355; Fumu, Commento all'art. 109 disp. att. c.p.p., in Commento al nuovo codice di procedura penale, Normativa complementare, a cura di Chiavario, vol. I, Utet, 1992, p. 391; Ramajoli, Chiusura delle indagini preliminari e udienza preliminare, 2ª ed., Cedam, 1997, pp. 12-13; Sau, Fatti non previsti dalla legge come reato ed archiviazione, in Riv.it.dir. e proc.pen., 1992, p. 1172; Selvaggi, Notizie e pseudonotizie di reato: quale controllo?, in questa rivista, 1991, II, p. 589, n. 190; Vanni, I delicati confini tra notizie da trasmettere all'archivio e notizie da archiviare formalmente, in Dir.pen. e proc., 1997, p. 1516.

(5) Maturata peraltro, alla luce della nuova sistematica dettata dal legislatore del 1988 in tema di tenuta dei registri di cancelleria, secondo la nuova esegesi per pseudo-notizia di reato deve intendersi il fatto privo di alcuna specificazione spazio-temporale o soggettiva ovvero privo di oggettiva impossibilità di realizzazione storica: Giostra, L'archiviazione, lineamenti sistematici e questioni interpretativi, 2ª ed., Giappichelli, 1994, p. 43.

(6) In tal senso, v. Congiu, Iscrizione nel registro delle notizie di reato e procedimento di archiviazione, in Giur.it., 1992, II, c. 452; così v., anche,

Ferraro, Archiviazione e potere di «cestinazione», cit., c. 357; Dinacci, Il controllo giurisdizionale sulla decisione del pubblico ministero di non esercitare l'azione penale, in questa rivista, 1991, II, p. 580, n. 190; Rivello, Perplessità e contrasti in ordine alla legittimità del cd. potere di «cestinazione» da parte del p.m., in Dif.pen., 1992, p. 50.

(7) V., per tutti, Cordero, Procedura penale, 5ª ed., Giuffrè, 2000, p. 415, il pubblico ministero «è l'unico possibile attore (ufficio doverso: art. 112 Cost.), ma sarebbe un automa se scaricasse sul giudice ogni caso venutogli sotto mano; i giudizi sono materia troppo importante e costosa perché li inneschi qualunque voce, magari fatua, delirante o falsaria. Quel monopolio, insomma, gli impone passi selettivi».

(8) In tal senso, v., senza pretesa di completezza, Bernardi, Commento all'art. 408 c.p.p., in Commento al nuovo codice di procedura penale, coordinato da Chiavario, vol. IV, Utet, 1990, p. 531; Congiu, Iscrizione nel registro delle notizie di reato, cit., c. 454; Di Chiara, Cestinazione, declaratoria di improponibilità dell'azione penale e notizie anonime, in questa rivista, 1989, p. 87, n. 59; Di Lalla, voce Notizia di reato, in Dig.disc.pen., vol. VIII, Utet, 1994, p. 263; Ferraro, Archiviazione e potere di «cestinazione», cit., c. 355; Fumu, Commento all'art. 335 c.p.p., in Commento al nuovo codice di procedura penale, a cura di Chiavario, Utet 1990, vol. IV, p. 58; Gandossi, voce Archiviazione, in Dig.disc.pen., vol. I, Utet, 1987, p. 249; Marafioti, L'archiviazione tra crisi del dogma di obbligatorietà dell'azione e opportunità «di fatto». Prospettive di nazionalizzazione della prassi (alla luce del «Codice Tipo» di procedura per l'America latina), in questa rivista, 1992, p. 208, n. 154; Maddalena, Azione penale, funzioni e struttura del pubblico ministero: prospettive di riforma ordinamentale, in Accusa penale e ruolo del pubblico ministero, a cura di Gaito, Jovene, 1991, p. 160; Selvaggi, Notizie e pseudonotizie di reato, cit., p. 586; Volpe-Ambrosoli, voce Registro delle notizie di reato, in Dig.disc.pen., vol. XII, Utet, 1997, p. 52-53. In giurisprudenza, v., tra le altre, Sez. II, 1 giugno 2000, Bonacina, in Dir.pen. e proc., 2000, p. 946-947; Sez. VI, 21 gennaio 1998, Ferretti, in Arch. n. proc.pen., 1998, p. 626; Sez. IV, 23 luglio 1997, p.m. in c. X, in Dir.pen. e proc., 1997, p. 1083; Sez. V, 11 luglio 1997, Bove, in Arch.n.proc.pen., 1998, p. 260; Sev. V, 11 luglio 1997, p.m. in c. X, e Sez. V, 11 luglio 1997, p.m. in c.X, in Dir.pen. e proc., 1997, p. 1083; Sez. II, 5 maggio 1997, p.m. in c. Napoletanagas, ivi, 1997, p. 1083; Sez. VI, 4 aprile 196, Pergola, in Arch.n.proc.pen., 1996, p. 921; Sez. VI, 23 gennaio 1991, Fabbri, in Foro it., 1991, II, c. 723;

Sez. V, 22 febbraio 1991, Boschetti, in C.E.D. Cass.,n. 186450.

(9) Non appare irrilevante, infatti, che l'art. 127 disp. att. c.p.p. al fine di assicurare il rispetto dell'art. 112 Cost. attraverso il meccanismo dell'avocazione stabilisca che la comunicazione al procuratore generale riguardi le sole notizie di reato, convalidando l'opinione che solo per queste sia obbligatorio l'esercizio dell'azione penale o la richiesta d'archiviazione. Al riguardo, v., per tutti, Rivello, Commento all'art. 127 disp. att. c.p.p., in Commento al nuovo codice di procedura penale, Normativa complementare, coordinato da Chiavario, vol. II, Utet, 1992, p. 487.

(10) V., fra gli altri, Bonsignori, voce Archiviazione, in Enc.dir., I agg., vol. I, Giuffrè, 1997, p. 121; Carli, La notitia criminis e la sua iscrizione nel registro di cui all'art. 335 c.p.p., in Dir.pen. e proc., 1995, p. 737; Morselli, voce Archiviazione, in Dig.disc.pen., vol. XI, App., Utet, 1996, p. 406; Sammarco, La richiesta di archiviazione, Giuffrè, 1993, p. 22.

Va segnalato, peraltro, come nel modello ministeriale figuri, tra l'altro, la dicitura «data di invio degli atti in archivio».

(11) V. in tal senso, più di recente Sez. III, 20 marzo 2000, Giglio, in C.E.D. Cass., n. 210527, la quale nel confermare che non è impugnabile il provvedimento con il quale il pubblico ministero dispone la trasmissione all'archivio di un documento pervenuto al suo ufficio ed iscritto nel registro «mod. 45», denominato «degli atti non costituenti notizia di reato» di cui al D.M. 30 settembre 1989. In particolare la scelta del P.M. di iscrivere la segnalazione ricevuta in un registro diverso da quello previsto dall'art. 335 c.p.p. non può essere censurata in sede di legittimità, non costituendo esercizio di potere giurisdizionale neppure sotto il profilo della abnormità; nonché Sez. VI, 21 gennaio 1998, Ferretti, in C.E.D. Cass., n. 210061, la quale fa salva la facoltà dell'interessato di fornire al pubblico ministero eventuali elementi che consentano l'inizio delle indagini preliminari.

(12) L'espressione è tratta da Selvaggi, Notizie e pseudonotizie di reato, cit., p. 589.

(13) Diversamente opinando, osserva Leo, Riflessioni sul tema dell'archiviazione, in Arch.n.proc.pen., 1997, p. 107 si verrebbe ad alterare la funzione e la finalità del registro generale facendogli assumere la veste di un protocollo generale della Procura, ma ciò che appare inaccettabile è che lo stesso giudice per le indagini preliminari sarebbe chiamato a svolgere la funzione di supervisore dell'intera attività che si svolge all'interno della Procura.

(14) La tesi è sostenuta in dottrina da Rivello, Rivello, Perplessità e contrasti, cit., p. 52 e da Vanni, I delicati confini, cit., p. 1517, il quale, tuttavia, riconosce che la conoscenza dell'avvenuta annotazione nel mod. 45 da parte del Procuratore Generale è evenienza del tutto accidentale ed eventuale, al massimo, sollecitata dall'esponente, finendo così per vanificare l'attendibilità di un tale strumento. In giurisprudenza v., Sez. V, 11 luglio 1997, p.m. in c. X, cit., 1997, p. 1083; Sez. II, 5 maggio 1997, p.m. in c. Napoletanagas, cit., p. 1083.

Peraltro, non si è mancato di prospettare la via del controllo della persona offesa Dinacci, Il controllo giurisdizionale, cit., p. 583, afferma che «il provvedimento erroneo di archiviazione del p.m. nel registro degli atti non costituenti notizie di reato sia rimediabile, ma, appunto, in sede interna all'ufficio, strutturato secondo principio gerarchico, che nella specie non soffre vincoli rispetto ad altro fine». In senso critico in ordine a queste forme «alternative» di controllo, v. Chiavario, L'obbligatorietà dell'azione penale, in questa rivista, 1993, p. 2662, n. 1636; Ferraro, Osservazioni in tema di termini di durata delle indagini preliminari, in ivi, 1993, p. 357, n. 215; Fumu, L'attività pre-procedimentale del pubblico ministero, in accusa penale e ruolo del pubblico ministero, cit., p. 140; Giostra, L'archiviazione, cit., p. 44. Merita, infine, segnalare come nella circolare esplicativa 13 ottobre 1983, cit., p. 273, si raccomandava che l'unico tipo di controllo fosse quello meramente ispettivo-amministrativo.

(15) Per tale prospettiva, seppur in senso dubitativo, v. Selvaggi, Notizie e pseudonotizie di reato, cit., p. 589.

(16) In quanto l'art. 411 c.p.p. annovera tra le sue formule archiviative anche quella secondo la quale «il fatto non è previsto dalla legge come reato», v.: Carulli, Dell'archiviazione e delle prove, cit. p. 30, nt. 2, che ritiene che la previsione di un potere di archiviazione di fatto del sensorio contraria alle finalità sottese all'art. 6 del d.l.l. 1944; Chiavario, L'obbligatorietà dell'azione penale: il principio e la realtà, cit., p. 2662; De Leo, Il pubblico ministero tra completezza investigativa e ricerca dei reati, in questa rivista, 1995, p. 1449, n. 871, nt. 58; Dinacci, Il controllo giurisdizionale sulla decisione del pubblico ministero di non esercitare l'azione penale, cit., p. 579; Montanara, nota a Cass. Sez. III, 5 dicembre 1990, Micheletti, in Riv.pol., 1992, p. 817; Nannucci, Analisi dei flussi delle notizie di reato in relazione all'obbligatorietà e facoltatività dell'azione penale, cit., p. 1669 ; Rivello, Perplessità e contrasti in ordine alla legittimità del cd. potere di «cestinazione», cit., p. 49; Silva,

Considerazioni sull'assoggettamento delle pseudonotizie di reato alla procedura di archiviazione, in Arch.n.proc.pen., 1991, p. 230; Id., Pseudonotizie di reato: archiviazione o potere di cestinazione del p.m.? Il problema rimane aperto dopo le ultime pronunce di legittimità, ivi, 1991, p. 562; Turone, Obbligatorietà e discrezionalità dell'azione penale, in Quest.giust., 1991, p. 910; Viglietta, Obbligatorietà dell'esercizio dell'azione penale tra realtà e apparenza, in Crit.dir., 1990, n. 4-5, p. 28; in giurisprudenza, Sez. III, 7 febbraio 2000, Pilotto, in Dir. pen. e proc., 2000, p. 468; Sez. I, 10 dicembre 1996, p.g. in c. ignoti, in C.E.D. Cass., n. 206379; Sez. VI, 11 febbraio 1991, Santini, in Giur.it., 1992, II, c. 452; Sez. III, 28 gennaio 1991, Micheletti, in questa rivista, 1991, II, p. 575, n. 189.

(17) Al riferito principio fa appello la prevalente giurisprudenza: Sez. I, 4 dicembre 1996, p.m. in c. X, in C.E.D. Cass., n. 207714; Sez. III, 26 ottobre 1993, Terzi, in C.E.D. Cass., n. 195867; Sez. VI, 5 aprile 1991, Loffredo, in questa rivista, 1991, II, p. 574, n. 188; Sez. III, 28 gennaio 1991, Micheletti, cit., p. 575.

(18) Sulla necessità di una investitura da parte del p.m. prima che il giudice possa di procedere all'archiviazione, Sez. V, 11 gennaio 1991, Agnolucci ed altri, in questa rivista, 1991, II, p. 599, n. 200; Sez. VI, 3 dicembre 1990, Ghelardini, ivi, 1991, II, p. 425, n. 128.

(19) Peculiare la posizione assunta da Dubolino-Baglione-Bartolini, Il nuovo codice di procedura penale, 2° ed., La Tribuna, 1992, p. 1050, per i quali l'informativa si risolverebbe sempre in una «notizia di reato» in senso lato, meritevole di valutazione giudiziale. In altri termini, atteso il principio secondo il quale «tutto ciò che è o appare finalizzato a sollecitare i poteri di iniziativa del pubblico ministero in materia penale, sia pure sulla base di prospettazioni ictu oculi infondate», andrebbe inteso quale notitia criminis in senso lato, esso dovrebbe essere oggetto quanto meno oggetto di iscrizione nel registro «atti relativi», ma ciò che conta «non può essere archiviato direttamente dal pubblico ministero», «ma deve necessariamente passare al vaglio del giudice, in applicazione quantomeno analogica dell'art. 408. Diversamente si correrebbe il rischio di legittimare un incontrollabile forma di sostanziale discrezionalità dell'azione penale, in contrasto addirittura con il tassativo disposto dell'art. 112 Cost.».

(20) Già da tempo, Maddalena, Azione penale, funzioni e struttura del pubblico ministero, cit., p. 161, metteva in luce, condividendone la finalità, l'indirizzo intrapreso dalla Procura della Repubblica di Milano che

con una circolare «interna» stabiliva di non precedere ogniqualvolta l'informativa avesse ad oggetto la violazione dell'art. 2 comma 2 l. 7 agosto 1982, n. 516 da iscriversi nel registro delle «notizie di reato», in ragione di una ritenuta «antigiuridicità obbiettiva». Sul punto, v., anche Fumu, L'attività pre-procedimentale del pubblico ministero, cit., p. 138, trattandosi di ipotesi in cui sarebbe «riscontrabile in re ipsa, per la modestia della cifra, l'assenza totale di dolo e quindi l'irrilevanza penale di simili ipotesi. In senso critico Ferraro, Archiviazione e potere di «cestinazione», cit., c. 356. L'interpretazione, infatti, non ci appare condivisibile. In primo luogo, per dirla con le stesse parole dell'autore, l'esistenza del registro delle «non notizie» presuppone che «manca addirittura la notizia di reato», al contrario della fattispecie contemplata nella circolare menzionata. In secondo luogo, non appare plausibile che si tratti di «un fatto di interpretazione». Orbene, non può certo negarsi che all'inquirente competa una siffatta attività, ma - a nostro avviso - essa dovrebbe essere limitata, per dirla con le parole di Giostra, L'archiviazione, cit., p. 45, «ad una mera constatazione dell'estraneità dell'oggetto dell'informativa ricevuta all'universo penalistico». Una diversa opinione implicherebbe, invero, una invasione di quella potestà normativa conferita a livello costituzionale ad organi legislativi, o in ipotesi tassativamente previste all'apparato esecutivo. Ciò posto, appare opportuno, allora, che le scelte intraprese in sede all'apparato giurisdizionale ed avallate dai citati autori siano assunte nelle sedi e dagli organi competenti, che garantiscano uniformità di indirizzo ed azione all'interno dell'intero territorio nazionale.

(21) In senso adesivo, in dottrina, Potetti, Attività del pubblico ministero diretta alla acquisizione della notizia di reato e ricerca della prova, in questa rivista, 1995, p. 139, n. 124, per il quale «l'erroneità è indubbia, perché nel momento in cui il p.m. dispone ed effettua indagini su un fatto non costituente notizia di reato non ha una notizia di reato, quindi non può fare il passaggio al relativo registro».

(22) In merito alla possibilità di accedere al registro, va detto che trattandosi di un registro ufficiale e obbligatorio non riservato, ma neppure pubblico, nella prassi si ammette con larga frequenza. Quello che s'intende soprattutto mettere in evidenza e che non dovrebbe operare per esso il disposto di cui all'art. 335 comma 3 c.p.p., tanto più alla luce della statuizione in commento, se non si vuole vedere ulteriormente aggravata la posizione delle parti diverse dal pubblico ministero che ha effettuato l'annotazione, anche se la citata circolare

esplicativa 13 ottobre 1983, cit., p. 273, si raccomandava di mantenere sul contenuto dei registri aggiunti «la scrupolosa osservanza del segreto».

(23) In tal senso circolare n. 533, cit., p. 553.

(24) Sull'irrilevanza del ritardo tra la ricezione della notizia e la sua iscrizione nel registro, v. Sez. un. 30 giugno 2000, Tammaro, in C.E.D. Cass., n. 2162468.

(25) Così, v., oltre alla decisione in commento, Sez. I, 4 dicembre 1996, p.m. in c. X, cit.; Sez. I, 10 dicembre 1996, ignoti, in C.E.D. Cass., n. 206378; Sez. VI, 5 aprile 1991, Loffredo, cit., p. 574; Sez. III, 28 gennaio 1991, Micheletti, cit., p. 575; contra, Sez. V, 22 febbraio 1991, Boschetti, C.E.D. Cass. 186450.

(26) In tal senso, v. Sez. VI, 23 gennaio 1991, Fabbri, in Foro it., 1991, II, c. 723.

TEMA GENERALE

L'ISCRIZIONE DELLA NOTIZIA DI REATO E IL TERMINE DI DURATA MASSIMA DELLE INDAGINI PRELIMINARI

QUESTIONE N. 2

E' SINDACABILE LA TEMPESTIVITA' CON LA QUALE IL PUBBLICO MINISTERO ISCRIVE LA NOTIZIA DI REATO?

LA GIURISPRUDENZA DELLE SEZIONI UNITE

1) Cassazione penale, sez. un., 21 giugno 2000, n. 16

La massima

L'omessa annotazione della "notitia criminis" nel registro previsto dall'art. 335 c.p.p., con l'indicazione del nome della persona raggiunta da indizi di colpevolezza e sottoposta ad indagini "contestualmente ovvero dal momento in cui esso risulta", non determina l'inutilizzabilità degli atti di indagine compiuti sino al momento dell'effettiva iscrizione nel registro, poiché, in tal caso, il termine di durata massima delle indagini preliminari, previsto dall'art. 407 c.p.p., al cui scadere consegue l'inutilizzabilità degli atti di indagine successivi, decorre per l'indagato dalla data in cui il nome è effettivamente iscritto nel registro delle notizie di reato, e non dalla presunta data nella quale il p.m. avrebbe dovuto iscriverla. L'apprezzamento della tempestività dell'iscrizione, il cui obbligo nasce solo ove a carico di una persona emerga l'esistenza di specifici elementi indizianti e non di meri sospetti, rientra nell'esclusiva valutazione discrezionale del p.m. ed è sottratto, in ordine all'*an* e al *quando*, al sindacato del giudice, ferma restando la configurabilità di ipotesi di responsabilità disciplinari o addirittura penali nei confronti del p.m. negligente.

Il TESTO INTEGRALE DELLA SENTENZA

LA CORTE SUPREMA DI CASSAZIONE
SEZIONI UNITE PENALI
Composta dagli Ill.mi Magistrati
Dott. Giuseppe CONSOLI - Presidente -
Dott. Brunello DELLA PENNA - Componente -
Dott. Mauro Domenico LOSAPIO - Componente -
Dott. Luciano DI NOTO - Componente -
Dott. Mariano BATTISTI - Componente -
Dott. Giovanni DE ROBERTO - Componente -
Dott. Pietro Antonio SIRENA - Componente -
Dott. Giovanni CANZIO - Componente Relatore -
Dott. Aniello NAPPI - Componente -
ha pronunziato la seguente
SENTENZA
sul ricorso proposto da:
T. S. nato il 22 agosto 1961 a Boscoreale avverso la sentenza della Corte d'appello di Salerno in data 24 Febbraio 1999.
Visti gli atti, la sentenza impugnata ed il ricorso;
Udita in pubblica udienza la relazione fatta dal consigliere dott. Giovanni Canzio;
Udito il pubblico ministero, in persona dell'Avvocato Generale dott.

Antonio Leo, il quale ha concluso per il rigetto del ricorso;

FATTO

Svolgimento del processo

1. - Con sentenza del 24 Febbraio 1999 la corte d'appello di Salerno confermava quella 27 Febbraio 1998 del g.i.p. dei locale tribunale con la quale, all'esito di giudizio abbreviato, T. S. veniva dichiarato colpevole del delitto di cui agli articoli 110, 628, commi 1 e 3 n. 1, cod. pen. e condannato, con le attenuanti generiche equivalenti alle contestate aggravanti e con la diminuente del rito, alla pena di anni tre e mesi sei di reclusione e lire 100 mila di multa.

In riferimento alla vicenda della rapina eseguita poco prima delle ore 11.50 del 21 giugno 1996 in danno dell'ufficio P.R.A. di Salerno, i giudici di merito hanno ritenuto provato che il T., agendo dall'interno dell'ufficio dove aveva sbrigato una pratica relativa al trasferimento di proprietà di un veicolo, previo accordo con i due autori materiali della rapina, avesse deliberatamente lasciato aperta la porta secondaria di tale ufficio dopo l'orario di chiusura, permettendo così l'accesso dei complici nei locali.

La mattina del 21 giugno 1996 il T., coadiutore dell'agenzia di pratiche automobilistiche di cui era titolare la moglie, si recava presso il P.R.A. di Salerno per ritirare un certificato, ricevuto il quale alle ore 11,01 si tratteneva ancora senza plausibili ragioni per allontanarsi dagli uffici dopo avere fatto una telefonata con un cellulare quando era terminato l'orario di apertura al pubblico e non vi erano in sala altri utenti; egli usciva non dalla porta riservata al pubblico già chiusa, ma da un'altra porta secondaria apribile solo dall'interno e dotata di un sistema automatico di chiusura dalla quale entravano subito dopo due uomini a volto scoperto, dei quali uno teneva i dipendenti sotto la minaccia di una pistola, e l'altro, poggiata sul banco una cartella di colore aragosta, s'impossessava di lire 33 milioni custoditi in cassa.

I giudici di merito valorizzavano come indizi certi, univoci e convergenti fortemente indicativi del rapporto esistente tra l'imputato, nel ruolo di basista, e gli ignoti autori materiali della rapina le seguenti circostanze di fatto: il T., operante presso l'omonima agenzia automobilistica e abituale frequentatore dell'ufficio, s'era trattenuto senza alcuna plausibile ragione negli uffici del P.R.A. dalle ore 11,01 fino all'ora di chiusura per l'ingresso al pubblico, uscendo per ultimo qualche minuto prima della rapina, dopo avere fatto una telefonata con un cellulare, dalla porta secondaria a chiusura automatica da lui neutralizzata per consentire l'ingresso dei rapinatori; dall'esame dei tabulati documentanti il traffico telefonico tra il cellulare nella disponibilità del T. emergeva che questi aveva effettuato due telefonate, una alle ore 11,27 interpretata come un segnale ai rapinatori l'altra alle ore 11,52 immediatamente dopo la rapina, dirette al cellulare di una persona che si trovava nella stessa zona della città ove era ubicato l'ufficio del P.R.A., rimanendo entrambi gli utenti in continuo contatto fino alle ore 11.37 per poi allontanarsi velocemente da Salerno, la grafia delle annotazioni scritte su taluni fogli della cartella abbandonata dal rapinatore era riconducibile all'imputato secondo le risultanze, di una consulenza grafica; le dichiarazioni da lui rese come persona informata dei fatti agli agenti di polizia il giorno successivo alla rapina - di non possedere un cellulare e di essere rimasto nella città di Salerno nelle ore immediatamente successive alla rapina incontrandosi con un congiunto - erano state smentite dai successivi controlli investigativi, si che trattavasi di alibi falso. La certezza, la gravità, la precisione e la concordanza degli indizi dimostravano pienamente la fondatezza della ipotesi accusatoria e, in considerazione delle modalità dei fatto e della personalità dell'imputato, le attenuanti generiche erano riconosciute solo equivalenti alle contestate aggravanti.

La corte distrettuale, nel confermare la sentenza di primo grado, riteneva quanto alle eccezioni in rito: che era da disattendere l'eccezione di nullità della consulenza grafica espletata dal consulente del p.m. in mancanza di un saggio grafico dell'imputato, osservando che l'indagine era stata comunque condotta su scritti provenienti certamente - come ammesso in sede d'interrogatorio di garanzia - dal medesimo, taluni acquisiti dal cugino T. G. e altri sequestrati all'atto della notifica dell'ordinanza coercitiva; che non erano inutilizzabili le dichiarazioni rilasciate dal T. alla polizia giudiziaria. quale persona informata dei fatti posto che queste erano state rese il giorno successivo alla rapina in assenza di qualsivoglia elemento di sospetto nei suoi confronti, mentre solo successivamente, a seguito dello sviluppo delle indagini mediante il controllo dei tabulati e la comparazione grafica, erano sorti indizi a suo carico; che, pertanto, correttamente tali dichiarazioni erano state utilizzate come prova nel giudizio abbreviato, sotto il profilo della falsità dell'alibi, anche perché l'inutilizzabilità non era stata dedotta prima di formulare la richiesta di giudizio abbreviato; che per la stessa ragione non poteva essere accolta l'eccezione di inutilizzabilità dei tabulati della Telecom, fondata sulla mancanza di autorizzazione del giudice.

2. - Avverso detta sentenza ha proposto ricorso per cassazione il difensore dell'imputato, il quale ha dedotto;

1) la violazione dell'articolo 63 Cpp. in quanto erano state utilizzate a carico del T. - per evidenziare il fallimento dell'alibi - le dichiarazioni da lui rese in veste di persona informata sui fatti, sia perché in quel momento egli doveva considerarsi sostanzialmente indagato, sia perché, avendo egli successivamente assunto, tale condizione, di esse non poteva essere fatta alcuna utilizzazione a suo carico;

2) l'inutilizzabilità dei tabulati della Telecom in quanto acquisiti senza la prescritta autorizzazione del giudice, in violazione degli articoli 267 e 271 Cpp in tema di intercettazione di conversazioni o comunicazioni telefoniche, deducibile anch'essa nel giudizio abbreviato in forza della generale previsione dell'articolo 191 Cpp;

3) la manifesta illogicità della motivazione, sotto il profilo dei denunziati vizi di nullità e inutilizzabilità della consulenza grafica in relazione agli articoli 335 Cpp. e 75 disp. att., in quanto l'atto probatorio era stato espletato omettendo il prelievo di un saggio grafico dell'imputato e senza che si fosse immediatamente provveduto all'iscrizione dei ricorrente nel registro degli indagati; 4) Il vizio di motivazione in relazione ai criteri di valutazione della prova indiziaria, poiché, esclusa la valenza del tabulati telefonici e delle dichiarazioni rese dal T. quale persona informata sui fatti, il quadro probatorio emergente dalle residue risultanze processuali - il rinvenimento della cartellina abbandonata da uno dei rapinatori, recanti scritture non univocamente riconducibili alla grafia del T., era inidoneo a fondare con cortezza l'affermazione di colpevolezza dell'imputato,

5) il vizio di motivazione in punto di bilanciamento delle circostanze e di applicazione della pena in misura superiore al minimo edittale.

3. - Il ricorso, assegnato alla seconda Sezione penale della Corte di cassazione, è stato rimesso da quest'ultima alle Sezioni Unite con ordinanza del 27 ottobre 1999, sul rilievo dell'esistenza del contrasto intepretativo manifestatosi in ordine alle questioni sollevate dal ricorrente con il primo e con il secondo motivo di gravame: da un lato, se sia consentito dedurre nel giudizio abbreviato eccezioni di inutilizzabilità di elementi probatori; dall'altro, se l'acquisizione dei tabulati relativi ai dati esterni alle conversazioni telefoniche richieda l'applicazione della disciplina delle intercettazioni ed in particolare dell'articolo 267 Cpp.

Circa il primo problema, rileva la Sezione remittente che la corte d'appello ha disatteso le eccezioni di inutilizzabilità, affermando che non è invocabile nel rito abbreviato tale sanzione, a meno che la questione non sia sollevata prima della richiesta del procedimento speciale, con conseguente accettazione del rischio che il rito non sia ammesso per difetto del requisito della definibilità del giudizio allo stato degli atti, secondo un orientamento giurisprudenziale ispirato all'intento "non irragionevole" di evitare che, "stante anche il concorrente divieto di ulteriori acquisizioni probatorie", il procedimento sia "esposto al rischio di strumentalizzazioni insidiose". Peraltro, seguendo tale impostazione, risulterebbero sacrificati i principi sanciti dall'articolo 191 Cpp, e di ciò si sarebbe fatto carico l'opposto indirizzo, secondo cui il giudice può bensì utilizzare tutti gli atti di indagine, ma a condizione che essi siano stati "legittimamente" acquisiti al fascicolo del pubblico ministero.

Quanto al secondo motivo di ricorso, osserva la Sezione remittente che esso ripropone la questione della riconducibilità dei tabulati telefonici nell'area della previsione dell'articolo 266-bis Cpp, e quindi della necessità dell'intervento autorizzatorio o di convalida del giudice ai fini della acquisizione dei tabulati a noma dell'articolo 267 Cpp, come affermato dalla sentenza delle Sezioni Unite, 13 luglio 1998, G.. I persistenti dubbi sull'esattezza di tale soluzione, stante anche il diverso orientamento espresso dalla Corte costituzionale con sentenza n. 281 dei 1998, secondo la quale l'acquisizione dei dati esterni alle comunicazioni telefoniche non è retta dalla disciplina dell'intercettazione dei flussi informatici o telematici, ma da quella di cui all'articolo 256 Cpp, rendevano opportuno sottoporre nuovamente l'esame della questione alle Sezioni Unite,

Il Primo, Presidente Aggiunto ha assegnato il ricorso alle Sezioni Unite penali fissando per la trattazione l'odierna udienza pubblica.

DIRITTO

Motivi della decisione

1 - La prima questione controversa sottoposta all'esame delle Sezioni Unite consiste nello stabilire se sia consentito all'imputato dedurre nel corso dei giudizio abbreviato eccezioni riguardanti la validità e l'utilizzabilità degli elementi di prova acquisiti nelle indagini preliminari, quando esso non siano state sollevate prima della richiesta di accesso al rito semplificato, accettando in tal modo il rischio di vedersi esclusa l'opzione inquisitoria qualora il giudice, accogliendo la relativa eccezione, ritenga il processo non definibile allo stato degli atti. Il controllo

ermeneutico dovrà innanzi tutto svolgersi alla stregua della previgente disciplina codicistica - articolo 439 ss. Cpp, propria dei tempo di celebrazione del giudizio de quo, secondo l'interpretazione costituzionalmente orientata di essa desumibilmente dai plurimi interventi, anche additivi, della Corte costituzionale, per verificarne quindi il risultato alla stregua delle rilevanti innovazioni normative apportate all'istituto del giudizio abbreviato prima dagli articoli 27-31 della legge n. 479 del 1999 - cosiddetta legge Carotti - e poi dal successivo d.l. n. 82 del 2000, convertito con modificazioni in legge n. 144 del 2000.

Sul tema della deducibilità e della rilevabilità del vizio d'inutilizzabilità dell'atto probatorio nel giudizio abbreviato si contrappongono due indirizzi interpretativi nella giurisprudenza di legittimità.

Da un lato ai sostiene che, una volta introdotto il rito abbreviato, non possono porsi questioni d'invalidità o d'inutilità degli atti probatori su cui la decisione devo fondarsi, poiché essa comporta la necessaria utilizzazione di tutte le prove, in relazione alla consistenza e completezza delle quali il giudice abbia ritenuto, ai sensi del previgente articolo 440 comma 1 Cpp, di poter decidere allo stato degli atti. Dì talché, sarebbe onere dell'interessato di eccepire preliminarmente tali vizi accettando la tal modo il rischio che, per la rilevata invalidità o inutilizzabilità di alcuno degli elementi probatori, il processo possa essere considerato non definibile allo stato degli atti e la richiesta respinta dal giudice (sull'inutilizzabilità, cfr. Cass. Sez. II, 27 maggio 1999, A., rv, 214250; Sez. I, 14 aprile 1999, I., rv. 213460; Sez. II, 10 marzo 1998, R., rv, 210590; Sez. I. 8 gennaio 1997, Z. rv. 206791; Sez. I, 5 settembre 1993, L., rv. 196517, ed altro conformi; v. altresì, sulla nullità di ordine generale di cui all'articolo 178 lett. c) Cpp., Cass", Sez. IV, 11 novembre 1994, P., rv. 201551, e sulla nullità relativa, Cass., Sez. VI, 11 giugno 1997, S., rv. 209736).

Si è affermato, in, senso contrario, che nel giudizio abbreviato il giudice non può valutare nè porre a fondamento della decisione gli atti probatori viziati da nullità o inutilizzabilità assolute, non risultando il principio della rilevabilità di ufficio nonché della insanabilità di queste situazioni patologiche derogato, nè espressamente nè implicitamente, da alcuna norma, e dovendosi escludere l'incompatibilità del rito speciale con il precetto che le concerne, di guisa che, il giudice, fatta eccezione per i casi di inutilizzabilità "fisiologica" prevista solo per il dibattimento, non può utilizzare prove affette da inutilizzabilità "patologica"', quella cioè inerenti agli atti probatori assunti contro legem il cui impiego è vietato in modo assoluto dall'articolo 191 Cpp (Cass., Sez. V, 21 ottobre 1999, B., rv. 214723; Sez. I, 8 ottobre 1998, A., Sez. V. 12 novembre 1994, V.; cui adde, per l'identico rilievo in tema di nullità assoluta, anch'essa rilevabile d'ufficio in ogni stato e grado del procedimento ex articolo 179 Cpp, Cass., Sez. VI, 15 febbraio 1993, B., rv. 194538).

2. - Le Sezioni Unite, premesso che la prima tesi interpretativa, secondo la quale la richiesta del giudizio abbreviato di parte dell'imputato comporta, unitamente alla rinunzia al diritto alla prova e all'accettazione degli atti d'indagine come supporto logico della decisione, anche l'abdicazione dei diritto di eccepire le più gravi patologie degli atti probatori in forza di una pretesa sanatoria dei vizio, collide innanzi tutto con la formulazione letterale della disciplina positiva, che delinea il fenomeno dell'inutilizzabilità della prova illegittimamente acquisita e quello della nullità assoluta dell'atto in termini di radicale insanabilità e rilevabilità anche di ufficio "in ogni stato e grado del procedimento" (articoli 179 e 191 comma 2 Cpp) - forme di invalidità entrambe sottratte quindi al potere dispositivo o negoziale delle parti -, condividono l'opposto, più rigoroso, indirizzo giurisprudenziale per le seguenti ragioni di ordine logico - sistematico.

Il giudizio abbreviato, nei caratteri essenziali delineati dal previgente regime di cui agli articoli 438 e ss. Cpp, corrisponde ad un procedimento "a prova contratta", alla cui base è identificabile un patteggiamento negoziale "sul rito" a mezzo dei quale le parti accettano che la regiudicanda sia definita all'udienza preliminare alla stregua degli atti d'indagine già acquisiti e rinunciano a chiedere ulteriori mezzi di prova, così, consentendo di attribuire agli elementi raccolti nel corso delle indagini preliminari quel valore probatorio di cui essi sono normalmente sprovvisti nel giudizio che si svolge invece nelle forme ordinarie del dibattimento (Cass., Sez. Un., 13 dicembre 1995, C.), È evidente tuttavia che tale negozio processuale di tipo abdicativo può avere ad oggetto esclusivamente i poteri che rientrano nella sfera di disponibilità degli interessati, ma resta privo di negativa incidenza sul potere - dovere del giudice di essere anche in quel giudizio speciale garante della legalità del procedimento probatorio.

Può pertanto convenirsi che nel giudizio abbreviato non rileva l'inutilizzabilità cosiddetta "fisiologica" della prova, funzionale cioè ai peculiari connotati del processo accusatorio in forza dei quali il giudice non può utilizzare ai fini della deliberazione prove, pure assunte secundum legem, ma diverse da quelle legittimamente acquisite nel dibattimento secondo l'articolo 526 Cpp, con i correlati divieti di lettura di cui all'articolo 514 (Cass. Sez. Un., 1 ottobre 1991, S., rv. 188581, seguita da conforme e costante giurisprudenza delle Sezioni semplici). In tal caso il vizio - sanzione dell'atto probatorio è neutralizzato dalla scelta negoziale delle parti, di tipo abdicativo, che fa assurgere a dignità di prova gli atti d'indagine compiuti senza le forme del contraddittorio dibattimentale, cosi paralizzando l'operatività dell'ordinario regime d'impermeabilità della fase dibattimentale agli elementi di prova raccolti nella fase procedimentale delle indagini preliminari.

E parimenti non rilevano nel rito alternativo le ipotesi d'inutilizzabilità "relativa" stabilite dal legislatore in via esclusiva "nel dibattimento", quali, ad esempio, quelle previste dall'articolo 350 comma 7 Cpp per le dichiarazioni spontanee rese alla p.g. dall'indagato (cft., ex plurimis, Cass., Sez. IV, 31 gennaio 1997, P., rv. 207872; Sez. IV, 19 novembre 1996, M., ry. 207147), dall'articolo 360 comma 5 Cpp per l'accertamento tecnico non ripetibile eseguito dal p.m. in difetto delle condizioni indicate e dall'articolo 403 comma 1 Cpp per l'incidente probatorio cui non abbia partecipato il difensore dell'imputato.

Deve al contrario attribuirsi piena rilevanza nel giudizio abbreviato alla categoria sanzionatoria della inutilizzabilità cosiddetta "patologica", inerente cioè agli atti probatori assunti contra legem, il cui impiego è vietato in modo assoluto non solo nel dibattimento ma in qualsiasi altra fase del procedimento, ivi comprese le indagini preliminari, l'udienza preliminare, le procedure incidentali cautelari e quelle negoziali di merito.

Nell'affermare esplicitamente questo principio in riferimento, ad alcune situazioni (Cass., Sez. Un., 13 luglio 1998, G., e Sez. Un., 23 febbraio 2000, D'A., in tema di tabulati telefonici, Sez. Un., 25 marzo 1998, D'A., e Sez. Un., 25 marzo 1999, S., sulle modalità di documentazione dell'interrogatorio di persona in stato di detenzione; Sez. Un., 20 novembre 1996, G., e Sez. Un., 27 marzo 1996, M., sulle conseguenze della mancata allegazione al g.i.p. o al tribunale della libertà dei decreti autorizzativi di intercettazioni telefoniche, ai fini della sussistenza dei gravi indizi di colpevolezza; Sez. Un., 27 marzo 1996, S., sulla perquisizione invalida e sul conseguente sequestro di corpo del reato o di cose pertinenti al reato), queste Sezioni Unite hanno peraltro sottolineato come nel descritto fenomeno rientrano tanto le prove oggettivamente vietate quanto le prove comunque formate o acquisite in violazione - o con modalità lesive - dei diritti fondamentali della persona tutelati dalla Costituzione e, perciò, assoluti e irrinunciabili, a prescindere dall'esistenza di un espresso o tacito divieto al loro impiego nel procedimento contenuto nella legge processuale (C. cost., n. 34 del 1973).

In questo caso la disciplina normativa costruisce il divieto di utilizzazione della prova in termini di operatività assoluta: l'inosservanza del divieto non è affatto sanabile in virtù della mera richiesta dell'imputato di accesso al rito alternativo ed è rilevabile anche d'ufficio in ogni stato e grado del procedimento a norma dell'articolo 191 Cpp; costituisce, come error in procedendo, motivo autonomo e autosufficiente di censura della decisione mediante il ricorso per cassazione ai sensi dell'articolo 606 lett. e) Cpp, proponibile anche in via immediata ex art. 569 comma 3 Cpp; può essere rilevato dal giudice di legittimità oltre il devolutum a norma dell'articolo 609 comma 2 Cpp e addirittura nel giudizio di rinvio dopo annullamento ex articolo 627 comma 4 Cpp, a differenza della nullità anche assoluta e dell'inammissibilità, beninteso salvo che sul punto non si sia formato il giudicato parziale secondo il disposto dell'articolo 624 comma 1 Cpp.

La soluzione ermeneutica prospettata da queste Sezioni Unite appare coerente, sotto il profilo letterale e logico - sistematico, con l'obbligo d'interpretazione restrittiva di norme processuali, la cui surrettizia disapplicazione potrebbe altrimenti svuotare di contenuti, nell'ambito dei riti alternativi di matrice negoziale, il fondamentale principio di legalità della prova: quest'ultima intesa come risultato conoscitivo che il giudice, dopo avere selezionato i dati acquisiti secondo le regole del procedimento probatorio, pone, con determinante efficacia dimostrativa nel ragionamento giudiziale, a fondamento della decisione, sia essa la pronuncia conclusiva del dibattimento o quella che definisce il procedimento speciale ovvero anche quella incidentale in tema di libertà personale.

Essa si salda inoltre con la ricostruzione pressoché unanimemente proposta dalla dottrina, con l'autorevole indicazione della Corte costituzionale contraria ad una pretesa efficacia sanante della richiesta di giudizio abbreviato in ordine agli eventuali difetti d'imparzialità del giudice (C. cost., n. 155 del 1996) e con l'argomento testuale, pure fortemente icastico, tratto dalla meno recente sentenza delle Sezioni Unite, 1 ottobre 1991, Sini, secondo cui "...nel giudizio abbreviato, mancando la fase del dibattimento, è ovviamente inapplicabile il divieto sancito dall'articolo 526 c.p.p. (inutilizzabilità di prove diverso da quelle ivi acquisite), vigendo invece il principio della decisione "allo stato degli atti" stabilito dall'articolo 440 comma 1 Cpp, che non altrimenti può essere inteso se non come facoltà di utilizzazione di tutti gli atti legittimamente acquisiti al fascicolo del pubblico ministero, l'unico disponibile in detto giudizio..."

Intendendosi ovviamente per tali tutti e soltanto quegli atti probatori non affetti da gravi e irreversibili patologie, quali l'inutilizzabilità e la nullità assolute, caratterizzate da insanabilità e rilevabilità anche d'ufficio in ogni stato e grado del procedimento.

Mette conto d'altra pane di osservare che i termini del problema circa gli effetti pregiudizievoli dell'accertata invalidità o inutilizzabilità del materiale probatorio sul presupposto della definibilità del processo allo stato degli atti, quando questa fosse già stata positivamente valutata dal giudice ai sensi dell'articolo 440 comma 1 Cpp, si presentavano particolarmente controversi in un contesto normativo - quello codicistico originario - , nel quale non solo non era consentito allo stesso giudice di revocare l'ordinanza ammissiva del rito abbreviato con la conseguente regressione del procedimento nell'alveo del giudizio ordinario (C. cost., n. 318 del 1992; Cass., Sez. V, 22 febbraio 1999, C., rv. 212930; Sez. II, 10 marzo 1998, R., cit.; Sez. I, 27 maggio 1996, G., rv, 205683, ed altre conformi), ma non era neppure ammessa una limitata integrazione probatoria, per essere il rito alternativo costruito positivamente come giudizio "a prova contratta". Di talché, il giudice, rilevata l'inutilizzabilità o la nullità dell'atto probatorio, era chiamato a decidere nel merito della regiudicanda prescindendo da quelle prove irrimediabilmente viziate.

La questione si pone tuttavia oggi in termini assai meno rigidi a seguito delle profonde innovazioni normative apportate all'istituto dagli articoli 27-31 della legge n. 479 del 1999, perché, da un lato, la definibilità del processo allo stato degli atti non si configura più come condizione di ammissibilità della richiesta e, dall'altro, il giudice, pur dovendo decidere nel merito senza tenere conto di quel materiale probatorio affetto dal rilevato vizio di nullità o di inutilizzabilità ha comunque il potere di assumere anche d'ufficio gli elementi necessari ai fini della decisione nelle forme previste dall'articolo 422: il modulo dell'integrazione probatoria officiosa, in caso d'indecidibilità allo stato degli atti, è infatti espressamente contemplato dall'articolo 441 comma 5 Cpp, sost. dall'articolo 291 legge n. 479 cit.

E anche l'esplicito richiamo dell'articolo 438 comma 5 Cpp, novellato dall'articolo 271 legge n. 479 del 1999, al giudice perché tenga conto, nel delibare l'ammissibilità e la rilevanza dell'integrazione probatoria (se "necessaria ai fini della decisione e compatibile con le finalità di economia processuale proprie del procedimento") cui l'imputato abbia eventualmente condizionato la richiesta del rito speciale degli "atti già acquisiti ed utilizzabili" appare coerente con la suesposta tesi interpretativa.

3. - Ma, nonostante l'astratto dispiegarsi della tesi interpretativa sostenuta dal ricorrente le censure mosse agli specifici atti d'indagine asseritamente inficiati dal vizio d'inutilizzabilità, non colgono in concreto nel segno.

3.1. - Il secondo tema d'indagine consiste nello stabilire se la disciplina prevista dall'articolo 267 Cpp concernente le intercettazioni di conversazioni e comunicazioni telefoniche sia applicabile anche in materia di acquisizione di tabulati telefonici.

Ma in ordine a tale questione queste Sezioni Unite (Cass., Sez. Un., 23 febbraio 2000 n. 6, D'A.) hanno offerto una recente risposta ermeneutica, in termini di disomogeneità delle due categorie concettuali, pienamente condivisa dal Collegio.

Si è infatti affermato, in piena coerenza con l'interpretazione data anche dalla Corte costituzionale (sent. n. 81 del 1993 e n. 281 del 1998) che per l'acquisizione dei dati "esterni" relativi al traffico telefonico - concernenti gli autori, il tempo, il luogo, il volume e la durata della comunicazione, fatta esclusione del contenuto di questa - , archiviati dall'ente gestore del servizio di telefonia, "è sufficiente il decreto motivato del pubblico ministero, giustificato dalla limitata invasività dell'atto", secondo lo schema delineato dall'articolo 256 Cpp "eterointegrato dal precetto del secondo comma dell'articolo 15 Cost.", aggiungendosi che il provvedimento "consente al p.m. di acquisire a fini investigativi e probatori materiale informatico costituito dai dati precisati, purché dia corretta ragione del privilegio che fa prevalere sul diritto alla privacy l'interesse pubblico di perseguire i reati" e che, "pur se manca la previsione di un immediato controllo giurisdizionale di detto decreto motivato, tuttavia il recupero del controllo su detto provvedimento, che attiene ad un mezzo di ricerca della prova, avviene attraverso la rilevabilità, anche di ufficio, dell'eventuale relativa inutilizzabilità, in ogni stato e grado del procedimento così nelle indagini preliminari nel contesto incidentale relativo all'applicazione di una misura cautelare, o nell'udienza preliminare ovvero nel dibattimento o nel giudizio di impugnazione".

Fermi dunque gli approdi interpretativi cui sono giunte le Sezioni Unite, nel caso in esame non ricorre il denunciato vizio di inutilizzabilità, posto che dagli atti risulta che i tabulati relativi al traffico telefonico sulle utenze cellulari nella disponibilità del T. furono acquisiti dalla squadra mobile della Questura di Salerno a seguito di decreti adeguatamente motivati del pubblico ministero in date 23 agosto1996 e 8 novembre 1996.

3.2) Parimenti infondate si palesano le eccezioni di nullità ed inutilizzabilità delle risultanze della consulenza grafica in mancanza di un saggio grafico dell'imputato, poiché stato già posto in rilievo dal giudice di merito, con motivazione puntuale e logicamente corretta anche in ordine all'attendibilità dell'accertamento - perciò incensurabile in sede di legittimità -, che l'indagine comparativa è stata condotta su scritture provenienti con assoluta certezza dall'imputato (che ne aveva ammesso l'autenticità in sede d'interrogatorio di garanzia), talune acquisite dal cugino T. G. e altre sequestrate all'atto della notifica dell'ordinanza coercitiva: tra le scritture di comparazione e quelle riportate nei fogli della cartella abbandonata da uno dei rapinatori nell'ufficio del P.R.A. è stata riscontrata piena compatibilità stilistica, genografica, strutturale e d'interpretazione gestuale, nonché inequivoca corrispondenza di tono e contenuto.

Non esiste, d'altra parte, alcuna norma di diritto positivo che pretenda (neppure nei procedimenti per delitti di falsità in atti: articolo 75 disp. att. Cpp), per la validità della perizia grafica, il rilascio da parte dell'imputato di una scrittura di comparazione alla presenza del perito.

Quanto all'eccepita inutilizzabilità della medesima consulenza grafica in conseguenza della denunziata iscrizione tardiva del T. nel registro degli indagati, eseguita solo dopo il deposito della relazione del consulente, deve ribadirsi il principio giurisprudenziale ripetutamente affermato da questa Corte, secondo il quale l'omessa annotazione della notitia criminis sul registro previsto dall'articolo 335 Cpp, con l'indicazione del nome della persona raggiunta da indizi di colpevolezza e sottoposta ad indagini "contestualmente ovvero dal momento in cui esso risulta", non determina l'inutilizzabilità degli atti di indagine compiuti fino al momento dell'effettiva iscrizione nel registro, poiché, in tal caso, il termine di durata massima delle indagini preliminari, previsto dall'articolo 407 Cpp, al cui scadere consegue l'inutilizzabilità degli atti di indagine successivi, decorre per l'indagato dalla data in cui il nome è effettivamente iscritto nel registro delle notizie di reato, e non dalla presunta data nella quale il pubblico ministero avrebbe dovuto iscriverla. Presupponendo l'obbligo d'iscrizione che a carico di una persona emerga l'esistenza di specifici elementi indizianti e non di meri sospetti, ne consegue che l'apprezzamento della tempestività dell'iscrizione rientra nell'esclusiva valutazione discrezionale del pubblico ministero ed è comunque sottratto, in ordine all'an e al quando, al sindacato del giudice, ferma restando la configurabilità di ipotesi di responsabilità disciplinari o addirittura penali nei confronti del p.m. negligente (cfr., ex plurimis, Cass., Sez. V, 27 marzo 1999, L., rv. 214866, Sez. I 11 marzo 1999, T., rv. 213827, Sez. V, 26 maggio 1998, N., rv. 211968; Sez. I, 27 marzo 1998, D. A.; rv. 210545, e numerose altre conformi).

3.3. - Il ricorrente si duole inoltre dell'illegittima utilizzazione delle dichiarazioni rese alla polizia. giudiziaria quale persona informata sui fatti e, quindi, senza le garanzie difensive: le dichiarazioni rese dal T. come persona informata dei fatti agli agenti di polizia il giorno successivo alla rapina - di non possedere un cellulare e di essere rimasto nella città di Salerno nelle ore immediatamente successive alla rapina incontrandosi con un congiunto -, siccome smentite dai successivi controlli investigativi, erano state invero valutate dal giudice di merito come prova a carico sotto il profilo dell'alibi falso.

Il motivo di ricorso si fonda su una duplice considerazione: una di fatto. affermandosi che in realtà, nel momento in cui il Tammaro era stato sentito, già esistevano indizi a suo carico, il che evoca il disposto del comma 2 dell'articolo 63 Cpp; l'altra di diritto, assumendosi sia pure genericamente che, una volta acquisita da parte di tale soggetto la qualità di indagato (e poi di imputato) non potevano essere utilizzate a suo carico le dichiarazioni dal medesimo rese, sia pure in un precedente e separato atto di indagine quale persona informata sui fatti, e ciò in ossequio alla previsione dell'ultimo periodo di cui al comma 1 della, medesima norma che così recita: "Le precedenti dichiarazioni non possono essere utilizzate contro la persona che le ha rese".

La quaestio facti, non può essere esaminata in questa sede di legittimità, risolvendosi essa nella verifica circa la congruità della motivazione resa sul punto dal giudice di merito, il quale ha puntualmente argomentato sulla circostanza che alcun dato investigativo collegava ancora la persona del T. ai rapinatori quando fu sentito il giorno successivo alla rapina, siccome identificato dagli impiegati come l'utente che era uscito per ultimo dall'ufficio del P.R.A, poco prima dell'arrivo dei rapinatori; mentre, solo successivamente, a seguito dello sviluppo delle indagini mediante il controllo dei tabulati telefonici e la comparazione grafica, erano sorti concreti indizi a suo carico,

Quanto al secondo profilo, rileva il Collegio che, nel caso in esame, non viene in realtà in discussione il problema interpretativo se l'inutilizzabilità, contro la persona che le ha rese, delle "precedenti dichiarazioni" autoindizianti presupponga che l'assunzione delle medesime sia avvenuta con forme diverse da quelle prescritte con riguardo alla posizione processuale - in senso sostanziale che il dichiarante rivestiva nel momento in cui è stato sentito, a prescindere da eventuali sviluppi investigativi che modifichino, in una fase successiva o in un diverso grado di giudizio, la situazione di tale soggetto, il quale (ad esempio, in conseguenza della diversa qualificazione del fatto) da originario testimone diventi imputato.

Modificazione questa che, secondo il prevalente orientamento della Corte di cassazione, non potrebbe inficiare gli atti legittimamente compiuti nel precedente momento procedimentale in base al principio di conservazione degli atti e della regola ad esso connessa del tempus regit actom (Cass., Sez. VI, 19 novembre 1997, C., rv, 210083; Sez. VI, 1 luglio 1997, C., rv.209747; Sez. VI, 6 novembre 1996, C., rv. 207505).

Vero è, invece, che non era consentito al giudice di merito di inferire dalle dichiarazioni rese dal T. alla Polizia il giorno successivo alla rapina in qualità di persona informata dei fatti - non di indagato - "un ulteriore elemento indiziante" a suo carico in termini di alibi "falso", per l'ontologica contraddizione esistente tra le due figure giuridiche della testimonianza e dell'alibi.

La prova d'alibi è, per definizione, la classica prova contraria o negativa, di tipo indiretto, la quale, al fine d'inficiare la fondatezza dell'ipotesi ricostruttiva dell'affermazione di colpevolezza dell'imputato prospettata dall'accusa in ordine al fatto descritto nell'imputazione, mira a confermare un'asserzione che nega il fatto principale, dimostrando autonomamente l'esistenza di un fatto diverso, che per il principio logico di alternatività si palesi incompatibile col primo.

L'addebito di falsità dell'alibi, considerato nella suo intrinseca strutturazione in rapporto alla situazione processuale concreta, presuppone dunque concettualmente che un soggetto, al quale sia contestato un fatto criminoso, si difenda dall'accusa e che la prova contraria da lui offerta mediante le dichiarazioni difensive, sottoposta a verifica, risulti falsa.

E, poiché nel caso in esame nessun dato investigativo collegava ancora la persona del T. ai rapinatori quando fu sentito dalla polizia il giorno successivo alla rapina, si che egli in quel momento rivestiva la posizione processuale, in senso sostanziale, di persona informata dei fatti, in quelle originarie dichiarazioni non poteva legittimamente configurarsi da parte dei giudice di merito la prova d'alibi "falso", cioè quello rivelatosi mendace e sintomatico - a differenza di quello "fallito" - del tentativo di sottrarsi all'accertamento della verità, da utilizzare, nel contesto delle complessive risultanze probatorie, come ulteriore elemento indiziante sfavorevole a carico del dichiarante, divenuto in seguito agli sviluppi investigativi imputato.

Mette conto peraltro di osservare, all'esito del controllo sul menzionato atto probatorio, che, pur essendo stato concretamente utilizzato sotto il profilo del non corretto addebito all'imputato di avere esibito un alibi falso, esso risulta affatto innocuo e subvalente ai fini della deliberazione, altri e ben più pregnanti essendo stati gli elementi di prova, obiettivamente rilevanti ed essenziali, per la formazione del convincimento e per le conseguenti scelto decisionali dei giudice di merito.

Queste Sezioni Unite hanno infatti affermato il principio per il quale la sentenza impugnata, pur se formalmente viziata da inosservanza di norme processuali stabilite a pena d'inutilizzabilità, in tanto va annullata in quanto si accerti che la prova illegittimamente acquisita ha avuto una determinante efficacia dimostrativa nel ragionamento giudiziale, un peso reale sul convincimento e sul dictum del giudice di merito, nel senso che la scelta di una determinata soluzione, nega struttura argomentativa della motivazione, non sarebbe stata la stessa senza quella dichiarazione nonostante la presenza di altri elementi probatori di per sè ritenuti non sufficienti a giustificare identico convincimento (Cass., Sez. Un., 23 febbraio 1998, G.).

Il che non è certamente avvenuto, nel caso in esame, nel quale il ragionamento giudiziale sulla valutazione analitica e complessiva di gravità, precisione e concordanza degli indizi di reità -specificatamente identificati nella premessa in fatto - risulta ancorato ad un solido quadro probatorio e resiste comunque all'elisione dei dato viziato.

4. - Esclusa quindi ogni rilevanza della pretesa inutilizzabilità o nullità degli atti di indagine posti dal giudice di merito a fondamento della decisione di condanna all'esito del giudizio abbreviato, restano da esaminare le censure di manifesta illogicità della motivazione in ordine

alla valutazione complessiva delle prove di responsabilità.

La corte distrettuale ha peraltro efficacemente evidenziato, con completezza e puntualità di riferimenti, gli elementi fattuali e le fonti probatorie da cui inferire la consapevole partecipazione del T. alla vicenda criminosa de qua, di talché le deduzioni del ricorrente circa pretese carenze motivazionali della sentenza impugnata risultano prive di pregio alcuno.

Ed invero, il ricorrente, pur denunziando formalmente la violazione dell'articolo 192 comma 2 Cpp, non svolge una critica logico - deduttiva della valutazione dei molteplici e convergenti indizi, che sarebbe stata compiuta con palese inosservanza di regole inferenziali preposte alla formazione del convincimento del giudice, ma piuttosto offre una propria diversa verità processuale, la quale non può essere delibata in sede di legittimità allorquando la struttura razionale della sentenza impugnata ha una sua chiara e puntuale coerenza argomentativa e sia, senza contraddizioni o salti logici, saldamente ancorata, nel rispetto delle regole della logica e delle massime di comune esperienza, al nucleo fondamentale delle risultanze del complessivo quadro probatorio.

Esula infatti dai poteri di questa Corte la rilettura, della ricostruzione storica dei fatti posti a fondamento della decisione di merito, dovendo l'illogicità dei discorso giustificativo, quale vizio di legittimità denunciabile mediante ricorso per cassazione, essere di macroscopica evidenza (Cass., Sez, Un., 24 dicembre 1999, Spina; Sez. Un., 30.4.1997, D.).

Quanto infine alle doglianze riguardanti l'adeguatezza della pena e il negativo apprezzamento di prevalenza delle circostanze attenuanti generiche, appare assolutamente corretto e insindacabile in sede di legittimità il rilievo fattuale del giudice di merito circa i connotati di allarmante gravità della rapina - accuratamente preparata e commessa con armi, nel centro cittadino. in luogo frequentato da più persone -, che rendevano l'imputato immeritevole di un più mite trattamento sanzionatorio.

Di talché le invero generiche censure del ricorrente circa pretese carenze motivazionali della sentenza impugnata in ordine ai punti suindicati risultano manifestamente infondate.

Il ricorso dev'essere pertanto respinto con le conseguenze di legge.

p.q.m.

La Corte suprema di Cassazione, a Sezioni Unite, rigetta il ricorso e

condanna il ricorrente al pagamento delle spese processuali.
Così deliberato in camera di consiglio il 21 giugno 2000.
DEPOSITATA IN CANCELLERIA IL 30 giugno 2000

2) Cassazione penale sez. un., 23 aprile 2009, n. 23868

La massima

In tema di ricorso per cassazione, è onere della parte che eccepisce l'i-
nutilizzabilità di atti processuali indicare, pena l'inammissibilità del ricorso per genericità del motivo, gli atti specificamente affetti dal vizio e
chiarirne altresì la incidenza sul complessivo compendio indiziario già valutato, sì da potersene inferire la decisività in riferimento al provvedimento impugnato. (Fattispecie relativa ad atti asseritamente compiuti
dopo la scadenza del termine di durata delle indagini preliminari).

IL TESTO INTEGRALE DELLA SENTENZA

LA CORTE SUPREMA DI CASSAZIONE
SEZIONI UNITE PENALI
Composta dagli Ill.mi Sigg.ri Magistrati:
Dott. GEMELLI Torquato - Presidente -
Dott. RIZZO Aldo Sebastian - Consigliere -
Dott. LATTANZI Giorgio - Consigliere -
Dott. FERRUA Giuliana - Consigliere -
Dott. MARZANO Francesco - rel. Consigliere -
Dott. CARMENINI Secondo Libero - Consigliere -
Dott. CANZIO Giovanni - Consigliere -
Dott. CORTESE Arturo - Consigliere -
Dott. FRANCO Amedeo - Consigliere -
ha pronunciato la seguente:
SENTENZA
sul ricorso proposto da:
F.V., n. in (OMISSIS);

avverso l'ordinanza del Tribunale del riesame di Catanzaro in data 24.6.2008;
Udita la relazione svolta dal Consigliere Dott. Francesco Marzano;
Udito il Pubblico Ministero, in persona del Sostituto Procuratore Generale Dott. CIANI Gianfranco, che ha concluso chiedendo che venga dichiarata manifestamente infondata la questione di legittimità costituzionale e rigettarsi il ricorso;
Udito il difensore del ricorrente, avv. STAIANO SALVATORE, che ha concluso per l'accoglimento del ricorso.
Osserva:

SVOLGIMENTO DEL PROCEDIMENTO

1.0 Il 24 giugno 2008 il Tribunale del riesame di Catanzaro confermava la misura della custodia cautelare in carcere emessa dal G.I.P. del Tribunale della stessa città il 3 giugno 2008 nei confronti di F.V., per imputazione di cui all'art. 110 c.p., art. 81 cpv. c.p., art. 629 c.p., commi 1 e 2 (in relazione all'art. 628, u.c.), L. n. 203 del 1991, art. 7.
1.1 Nel pervenire alla resa statuizione i giudici del merito disattendevano alcune eccezioni difensive.
Premesso che la difesa aveva sostenuto che gli imprenditori S.E. e S.S. avrebbero dovuto essere escussi quali persone sottoposte ad indagini per reati connessi o collegati, e non come persone offese, ritenevano infondata tale eccezione, rilevando che le dichiarazioni a riguardo rese dal collaboratore di giustizia M.F. erano del tutto generiche e "non hanno la benchè minima consistenza indiziaria...".
1.2 Posto, poi, che il ricorrente aveva anche "eccepito la inutilizzabilità delle dichiarazioni rese dagli S. e da M.F. (in altri procedimenti), per violazione dei termini di durata delle indagini preliminari ex art. 407 c.p.p., comma 3", rilevavano che, innanzitutto, "l'obbligo per il P.M. di trasmettere al Tribunale del riesame tutti gli atti rilevanti non si estende alla certificazione della data di iscrizione del procedimento...". Davano atto che "la difesa, tuttavia, essendo nelle sue facoltà, aveva richiesto, con esito negativo, all'ufficio del Pubblico Ministero, una specifica attestazione della data di iscrizione dei procedimenti penali citati e delle eventuali ordinanze di proroga delle indagini"; e ritenevano, quindi, che "l'eventuale immotivato diniego delle attestazioni richieste..., allo stato non apprezzabile all'evidenza in tal senso richiamandosi, nel provvedimento di rigetto del P.M., esigenze connesse al segreto

istruttorio ed eventualmente rilevante sotto altri profili, non consente di addivenire nè ad una pronuncia di inefficacia della misura cautelare..., nè, tantomeno consente, senza i dovuti controlli, una pronuncia di inutilizzabilità degli atti assunti per violazione dei termini delle indagini preliminari".

1.3 Il ricorrente, infine, aveva eccepito anche "la inutilizzabilità degli atti per la iscrizione ritardata della notizia di reato". A tal riguardo il Tribunale rilevava che "la disposizione di cui all'art. 335 c.p., secondo cui l'iscrizione deve essere effettuata dal P.M. immediatamente, non prevede alcun termine entro il quale il P.M. deve provvedere ed è inoltre sprovvista di sanzione e può determinare esclusivamente, se ne ricorrono gli estremi, sanzioni disciplinari e penali".

1.4 Nel merito, il Tribunale riteneva la gravità del quadro indiziario, rilevando, altresì, che "la ritenuta aggravante del metodo mafioso, che richiama la presunzione legale di pericolosità, allo stato non elisa da concreti elementi di segno contrario, ma suffragata dal precedente penale per associazione mafiosa, esime dal motivare in punto di esigenze cautelari ed adeguatezza della misura".

2.0 Avverso tale ordinanza ha proposto ricorso l'indagato, per mezzo dei difensori, denunziando:

a) il vizio di violazione di legge, in relazione all'art. 309 c.p.p., commi 5 e 10... Deduce che il gravato provvedimento non avrebbe considerato che il principio secondo cui "l'obbligo per il Pubblico Ministero di trasmettere al tribunale del riesame tutti gli atti rilevanti non si estenderebbe alla certificazione della data di iscrizione del procedimento..., soffre un'eccezione quando sussistano dubbi sull'utilizzabilità degli atti processuali per inosservanza dei termini di durata massima delle indagini preliminari...";

b) vizi di violazione di legge e di motivazione, in relazione all'art. 63 c.p.p.. Premesso che "l'assunto accusatorio... ruota attorno alla chiamata in correità del collaboratore di giustizia M.F....", rileva il ricorrente che "il collegio de libertate propende, in realtà senza profondersi in alcun sforzo motivatorio e soprattutto in modo assai contraddittorio rispetto alle premesse, per l'inconsistenza probatoria del rivelato dal M...., le cui delazioni, sebbene confortate dalle sommarie informazioni rese dagli stessi fratelli S., non avrebbero, infatti, comportato alcuna iscrizione ex art. 335 c.p.p., a carico di questi ultimi, solo potenzialmente indagabili..."; il Tribunale del riesame, quindi, "ancora la ritualità delle acquisizioni investigative di natura dichiarativa al mero dato formale derivante dalla mancata iscrizione degli S. nel registro degli indagati", così erroneamente applicando l'art. 63 c.p.p.. Richiamando arresti giurisprudenziali di questa Suprema Corte, rileva che "più aderente alla protezione degli interessi che vanno tutelati è... una considerazione sostanzialistica del caso, nel senso di non fermarsi solo al dato di quanto storicamente si è fatto nell'ambito dell'indagine, ma di considerare anche quanto si sarebbe dovuto fare rispetto alla situazione quale appariva al momento in cui le dichiarazioni sono state rese". In definitiva, "la chiamata in correità del collaboratore di giustizia M.F...., non poteva che essere apprezzata dal requirente alla stregua di un'imputazione provvisoria, come tale meritevole di doveroso approfondimento investigativo... e, ancor prima, come una notitia criminis da protocollare, proprio a garanzia dei chiamati, nel registro degli indagati";

c) vizi di violazione di legge e di motivazione, in relazione all'art. 335 c.p.p., e art. 407 c.p.p., comma 3. Lamenta il ricorrente che "la doglianza difensiva, tesa appunto ad eccepire l'inutilizzabilità, ai sensi dell'art. 407 c.p.p., comma 3, dei risultati probatori conseguiti scaduto il termine massimo di indagini computato non dal giorno in cui l'assistito è stato iscritto, ma da quello in cui avrebbe dovuto esserlo, viene lapidariamente disattesa dal Tribunale distrettuale..., laddove "l'omessa iscrizione nel registro degli indagati costituisce evidentemente un inammissibile espediente mediante il quale il pubblico ministero, differendo l'iscrizione..., si assicura, in spregio all'obbligo di immediata annotazione di cui all'art. 335 c.p.p., incontrollabili margini temporali per lo svolgimento delle indagini...". Da tanto, quindi - assume il ricorrente - discende la declaratoria di inutilizzabilità "di tutta l'attività di indagine svolta dopo il 2 aprile 2007 (termine non prorogato o non prorogato tempestivamente), calcolando il dies a quo dei termini investigativi dal 2 aprile 2006, giorno in cui M.F.... ha circostanziatamente accusato per la prima volta F.V....". In subordine, il ricorrente chiede la "rimessione degli atti alla Corte Costituzionale, perché scrutini la legittimità dell'art. 335 c.p.p., art. 405 c.p.p., comma 2, e art. 407 c.p.p., comma 3, in relazione all'art. 3 Cost., art. 24 Cost., comma 2, e art. 111 Cost., commi 2 e 3, nella parte in cui non prevedono l'inutilizzabilità dell'attività investigativa compiuta oltre i termini di indagini computati non dal giorno in cui il soggetto viene iscritto nell'apposito registro, bensì dal giorno in cui, emergendo a suo carico indizi di reità, avrebbe dovuto essere iscritto".

3.0 Il ricorso veniva assegnato alla 6^ sezione penale di questa

Suprema Corte, la quale, con ordinanza del 4 febbraio 2009, ne disponeva la rimessione a queste Sezioni Unite, ai sensi dell'art. 618 c.p.p.. Rilevava la sezione rimettente che "questa Corte ha ripetutamente affermato il principio, secondo il quale l'omessa annotazione della notitia criminis sul registro previsto dall'art. 335 c.p.p., con l'indicazione del nome della persona raggiunta da indizi di colpevolezza e sottoposta ad indagini contestualmente ovvero dal momento in cui esso risulta, non determina l'inutilizzabilità degli atti di indagine compiuti fino al momento della effettiva iscrizione nel registro, poichè, in tal caso, il termine di durata massima delle indagini preliminari, previsto dall'art. 407 c.p.p., al cui scadere consegue l'inutilizzabilità degli atti di indagine successivi, decorre per l'indagato dalla data in cui il nome è effettivamente iscritto nel registro delle notizie di reato, e non dalla presunta data nella quale il Pubblico Ministero avrebbe dovuto iscriverla..., ferma restando la configurabilità di ipotesi di responsabilità disciplinari o addirittura penali nei confronti del Pubblico Ministero negligente..."; e "tale principio è stato recentemente affermato in numerose decisioni di questa Corte...", che ha "anche dichiarato manifestamente infondata la questione di legittimità costituzionale dell'art. 335 c.p.p., art. 405 c.p.p., comma 2, art. 407 c.p.p., comma 3, prospettata in riferimento agli artt. 2, 24 e 111 Cost. ...", nella parte in cui non prevedono uno specifico termine entro il quale deve procedersi alla iscrizione nel registro degli indagati...".

Nondimeno, "tale prevalente orientamento giurisprudenziale non ha, tuttavia, mancato di registrare dissensi" nella giurisprudenza di questa Suprema Corte. S'è, infatti, altra volta affermato che "la tardiva iscrizione del nome dell'indagato nel registro di cui all'art. 335 c.p.p., non determina alcuna invalidità delle indagini preliminari, ma... consente al giudice di rideterminare il termine iniziale, in riferimento al momento in cui si sarebbe dovuta iscrivere la notizia di reato; con la conseguenza che la tardiva iscrizione può incidere sulla utilizzabilità delle indagini finali, ma non sulla utilizzabilità di quelle svolte prima della iscrizione e che il relativo accertamento non è censurabile in sede di legittimità qualora sia sorretto da congrua e logica motivazione". E si è altra volta precisato che, "qualora le indagini superino il termine massimo stabilito dalla legge, non tutti gli atti sono inutilizzabili, ma solo quelli compiuti oltre quel termine, decorrente dal momento, che è compito del giudice individuare, in cui poteva e doveva avvenire l'iscrizione prescritta dall'art. 405 c.p.p., comma 2". Indirizzi contrastanti sul punto - annota l'ordinanza di rimessione - sono anche riscontrabili in dottrina.

4.0 Il Primo Presidente ha fissato l'odierna udienza in Camera di Consiglio per la discussione del gravame.

MOTIVI DELLA DECISIONE

5.0 Quanto al primo profilo di doglianza (come richiamato ai punti a) e c), supra), esso rimanda alla questione per la quale il procedimento è stato rimesso a queste Sezioni Unite, ai sensi dell'art. 618 c.p.p., e che può così sintetizzarsi: "se la tardiva iscrizione del nome dell'indagato nel registro delle notizie di reato consenta al giudice (nella specie: al tribunale del riesame) di rideterminare la data in cui si sarebbe dovuto iscrivere ai fini della inutilizzabilità degli atti compiuti oltre la scadenza del termine di durata massima delle indagini, in tal modo ridefinita".

L'esame di tale questione, tuttavia, presuppone che venga previamente saggiata la ritualità dei proposti motivi di censura, segnatamente in riferimento al disposto dell'art. 581 c.p.p., lett. c), in termini di specificità e rilevanza decisoria delle "ragioni di diritto e degli elementi di fatto" prospettati.

E tale scrutinio non può, nella specie, che risolversi negativamente.

Occorre, invero, innanzitutto sgomberare il campo da un equivoco di fondo che si annida nella tesi gravatoria del ricorrente, ribadito anche nella odierna discussione orale: che, cioè, la tardiva iscrizione dell'indagato nel relativo registro comporterebbe la inutilizzabilità di tutti gli atti di indagine svolti ed assunti, non solo di quelli eventualmente posti in essere tardivamente rispetto al termine di scadenza delle indagini preliminari che dovrebbe essere determinato tenuto conto, "sostanzialisticamente", dell'epoca in cui la iscrizione avrebbe dovuto essere effettuata, non da quella in qui sia stata "formalmente" eseguita.

Ma così di certo non è.

Ai sensi, difatti, dell'art. 407 c.p.p., comma 3, la comminatoria di inutilizzabilità degli atti di indagine concerne solo quelli "compiuti dopo la scadenza del termine... ", non anche, ovviamente, quelli compiuti nel termine prefissato dalla legge o prorogato dal giudice: sicché , richiamato anche il generale principio di tassatività delle nullità (art. 177 c.p.p.), può discettarsi sulla determinazione del termine a quo, dal quale poi dipende ineluttabilmente la fissazione di quello ad quem, ma, una volta questi fissati e delimitati, secondo che si intenda privilegiare, alla stregua delle distinte opzioni sopra richiamate, quanto formalmente si è fatto o, piuttosto, quanto sostanzialisticamente avrebbe dovuto farsi, tutti gli atti di indagine compiuti medio tempore, e quindi nel lasso di tempo intercorrente tra i due individuati termini, sono sicuramente utilizzabili.

Ed è stato già rilevato dal Giudice delle leggi che, in ogni caso, "il problema che può porsi attiene unicamente alla artificiosa dilazione del termine di durata massima delle indagini preliminari: vale a dire alla possibile elusione della sanzione di inutilizzabilità che, colpirebbe, ai sensi dell'art. 407 c.p.p., comma 3, gli atti di indagine collocati temporalmente a valle della scadenza del predetto termine, computato a partire dal momento in cui l'iscrizione avrebbe dovuto essere effettuata" (Corte Cost., ord. 7 luglio 2005, n. 307): a "valle", dunque, e non "a monte". E mette conto anche rilevare che lo stesso Giudice delle leggi ha ritenuto, "all'evidenza, completamente antitetiche" le due prospettazioni, quella, cioè, di ritenere la inutilizzabilità degli atti compiuti oltre la scadenza del termine massimo di indagine, considerato il momento in cui la notizia di reato avrebbe dovuto essere effettivamente iscritta, e quella di ritenere la medesima sanzione processuale per gli atti compiuti prima della formale iscrizione nel registro ex art. 335 c.p.p., se quest'ultima è avvenuta con ritardo "ingiustificabile" (Corte Cost., ord. 20 novembre 2006, n. 400).

Per vero, è incongruo sostenere che gli atti compiuti prima della iscrizione "formale" siano solo per ciò inutilizzabili, coinvolgendo così nella stessa sanzione di inutilizzabilità gli atti compiuti "a monte" (pur nei limiti temporali individuati) e quelli compiuti "a valle" (oltre quegli stessi limiti), in tal guisa prospettando un diverso (ed additivo) regime normativo, rispetto a quello delineato ed imposto dal legislatore, con indebito restringimento della durata delle indagini prevista dal codice di rito, se non con definitivo pregiudizio della stessa possibilità di ogni indagine.

5.1 Così delimitati l'ambito ed i termini della prospettabile questione al riguardo, quand'anche si accedesse al punto di vista del F. (secondo cui il tribunale del riesame avrebbe dovuto, in sostanza, "rimodulare" i termini di durata delle indagini preliminari), l'obbligo di specificità dei motivi (prescritto dal già citato art. 581 c.p.p.) imponeva, evidentemente, al ricorrente di allegare e chiarire quali atti sarebbero stati posti in essere a termini scaduti, secondo tale propugnato criterio, e sarebbero, quindi, da considerare inutilizzabili; e se e quale incidenza essi abbiano avuto sul complessivo compendio indiziario valutato ed apprezzato dal giudice, sì da potersene inferire la loro decisività in riferimento al provvedimento impugnato (la c.d. prova di resistenza). Con principio espresso in riferimento alla eccepita inutilizzabilità degli esiti di intercettazioni telefoniche, ma evidentemente del tutto evocabile anche in subiecta materia, questa Suprema Corte ha già avuto occasione di chiarire che "è onere della parte, a pena di inammissibilità del motivo per genericità, di indicare specificamente l'atto asseritamente affetto dal vizio denunciato..." (ex ceteris, Sez. 5^, 15 luglio 2008, n. 37694; Sez. 4^, 9 giugno 2004, n. 33700. V. anche Sez. 4^, 6 febbraio 2008, n. 14946; Sez. 4^, 7 giugno 2006, n. 32747; Sez. 4^, 3 novembre 2005, n. 2375/06). E s'è anche altra volta ulteriormente specificato che, in tema di ricorso per cassazione, "è affetta da genericità la censura con la quale la parte eccepisce la inutilizzabilità di un atto, senza dedurne, al tempo stesso, la rilevanza probatoria, nel contesto degli altri elementi di prova" (Sez. 6^, 18 ottobre 2000, n. 159/01); e s'è ancora chiarito che (in tema di attività di indagine asseritamente condotta prima che fosse intervenuto il decreto autorizzativo della riapertura della fase delle indagini preliminari), quando si prospetta la sussistenza di atti invalidi o viziati, "occorre dimostrare che essi abbiano effettivamente tenuto conto della attività illegittimamente espletata, apparendo indispensabile accertare se il giudice di merito, al fine di formare il proprio convincimento in relazione ad un provvedimento adottato, abbia concretamente fatto uso degli atti acquisiti al di fuori del codice di rito. Incombe dunque al ricorrente l'onere di specificare se e quali atti siano stati effettivamente posti a base della decisione che intende impugnare" (Sez. 5^, 12 febbraio 1999, n. 736; Sez. 2^, 23 gennaio 1998, n. 672).

A tale onere, nella specie, il ricorrente non ha affatto ottemperato e tanto basta a ritenere la genericità, e perciò la inammissibilità, del motivo al riguardo proposto: il che rende, ovviamente, anche irrilevante ed assorbita la proposta questione di legittimità costituzionale. V'è solo da aggiungere che ad affrancare tale rilevato vizio genetico del gravame non può valere la prospettazione da parte del ricorrente di un mero "sospetto" di inutilizzabilità di atti investigativi per la rappresentata impossibilità di ottenere la documentazione in ricorso indicata: per vero, non sussiste, de iure condito, come correttamente rilevato dal provvedimento impugnato, per il Tribunale distrettuale in sede incidentale di riesame alcun obbligo di sindacare, rendendoli oggetto di acquisizione, provvedimenti resi ex art. 116 c.p.p., peraltro concernenti altro procedimento; e solo de iure condendo il recente D.D.L., approvato dal Consiglio dei Ministri nella seduta del 6 febbraio 2009, predice la modifica dell'art. 405 c.p.p., comma 2, ivi prevedendosi che "il giudice verifica l'iscrizione operata dal pubblico ministero e determina la data nella quale essa doveva essere effettuata, anche agli effetti dell'art. 407 c.p.p., comma 3" e tale potere di verifica, tuttavia, ponendosi solo al momento della richiesta di rinvio a giudizio da parte del Pubblico Ministero: tutto ciò rafforza la tesi allo stato privilegiata.

6.0 Il secondo profilo di doglianza (sub b), supra) concerne le dichiarazioni rese dai fratelli E. e S.S..

Come si è sopra ricordato, il ricorrente sostiene che le dichiarazioni di costoro sarebbero state illegittimamente assunte ai sensi dell'art. 351 c.p.p., anziché dell'art. 63 c.p.p.; e cioè che tale seconda norma avrebbe dovuto essere applicata perché le dichiarazioni rese dal collaboratore di giustizia M.F. avevano prospettato "il ruolo di intermediari che negli ipotetici episodi delittuosi contestati sarebbe stato svolto proprio dai germani, i quali giustappunto fungevano da collegamento tra la cosca Anello e gli imprenditori locali che... erano regolarmente assoggettati al pagamento di una tangente...". In sostanza, le dichiarazioni di M. prospettavano elementi di penale responsabilità dei fratelli S. e tale circostanza "non poteva che essere apprezzata dal requirente alla stregua di un'imputazione provvisoria, come tale meritevole di doveroso approfondimento investigativo... e, ancor prima, come una notitia criminis da protocollare, proprio a garanzia dei chiamati, nel registro degli indagati": il Tribunale del riesame si sarebbe, invece, soffermato solo sul "mero dato formale derivante dalla mancata iscrizione degli S. nel registro degli indagati...", laddove non avrebbe dovuto fermarsi "solo al dato di quanto storicamente si è fatto...", ma avrebbe dovuto "considerare anche quanto si sarebbe dovuto fare rispetto alla situazione quale appariva al momento in cui le dichiarazioni sono state rese".

6.1 Tale motivo è manifestamente infondato.

Giova innanzitutto rilevare, sotto un profilo d'ordine generale e sistematico, che ha già avuto modo questa Suprema Corte di rilevare che la condizione di soggetti che sin dall'inizio avrebbero dovuto essere sentiti in qualità di imputati o di persone sottoposte ad indagine "non può automaticamente farsi derivare dal solo fatto che i dichiaranti risultino essere stati in qualche modo coinvolti in vicende potenzialmente suscettibili di dar luogo alla formulazione di addebiti penali a loro carico, occorrendo invece che tali vicende, per come percepite dall'autorità inquirente, presentino connotazioni tali da non poter formare oggetto di ulteriori indagini se non postulando necessariamente l'esistenza di responsabilità penali a carico di tutti i soggetti coinvolti o di taluni di essi" (Sez. 1^, 29 gennaio 2002, n. 8099; Sez. 1^, 8 novembre 2007, n. 4060). La sanzione di cui all'art. 63 c.p.p., comma 2, "opera solo nei casi in cui, a carico dell'interessato, sussistano prima dell'escussione indizi non equivoci di reità e tali indizi siano conosciuti dall'autorità procedente, non rilevando a tale proposito eventuali sospetti od intuizioni personali dell'interrogante" (Sez. 2^, 2 ottobre 2008, n. 39380). E queste stesse Sezioni Unite hanno di già rilevato che "la coordinata lettera dei due commi della norma" (art. 63 c.p.p.") postula "che siano già acquisiti indizi di reità. E' stato quindi ripetutamente evidenziato che gli elementi a carico del dichiarante devono assumere la consistenza dell'indizio, non potendo la sua posizione di persona informata essere mutata dall'esistenza di sospetti o ipotesi investigative", conclusione, questa, "coerente con la presunzione di non colpevolezza, con l'onere probatorio dell'accusa e con la strumentalità rispetto all'accertamento della verità materiale, principi cui è improntato l'intero sistema processuale" (Sez. Un., 22 febbraio 2007, n. 21832).

Quindi, in definitiva, l'obbligo di "protocollare la notizia", come assume il ricorrente, insorge solo nel momento in cui si concretizzi "l'esistenza di responsabilità penali" in capo al dichiarante, di "elementi non equivoci di reità", non di meri "sospetti", generiche allegazioni, o prospettabili ipotesi investigative non postulanti necessariamente l'esistenza di responsabilità penali a carico del dichiarante medesimo, nè tampoco "intuizioni personali dell'interrogante".

6.2 A fronte di tali principi reiteratamente affermati dalla giurisprudenza di questa Suprema Corte, il provvedimento impugnato ha chiaramente esplicitato che "emerge dagli atti un ruolo generico di intermediari degli imprenditori S.... che, però, si sono proposti essi stessi come vittime del sistema"; e "le dichiarazioni di M., in ordine al ruolo svolto dagli S. nel settore estorsivo senza alcuna puntualizzazione di fatti e circostanze ad essi addebitati, non hanno la benchè minima consistenza indiziaria nè in relazione a singole e definite ipotesi estorsive, nè tantomeno con riguardo ad una partecipazione dei due imprenditori alla cosca Anello, esclusa espressamente dal collaboratore...".

Come si vede, la definitiva valutazione dei giudici del merito al riguardo esclude del tutto la sussistenza di quelle condizioni, cui sopra si accennava, che avrebbero dovuto imporre di "protocollare" una concreta, effettiva, realmente sussistente notizia di reato nei confronti dei due dichiaranti, al di fuori di "meri sospetti" o di possibili ulteriori attività investigative non direttamente collegate ad un ruolo criminale da essi svolto: sono stati motivatamente riscontrati solo elementi del tutto generici, inconsistenti, sotto il profilo degli "indizi di reato" eventualmente riconducibili agli stessi, finendo col darsi atto che "la partecipazione dei due imprenditori" all'associazione criminale, che "regolarmente" assoggettava "al pagamento di una tangente" quanti dovevano "eseguire lavori nella zona sottoposta al suo controllo", è stata "esclusa espressamente dal collaboratore".

A tal punto, la diversa allegazione del ricorrente al riguardo si limita, in sostanza, a rappresentare una diversa prospettazione dei fatti ed una opposta valutazione degli elementi valutati in sede di merito. Ma, ovviamente, compito del giudice di legittimità non è quello di sovrapporre la propria valutazione a quella compiuta dai giudici del merito, ma solo quello di verificare la congruità logica dell'apparato argomentativo che sorregge il provvedimento impugnato (Sez. Un., 13 dicembre 1995, n. 930/1996); id., 31 maggio 2000, n. 12). E nella specie deve riconoscersi la inscalfittibile acribia cui l'apparato motivazionale appare improntato, considerato anche che il vizio di motivazione deducibile in sede di legittimità deve, per espressa previsione normativa, risultare dal testo del provvedimento impugnato, o - a seguito della modifica apportata all'art. 606 c.p.p., comma 1, lett. e), dalla L. 20 febbraio 2006, n. 46, art. 8, - da "altri atti del procedimento specificamente indicati nei motivi di gravame".

7.0 Alle svolte argomentazioni consegue la inammissibilità del ricorso. A tale declaratoria, riconducibile a colpa del ricorrente, come evidenziata dagli stessi vizi genetici rilevati (Corte Cost., sent. 7 - 13 giugno 2000, n. 186), consegue la sua condanna al pagamento delle spese del procedimento e di una somma, che congruamente si determina in mille Euro, in favore della cassa delle ammende.

Deve, altresì, disporsi che copia del presente provvedimento sia trasmesso al Direttore dell'istituto penitenziario competente perché provveda a quanto stabilito dall'art. 94 disp. att. c.p.p., comma 1 ter.

P.Q.M.

La Corte dichiara inammissibile il ricorso e condanna il ricorrente al pagamento delle spese processuali e della somma di mille Euro alla cassa delle ammende. Si comunichi a norma dell'art. 94 disp. att. c.p.p., comma 1 ter.
Così deciso in Roma, il 23 aprile 2009.
Depositato in Cancelleria il 10 giugno 2009

3) Cassazione penale, sez. un., 24 settembre 2009, n. 40538

Le massime

1) Il termine per le indagini preliminari decorre dalla data in cui il p.m. ha provveduto ad iscrivere, nel registro delle notizie di reato, il nominativo della persona alla quale il reato è attribuito, senza che al giudice sia consentito di stabilire una diversa decorrenza. Gli eventuali ritardi nella iscrizione, tanto della notizia di reato che del nominativo cui il reato è attribuito, sono privi di conseguenze agli effetti di quanto previsto dall'art. 407, comma 3, c.p.p., anche se si tratta di ritardi colpevoli o abnormi, fermi restando gli eventuali profili di responsabilità disciplinare o penale.

2) In tema di iscrizione della notizia di reato nel registro di cui all'art. 335 c.p.p., il p.m., non appena riscontrata la corrispondenza di un fatto di cui abbia avuto notizia ad una fattispecie di reato, è tenuto a provvedere alla iscrizione della "notitia criminis" senza che possa configurarsi un suo potere discrezionale al riguardo. Ugualmente, una volta riscontrati, contestualmente o successivamente, elementi obiettivi di identificazione del soggetto cui il reato è attribuito, il p.m. è tenuto a iscriverne il nome con altrettanta tempestività.

IL TESTO INTEGRALE DELLA SENTENZA

LA CORTE SUPREMA DI CASSAZIONE
SEZIONI UNITE PENALI

Composta dagli Ill.mi Sigg.ri Magistrati:
Dott. GEMELLI Torquato - Presidente -
Dott. GIORDANO Umberto - Consigliere -
Dott. CARMENINI Secondo L. - Consigliere -
Dott. IACOPINO Silvana G. - Consigliere -
Dott. MARASCA Gennaro - Consigliere -
Dott. FIALE Aldo - Consigliere -
Dott. ROMIS Vincenzo - Consigliere -
Dott. CONTI Giovanni - Consigliere -
Dott. MACCHIA Alberto - rel. Consigliere -
ha pronunciato la seguente:

sentenza

sul ricorso proposto da:

L.L., nato a (OMISSIS);

avverso l'ordinanza pronunciata dal Tribunale di Napoli il 10 marzo 2009;

visti gli atti, il provvedimento impugnato ed il ricorso;

udita in Camera di consiglio la relazione fatta dal Consigliere Dott. Alberto Macchia;

udito il Procuratore Generale in persona del Procuratore Generale Aggiunto Dott. Giovanni Palombarini, che ha concluso per il rigetto del ricorso;

udito il difensore dell'indagato, avv. SORGE ALFREDO del Foro di Napoli, che ha concluso per l'accoglimento del ricorso.

RITENUTO IN FATTO

1.- Con ordinanza del 10 marzo 2009, il Tribunale di Napoli, quale giudice del riesame, ha annullato l'ordinanza applicativa della custodia cautelare in carcere emessa il 20 febbraio 2009 dal Giudice per le indagini preliminari del medesimo Tribunale nei confronti di L.L. limitatamente al reato di corruzione di cui al capo 4) della rubrica, confermando il provvedimento custodiale in relazione ai reati di concussione e tentata concussione contestati al medesimo indagato ai capi 2) e 3) della imputazione cautelare.

Avverso la statuizione del giudice del riesame ha proposto ricorso per cassazione il difensore dell'indagato, rassegnando vari motivi di impugnazione.

Nel primo si lamenta violazione di legge, in riferimento al presupposto della gravità indiziaria, deducendo che i giudici del riesame avrebbero interpretato in modo distorto le dichiarazioni rese dalla parte offesa C.E., non essendo risultate condotte vessatorie poste in essere nei suoi confronti. Si denuncia, poi, violazione di legge, in quanto il pubblico ministero avrebbe proceduto ad iscrivere il nominativo del L. nel registro delle notizie di reato soltanto il 17 ottobre 2008, vale a dire tre anni dopo le dichiarazioni gravemente indizianti rese dal C. nel 2005. Sicché, tenuto conto del fatto che non vi sarebbe stata alcuna proroga in ordine al termine per le indagini preliminari, dalla tardiva iscrizione deriverebbe la inutilizzabilità di tutti gli atti di indagine compiuti nei confronti del ricorrente a decorrere dal secondo anno successivo al 2005: inutilizzabilità che travolgerebbe certamente le dichiarazioni rese dal C. al pubblico ministero il 23 ottobre 2008 e reputate fondamentali ai fini dell'apprezzamento della gravità indiziaria.

Nel terzo motivo, si nega la configurabilità del tentativo di concussione, contestandosi la sussistenza del relativo metus, a fronte del quale la motivazione offerta dai giudici a quibus risulterebbe meramente apparente. Dalle dichiarazioni della parte offesa emergerebbe infatti che, alla presunta richiesta di denaro da parte dell'indagato, la pretesa vittima avrebbe opposto "un secco rifiuto senza mostrare segni di intimidazione o soggezione nei confronti di colui il quale avrebbe dovuto prestargli favori". Si contesta, poi, nel quarto motivo, che il L. potesse rivestire la qualità di incaricato di pubblico servizio, giacchè il medesimo era impiegato al Ministero degli Interni con la qualifica di (OMISSIS), svolgendo in concreto semplici mansioni d'ordine, quale addetto all'ufficio accettazione ed archivio.

Nel quinto ed ultimo motivo si lamenta violazione di legge in ordine alla sussistenza di esigenze cautelari di spessore tale da legittimare l'applicazione della misura carceraria. Non sussisterebbe, infatti, la prospettata sistematicità delle condotte delittuose, nulla essendo emerso per tutto il periodo in cui il comportamento dell'indagato era stato "monitorato" dagli organi della indagine. Non vi sarebbe, poi, pericolo di recidiva, posto che il medesimo indagato, addirittura in epoca antecedente alla presunta commissione del fatti, non era più in servizio presso la polizia amministrativa della prefettura di Napoli, mentre in atto si trova per di più sospeso dal servizio.

Tutti i punti toccati dai motivi di ricorso sono stati poi ripresi e sviluppati in una diffusa memoria, nella quale sono state ampiamente analizzate le varie acquisizioni probatorie atte a corroborare le diverse censure dedotte.

2.- La Sesta sezione penale, cui il ricorso era stato assegnato, ha rimesso il ricorso stesso a queste Sezioni Unite, avendo registrato un contrasto di giurisprudenza in merito alle conseguenze che scaturiscono dalla ritardata iscrizione del nominativo dell'indagato nel registro delle notizie di reato di cui all'art. 335 c.p.p.. Secondo un primo orientamento, infatti, si osserva che, presupponendo l'obbligo di iscrizione che a carico della persona siano emersi specifici elementi indizianti e non semplici sospetti, ne consegue che l'apprezzamento circa la tempestività della iscrizione rientra nella esclusiva valutazione discrezionale del pubblico ministero ed è comunque sottratto, in ordine all'an ed al quando, al sindacato del giudice, ferma restando la configurabilità di ipotesi di responsabilità disciplinari o addirittura penali, nei confronti del Pubblico Ministero.

A fronte di tale prevalente orientamento giurisprudenziale ne viene segnalato altro, secondo il quale la tardiva iscrizione del nominativo dell'indagato nel registro delle notizie di reato, pur non determinando la invalidità delle indagini, consente al giudice di rideterminare il momento in cui si sarebbe dovuto iscrivere, con la conseguenza che la tardiva iscrizione può incidere sulla utilizzabilità delle indagini compiute dopo la scadenza del termine, come rideterminato, ma non su quella delle indagini espletate prima della iscrizione.

Contrasto, quello appena accennato, che si rinviene anche nelle posizioni della dottrina espressasi sul punto, anche se in termini assai più variegati.

3. - La difesa dell'indagato ha, infine, depositato, in prossimità della udienza davanti a queste Sezioni Unite, diffusa ed articolata memoria, nella quale ha ulteriormente sviluppato - con numerosi richiami al merito delle indagini - l'intera gamma delle censure già poste a fondamento dei motivi di ricorso.

CONSIDERATO IN DIRITTO

1.- L'intera tematica che ruota attorno alla disciplina dei termini delle indagini preliminari ha costituito, sin dalle prime applicazioni del vigente codice di rito, un nodo problematico sul quale si sono venute a misurare opinioni quanto mai disparate. Da parte di alcuni, infatti, si presentava per certi aspetti eccentrica, rispetto ad un modello processuale di ispirazione accusatoria, la scelta di confinare all'interno di spazi temporali assai circoscritti l'attività di indagine del pubblico ministero e della polizia giudiziaria, giacchè, tenuto conto della sostanziale "impermeabilità" del dibattimento agli effetti della utilizzazione del materiale di indagine, e considerata, dunque, la tendenziale snellezza della fase investigativa, mal si spiegava il rigore che contrassegnava la disciplina dei termini delle indagini e, in particolare, la disposizione - processualmente "precludente" - della inutilizzabilità, che sanzionava l'eventuale compimento di atti a termini scaduti. Evocandosi, d'altra parte, a conforto di tale posizione, la circostanza che normative consimili risultavano del tutto ignote nei Paesi che già adottavano sistemi processuali di stampo accusatorio.

Sull'opposto versante, si schierava, invece, chi riteneva che, proprio la dimensione temporale circoscritta, meglio di altre previsioni avrebbe in concreto garantito, da un lato, l'espletamento delle sole indagini necessarie e sufficienti per le scelte relative alla azione penale, e, dall'altro, la tempestiva celebrazione del giudizio: indispensabile epilogo, quest'ultimo, per consentire una acquisizione probatoria "effettiva", proprio perché non stemperata dal diluirsi del tempo. Il tutto, non senza sottolineare come il rigoroso vincolo temporale impresso alle indagini, fosse di per sè un segnale inequivoco circa la volontà di precludere "annose" inchieste, che avrebbero ineluttabilmente fatto correre al sistema il rischio di riprodurre antiche - e ormai superate - vocazioni "istruttorie".

Dal dibattito, che animò anche i lavori preparatori della legge - delega sul nuovo codice, sono poi scaturite posizioni ancor più articolate, che hanno dato vita, per un verso, ad una nutrita serie di questioni di legittimità costituzionale, succedutesi - sui vari versanti "critici" della normativa dei termini delle indagini - sino a tempi relativamente recenti; sotto altro profilo, a contrasti di giurisprudenza, quale quello sul quale queste Sezioni Unite sono ora chiamate ad intervenire; e, sotto un terzo ed ultimo profilo, a variegati progetti di riforma della disciplina in questione, a fedele testimonianza di come, alle problematiche interpretative e di sistema, si sia affiancata una esigenza di incisive modifiche, atte a sanare alcune "patologie" applicative, rispetto alle quali, tanto la prassi che gli approdi ermeneutici, hanno offerto risposta obiettivamente insoddisfacente.

2. - La giurisprudenza costituzionale, come si è detto, reiteratamente chiamata a pronunciarsi sulla tematica che qui interessa, ha scrutinato più volte, in termini di compatibilità costituzionale, la disciplina relativa alla previsione dei termini per le indagini preliminari. In particolare, la Corte ha sottolineato come la previsione di specifici limiti cronologici per lo svolgimento delle indagini preliminari e della correlativa sanzione di inutilizzabilità degli atti di indagine compiuti dopo la scadenza del termini stabiliti per quella fase - aspetto, quest'ultimo, sul quale, per diverse ragioni, si sono in particolare concentrate le censure dei vari giudici rimettenti - costituisca il frutto di una precisa scelta operata dal legislatore delegante, al fine di soddisfare, da un lato, la "necessità di imprimere tempestività alle investigazioni, e, dall'altro, l'esigenza "di contenere in un lasso di tempo predeterminato la condizione di chi a tali indagini è assoggettato. Tale opzione, ha soggiunto la Corte, si raccorda intimamente alle finalità stesse della attività di indagine, la quale, lungi dal riprodurre quella funzione "preparatoria" del processo che caratterizzava la fase istruttoria nel codice di rito previgente, è destinata unicamente a consentire - come espressamente recita l'art. 326 c.p.p. - al pubblico ministero di assumere le proprie determinazioni inerenti all'esercizio della azione penale; con l'ovvio corollario che la tendenziale completezza delle indagini, evocata dall'art. 358 c.p.p., viene funzionalmente a correlarsi, non più al compimento di tutti gli "atti necessari per l'accertamento della verità", secondo l'ampia e iperbolica enunciazione che definiva i compiti del giudice istruttore nell'art. 299 del codice abrogato, ma al ben più circoscritto ambito che ruota attorno alla scelta se esercitare o meno l'azione penale.

In tale prospettiva, dunque - ha soggiunto la Corte - non poteva intravedersi alcuna contraddizione logica tra la previsione di un termine entro il quale deve essere portata a compimento l'attività di indagine e il precetto sancito dall'art. 112 Cost. - frequentemente evocato a parametro dai giudici a quibus, sul presupposto che, limitare temporalmente le indagini, può incidere in concreto sulla relativa "effettività", con correlativo perturbamento dell'obbligo di esercitare l'azione penale - proprio perché quel termine, in sè considerato, non rappresenta un fattore che, sempre e comunque, è astrattamente idoneo a turbare le determinazioni che il pubblico ministero è chiamato ad assumere al suo spirare. Dunque, ha osservato ancora la Corte, "l'eventuale necessità di svolgere ulteriori atti di investigazione, viene a profilarsi unicamente come ipotesi di mero fatto che, per un verso, non impedisce allo stesso Pubblico Ministero di stabilire, allo stato delle indagini svolte, se esercitare o meno l'azione penale, mentre, sotto altro profilo, può rinvenire adeguato soddisfacimento, a seconda delle scelte operate, o nella riapertura delle indagini prevista dall'art. 414 c.p.p., o nella attività integrativa di indagine che l'art. 430, consente di compiere anche dopo l'emissione del decreto che dispone il giudizio. Fermo restando, ovviamente - ha conclusivamente rilevato la stessa Corte - la necessità di riservare "alle discrezionali scelte del legislatore l'individuazione degli opportuni strumenti processuali in base ai quali consentire la prosecuzione delle indagini, nelle eccezionali ipotesi in cui sia risultato impossibile portarle a compimento entro il termine massimo previsto dalla legge (v. la sentenza n. 174 del 1992, nonchè le ordinanze n. 436 del 1991, n. 222 del 1992, n. 48 del 1993, n. 485 del 1993,239 del 1994, n. 350 del 1996).

L'altro versante sul quale la Corte costituzionale è stata reiteratamente investita, è rappresentato proprio dallo specifico problema ora devoluto a queste Sezioni Unite. In più occasioni, infatti, diverse autorità giudiziarie hanno sospettato di illegittimità costituzionale la disciplina dei termini delle indagini, nella parte in cui non è prevista la possibilità di far retroagire la decorrenza degli stessi nei casi in cui sia stata indebitamente ritardata la iscrizione del nominativo dell'indagato nell'apposito registro delle notizie di reato di cui all'art. 335 c.p.p.. Sul punto, peraltro, la Corte, malgrado talune puntualizzazioni circa la utilizzabilità degli atti compiuti prima della formale iscrizione (v. ordinanza n. 307 del 2005), non ha offerto risposta nel merito, avendo nelle varie occasioni reputato inammissibili i quesiti formulati (v. le ordinanze n. 337 del 1996, n. 94 del 1998, n. 306 del 2005, n. 400 del 2006).

Sul versante costituzionale, dunque, la problematica connessa alla mancata previsione di specifici rimedi processuali atti a "correggere" l'eventuale ritardo nella iscrizione del nominativo dell'indagato nel registro di cui all'art. 335 c.p.p., agli effetti della individuazione del dies a quo, dal quale far decorrere i termini i durata delle indagini preliminari, resta ancora questione "aperta". Va solo rilevato, semmai, come, alla luce del numero delle ordinanze di rimessione e del lungo arco di tempo in cui le varie autorità giudiziarie hanno sollevato i riferiti dubbi di legittimità costituzionale, il problema dei possibili "arbitrii" del pubblico ministero sia stato e sia tuttora acutamente avvertito anche nella pratica quotidiana, evidentemente nella consapevolezza di quanto ardua risulti la possibilità di risolvere la quaestio attraverso una semplice operazione di tipo interpretativo.

3. - La sostanziale impossibilità di offrire soluzioni ermeneutiche tali da ricomporre, all'interno del sistema, quale positivamente disciplinato, gli eventuali patologici ritardi nella iscrizione del nominativo dell'indagato, è, d'altra parte, ben testimoniata dagli approdi cui è pervenuta la giurisprudenza di questa Corte, pur nell'ambito del contrasto che queste Sezioni Unite sono state chiamate a dirimere.

Secondo, infatti, l'orientamento di gran lunga prevalente, la disciplina processuale non consente di ritenere conferito al giudice un potere di "retrodatazione" della iscrizione del nominativo cui la notizia di reato deve essere attribuita a far tempo dalla data della effettiva emersione, con la conseguenza di rendere inutilizzabili gli atti di indagine compiuti dopo la scadenza del termine, così come rideterminato dal giudice. Si è, infatti, affermato che l'obbligo imposto al pubblico ministero di iscrizione della notitia criminis nell'apposito registro previsto dall'art. 335 c.p.p., risponde all'esigenza di garantire il rispetto dei termini di durata delle indagini preliminari e presuppone che a carico di una persona nota emerga l'esistenza di specifici elementi indizianti, e non di meri sospetti. Da ciò si è fatto discendere il corollario per il quale il ritardo nella iscrizione, non è concetto che possa assumersi in via di semplice presunzione, ma è un dato che consegue unicamente alla concreta verifica circa il momento in cui il pubblico ministero ha acquisito gli elementi conoscitivi necessari a delineare una notizia di reato nei confronti di una persona, in termini di ragionevole determinatezza. Ne consegue ulteriormente che, in difetto di tale presupposto, il quale investe l'an ed il quando e determina il dies a quo della notitia criminis, l'apprezzamento della tempestività dell'iscrizione, che rientra - si è affermato in più occasioni - nella "valutazione discrezionale del Pubblico Ministero, non può affidarsi a postume congetture; nè l'eventuale violazione del dovere di tempestiva iscrizione, che pur potrebbe configurare responsabilità disciplinari o addirittura penali a carico del pubblico ministero negligente, è causa di nullità degli atti compiuti, non ipotizzabile in assenza di una espressa previsione di legge, in ossequio al principio di tassatività, fissato dall'art. 177 del codice di rito (in linea con tale orientamento, v., tra le altre, Cass., Sez. 5^, 18 ottobre 1993, Crici; Cass., Sez. 1^, 28 aprile 1995, Grimoli; Cass., Sez. 4^, 27 agosto 1996, Guddo; Cass., Sez. 6^, 24 ottobre 1997, Todini; Cass., Sez. 1^, 11 marzo 1999, Testa; Cass., Sez. 5^, 27 marzo 1999, P.G. in proc.

Longarini; Cass., Sez. 6^, 17 febbraio 2003, Parrella; Cass., Sez. 4^, 22 giugno 2004, Kurtaj; Cass., Sez. 5^, 23 settembre 2005, Supino; Cass., Sez. 6^, 2 ottobre 2006, Bianchi; Cass., Sez. 6^, 10 ottobre 2007, P.M. in proc. Genovese; Cass., Sez. 2^, 21 febbraio 2008, P.G. in proc. Chinilo; Cass., Sez. 5^, 8 aprile 2008, Bruno).

Tale orientamento, d'altra parte, è già stato condiviso da queste Sezioni Unite (Sez. un., 21 giugno 2000, Tammaro, mass. uff. n. 216248), le quali hanno avuto modo di ribadire che "l'omessa annotazione della notitia criminis nel registro previsto dall'art. 335 c.p.p., con l'indicazione del nome della persona raggiunta da indizi di colpevolezza e sottoposta ad indagini contestualmente ovvero dal momento in cui esso risulta, non determina l'inutilizzabilità degli atti di indagine compiuti sino al momento dell'effettiva iscrizione nel registro, poichè, in tal caso, il termine di durata massima delle indagini preliminari, previsto dall'art. 407 c.p.p., al cui scadere consegue l'inutilizzabilità degli atti di indagine successivi, decorre, per l'indagato, dalla data in cui il nome è effettivamente iscritto nel registro delle notizie di reato, e non dalla presunta data nella quale il Pubblico Ministero avrebbe dovuto iscriverla. Ciò in quanto, hanno ribadito queste Sezioni Unite, "l'apprezzamento della tempestività della iscrizione, il cui obbligo nasce solo ove a carico di una persona emerga l'esistenza di specifici elementi indizianti e non di meri sospetti, rientra nell'esclusiva valutazione discrezionale del pubblico ministero ed è sottratto, in ordine all'an e al quando, al sindacato del giudice, ferma restando la configurabilità di ipotesi di responsabilità disciplinari o addirittura penali nei confronti del Pubblico Ministero negligente.

A fronte di tale coeso quadro giurisprudenziale se ne registra altro, del tutto minoritario, nel quale si afferma, invece, che la tardiva iscrizione del nominativo dell'indagato nel registro delle notizie di reato non determina alcuna invalidità delle indagini preliminari, ma consente, tuttavia, al giudice di rideterminare il termine iniziale, in riferimento al momento in cui si sarebbe dovuta iscrivere la notizia di reato; derivandone da ciò che la tardiva iscrizione può incidere sulla utilizzabilità delle indagini finali, ma non sulla utilizzabilità di quelle svolte prima della iscrizione e che il relativo accertamento non è censurabile in sede di legittimità, qualora sia sorretto da congrua e logica motivazione (in tal senso, pur se con varietà di accenti e di passaggi argomentativi, Cass., Sez. 1^, 6 luglio 1992, Barberio; Cass., Sez. 1^, 27 marzo 1998, Dell'Anna; Cass., Sez. 5^, 8 ottobre 2003, Liscai; Cass., Sez. 5^, 21 settembre 2006 Boscarato).

Secondo un terzo orientamento, infine, solo abnormi ed ingiustificati ritardi nella iscrizione del nominativo dell'indagato nel registro delle notizie di reato potrebbero, al di là di profili di responsabilità interna dell'ufficio, dar luogo ad illegittimità delle iscrizioni stesse, con riferimento alla loro data. Con la conseguenza che, in tali ipotesi, spetterebbe al giudice individuare il momento in cui la notitia criminis poteva e doveva essere annotata nell'apposito registro ai fini della decorrenza del termine delle indagini preliminari. Non senza soggiungere, peraltro, talune puntualizzazioni, che valgono a rendere ancor più indeterminato il perimetro entro il quale dovrebbe svolgersi il "controllo sostitutivo" del giudice. Si è, infatti, precisato che andrebbe comunque tenuto presente il fatto che l'obbligo del pubblico ministero di procedere "immediatamentee alle iscrizioni previste nell'art. 335 c.p.p., comma 1, "non implica la rigidità di un termine computabile a ore o a giorni e può ritenersi regolarmente adempiuto pur quando l'iscrizione sia avvenuta, per certe plausibili ragioni, a distanza di qualche giorno rispetto alla data di acquisizione della notitia criminiss; e ciò - si è affermato - risulterebbe del resto in linea "con l'ovvia considerazione che il pubblico ministero non può non fruire di un certo ambito temporale per l'esame e la valutazione della notizia di reato e l'individuazione del nome del soggetto da iscrivere nel registro degli indagatii (Cass., Sez. 1^, 11 maggio 1994, Scuderi, nonchè, in particolare, Cass., Sez. 1^, 4 gennaio 1999, n. 3192, Iamonte ed altri, non massimata).

4 - L'orientamento prevalente merita di essere condiviso. L'enunciato che contraddistingue la disciplina introdotta dall'art. 335 c.p.p., è, infatti, univoco nel suo valore e significato precettivo. Il compito della "iscrizione" è, infatti, soggettivamente demandato al pubblico ministero, cui pertanto viene conferito il relativo munus, senza che il disposto normativo consenta di intravedere altre figure, del processo o delle indagini, legittimate a surrogare il "ritardato" esercizio di tale potere - dovere. La circostanza, poi, che il pubblico ministero sia chiamato ad iscrivere "immediatamente" la notitia criminis ed il nominativo dell'indagato, evoca la configurazione di un siffatto incombente in termini di rigorosa "doverosità", nel senso di riconnettere in capo all'organo titolare dell'azione penale uno specifico - e indilazionabile - obbligo giuridico, che deve essere adempiuto senza alcuna soluzione di continuità rispetto al momento in cui sorgono i relativi presupposti. Si è, quindi, totalmente al di fuori di qualsiasi possibilità di scelta, non solo in relazione all'an, ma anche rispetto al quid - l'iscrizione riguarda, infatti,

"ogni" notizia di reato - ed al quando. In questo senso, quindi, deve ritenersi non pertinente il riferimento ad un potere "discrezionale" del pubblico ministero, pur presente in larga parte delle decisioni di questa Corte che hanno aderito alla impostazione di queste Sezioni Unite, espressa nella già ricordata sentenza Tammaro. Il compito del pubblico ministero, infatti, è quello - in teoria, del tutto "neutro" - di "riscontrare" l'esistenza dei presupposti normativi che impongono l'iscrizione: non di effettuare valutazioni realmente "discrezionali", che ineluttabilmente finirebbero per coinvolgere l'esercizio di un potere difficilmente compatibile - anche sul versante dei valori costituzionali coinvolti - con la totale assenza di qualsiasi controllo giurisdizionale. D'altra parte, e come si è già messo in evidenza, i numerosi interventi della Corte costituzionale ed il ripetersi dei dubbi di legittimità della normativa in esame - pur nella diversità dei profili contestati - rappresentano un dato in sè indicativo della "criticità" del problema: aspetto, quest'ultimo, senz'altro acuito, ove i "poteri" del pubblico ministero, in parte qua, non fossero correttamente inquadrati, facendo riferimento ad inesistenti spazi di "discrezionalità".

La vaghezza, però, dei parametri identificativi del "momento" di insorgenza dell'obbligo di procedere agli adempimenti previsti dall'art. 335 c.p.p., è per certi aspetti ineludibile e scaturisce, a ben guardare, dalla stessa scelta del legislatore di configurare l'iscrizione come un atto a struttura "complessa": nel senso che in esso simbioticamente convivono una componente "oggettiva", quale è la configurazione di un determinato fatto ("notizia") come sussumibile nell'ambito di una determinata fattispecie criminosa ("di reato", con un suo nomen iuris ben definito come risulta evidenziato dalla circostanza che "se nel corso delle indagini preliminari muta la qualificazione giuridica del fatto ovvero questo risulta diversamente circostanziato, il pubblico ministero cura l'aggiornamento delle iscrizioni....); nonchè di una componente "soggettiva", rappresentata dal nominativo dell'indagato. Componente, quest'ultima, essenziale, perché è solo dopo che viene individuato il soggetto cui attribuire il reato che i termini cominciano a decorrere.

5 . - L'improprio richiamo ad un concetto di "discrezionalità", come si è accennato del tutto inaccettabile, ove non parametrato sulla falsariga di rigorosi presupposti, sindacabili e controllabili in sede giurisdizionale, coglie, però, un aspetto di indiscutibile risalto, quale è quello rappresentato dalla naturale "fluidità" che presenta lo scrutinio dei fatti che concretamente possono determinare la insorgenza dell'obbligo di

iscrizione. Il codice, infatti, non somministra una definizione normativa di ciò che è "notizia di reato": certamente, l'espressione evoca un quid minus di ciò che rappresenta la base fattuale per elevare l'imputazione; ma è anche un quid pluris rispetto ad una indefinita "ipotesi" di reato, che, come si è visto, la giurisprudenza di questa Corte individua nella figura del semplice sospetto. Tra questi due termini, in ipotesi estremi, regna, però, un'area, tutta da perscrutare sul piano contenutistico, giacchè è evidente che la configurabilità, anche solo in termini di "notizia di reato," di una complessa fattispecie associativa, evoca un "lavorio" definitorio che può comportare (ed è ciò che qui interessa) spazi temporali non comparabili rispetto a quelli che, invece, consuetamente richiedono fatti ictu oculi sussumibili nell'ambito di una determinata fattispecie di reato. Ancor più il discorso vale per la individuazione della persona cui il reato deve essere attribuito; al punto che è lo stesso legislatore, stavolta, ad aver espressamente previsto che l'obbligo di iscrizione del relativo nominativo debba avvenire soltanto "dal momento in cui esso risulta: quando, cioè, la identificazione del soggetto e la attribuibilità a questi del reato, assume una certa pregnanza.

D'altra parte, la sostanziale "fluidità" dei parametri alla stregua dei quali definire il momento di acquisizione della notizia di reato e l'identificazione del relativo "responsabile", è, per certi aspetti, desumibile dallo stesso quadro normativo di riferimento. Stabilisce, per esempio, l'art. 109 disp. att. c.p.p., che la segreteria del Pubblico Ministero annota sugli atti "che possono contenere notizia di reato la data e l'ora in cui sono pervenuti, e li "sottopone immediatamente al Pubblico Ministero "per l'eventuale iscrizione nel registro delle notizie di reato. E' evidente, quindi, che, per un verso, lo "scrutinio" di ciò che è o non è notizia di reato può apparire in concreto problematico; dall'altro, che tale "scrutinio" è normativamente riservato al Pubblico Ministero.

Altro e, forse, ancor più significativo esempio è offerto dal fatto che l'ordinamento ha espressamente previsto, nel D.M. 30 settembre 1989, recante l'approvazione dei registri in materia penale, l'impianto di un apposito registro, denominato "modello 45: Registro degli atti non costituenti notizia di reato" (ispirato ai cosiddetti "Atti relativi", registro C, conosciuto sotto la vigenza del codice abrogato), nel quale raccogliere, appunto, quegli atti che riposano ancora nel "limbo" della incerta definibilità, ma che richiedono una fase di accertamenti "preliminari". Sono note, al riguardo, le varie polemiche insorte circa la possibilità di utilizzare tale registro come uno strumento improprio che abiliterebbe il pubblico ministero ad una sorta di potere incontrollato di "cestinazione", costituzionalmente incompatibile con il necessario controllo giurisdizionale sulle scelte che il pubblico ministero compie in ordine all'obbligo di esercitare l'azione penale. Ma ciò che qui conta, non è la "patologia" dell'impiego strumentale di un registro in luogo dell'altro, quanto, piuttosto, l'esistenza di un "rapporto" tra i fatti da iscrivere nell'uno e le eventuali "trasmigrazioni" nell'altro, a testimonianza, appunto, della già segnalata "fluidità" definitoria di cui innanzi si è fatto cenno. Queste Sezioni Unite, infatti, hanno avuto modo di puntualizzare, al riguardo, che, in tema di azione penale, mentre il procedimento attivato a seguito di iscrizione degli atti nel registro previsto dall'art. 335 c.p.p., (cosiddetto "mod. 21") ha come esito necessitato l'inizio della azione penale o la richiesta di archiviazione, l'iscrizione degli atti nel registro non contenente notizie di reato (cosiddetto "mod. 45") può sfociare, o in un provvedimento di diretta trasmissione degli atti in archivio da parte del pubblico ministero in relazione a quei fatti che, fin dall'inizio, appaiono come penalmente irrilevanti, o può condurre al medesimo esito della procedura prevista per le ordinarie notitiae criminis, qualora siano state compiute indagini preliminari o il fatto originario sia stato riconsiderato o comunque sia sopravvenuta una notizia di reato. In questo secondo caso - hanno puntualizzato queste Sezioni Unite - l'eventuale richiesta di archiviazione non è condizionata al previo adempimento, da parte del Pubblico Ministero, dell'obbligo di reiscrizione degli atti nel registro "mod. 21", in quanto la valutazione, esplicita o implicita, circa la natura degli atti, spetta al titolare della azione penale indipendentemente dal dato formale dell'iscrizione in questo o quel registro, e al giudice per le indagini preliminari non è riconosciuto alcun sindacato nè su quella valutazione, nè sulle modalità di iscrizione degli atti in un registro piuttosto che in un altro (Cass., Sez. un., 22 novembre 2000, P.M. in proc. ignoti, mass. uff. n. 217473).

6. - Il dato normativo è, dunque, univocamente convergente nel delineare in termini di rigorosa scansione temporale la sequenza che contraddistingue l'"obbligo" del Pubblico Ministero: appena acquisita, infatti, la notizia di reato, nei termini di configurabilità oggettiva di cui si è detto (base fattuale idonea a configurare un "fatto" come sussumibile in una determinata fattispecie di reato), il Pubblico Ministero è tenuto a procedere, senza soluzione di continuità e senza alcuna sfera di "discrezionalità", alla relativa iscrizione nel registro previsto dall'art. 335

c.p.p.. Allo stesso modo, e sul versante della attribuibilità soggettiva, una volta conseguiti elementi "obiettivi" di identificazione del soggetto "responsabile" (tali, dunque, da superare la soglia del generico e "personale" sospetto), con altrettanta tempestività il pubblico ministero sarà tenuto a procedere alla iscrizione del relativo nominativo. Ciò spiega e giustifica - anche sul piano della legittimità costituzionale - la scelta del legislatore di far decorrere da quel momento i termini delle indagini preliminari, e permettere, sulla base di dati incontrovertibili, il controllo del loro rispetto e l'agevole enucleazione di quali siano gli atti da assoggettare alla sanzione della inutilizzabilità, perché compiuti dopo la scadenza dei termini stessi.

Resta peraltro aperto - come dianzi s'è fatto cenno - il problema delle possibili "patologie" e dei correttivi interni al sistema, giacchè gli eventuali ritardi rispetto all'obbligo di procedere "immediatamente" alle iscrizioni delle notizie di reato, richiederebbero, quale efficace rimedio, la individuazione di un giudice e di un procedimento che consentisse l'adozione di un qualche provvedimento "surrogatorio," che la legge non ha previsto. Al riguardo, può rammentarsi che un intervento sostitutivo del giudice, proprio in tema di "iscrizioni" nel registro di cui all'art. 335 c.p.p., è espressamente previsto in tema di archiviazione nei procedimenti a carico di ignoti, giacchè l'art. 415 c.p.p., comma 2, ultimo periodo, stabilisce che - in presenza di richiesta di archiviazione per essere ignoto l'autore del fatto - il giudice per le indagini preliminari, ove invece ritenga che il reato sia da attribuire a persona già individuata, ordina che il nome di questa sia iscritto nel registro delle notizia di reato. Ma proprio tale previsione dimostra, da un lato, che i poteri di intervento del giudice sono tipici e nominati, saldandosi essi alla esigenza, costituzionalmente imposta, che sia soltanto la legge a stabilire le attribuzioni processuali di tale organo; e, dall'altro, che un simile intervento "sostitutivo" (in sè evidentemente eccezionale), non si giustifica in funzione del controllo circa la tempestività e completezza delle "iscrizioni", ma sul diverso versante - costituzionalmente presidiato dall'art. 112 Cost. - della necessità di sottoporre al sindacato giurisdizionale la domanda di "inazione" che il Pubblico Ministero promuove, attraverso la richiesta di archiviazione per essere ignoto l'autore del fatto. "Il problema dell'archiviazione - puntualizzò, infatti, la Corte costituzionale - sta nell'evitare il processo superfluo senza eludere il principio di obbligatorietà ed anzi controllando, caso per caso, la legalità dell'inazionee (Corte cost., sentenza n. 88 del 1991). Il potere del giudice, quindi, di disporre la iscrizione del nominativo dell'indagato in sede di archiviazione contro ignoti, mira ad impedire la elusione dell'obbligo di esercitare l'azione penale; una prospettiva, dunque, del tutto peculiare e dalla quale sarebbe perciò stesso arbitrario desumere l'esistenza di un più generale potere di controllo giurisdizionale circa i tempi ed i modi attraverso i quali il pubblico ministero procede alle iscrizioni nel registro di cui all'art. 335 c.p.p..

L'unico "tassello normativo" per il tramite del quale è forse possibile configurare un potere di "apprezzamento" da parte del giudice, circa la "tempestività" delle iscrizioni, è offerto, a ben guardare, soltanto dalla disciplina che regola il regime delle proroghe del termine per le indagini preliminari (art. 406 c.p.p.), non apparendo estranea a quel sistema l'idea di un giudice che, in presenza di iscrizioni "tardive", calibri la concessione o il diniego della proroga in funzione, anche, della durata delle indagini eventualmente espletate prima della tardiva iscrizione. Al di fuori di tale ipotesi, manca una struttura normativa di riferimento. Non esiste, infatti, nel sistema, nè un principio generale di "sindacabilità" degli atti del pubblico ministero, nè un altrettanto generalizzato compito di "garanzia" affidato al giudice per le indagini preliminari. Si tratta, infatti, di un giudice "per" le indagini, e non "delle" indagini preliminari, il quale - proprio per impedire la riproduzione di funzioni lato sensu "istruttorie" - non governa l'attività di indagine nè è chiamato a controllarla, svolgendo funzioni, si è detto, "intermittenti", che sono soltanto quelle previste dall'ordinamento. Stabilisce, infatti, l'art. 328 c.p.p., che il giudice per le indagini preliminari provvede sulle richieste del Pubblico Ministero, delle parti private e della persona offesa "nei casi previsti dalla legge. Compiti, dunque, non soltanto limitati, ma anche tassativamente tipizzati.

7. - Per poter configurare un sindacato giurisdizionale sulla tempestività delle iscrizioni operate dal Pubblico Ministero, occorrerebbe, dunque, una espressa previsione normativa che disciplinasse non soltanto le attribuzioni processuali da conferire ad un determinato organo della giurisdizione, ma anche il "rito" secondo il quale inscenare un simile accertamento "incidentale". Basti pensare, ad esempio, alla esigenza di rispettare il contraddittorio, non solo tra i soggetti necessari, ma anche in riferimento agli altri eventuali "partecipanti" della indagine o del processo. Se si introducesse, infatti, un controllo ex post sul merito della "tempestività" delle iscrizioni, con possibilità di "retrodatazione" tale da compromettere la utilizzazione di atti di indagine, il relativo ius ad

loquendum non potrebbe non essere riconosciuto anche agli eventuali altri indagati o persone offese, che dalla "postuma" dichiarazione di inutilizzabilità di atti di indagine potrebbero soffrire una grave compromissione, ove quegli atti fossero favorevoli alla loro posizione.

L'esigenza di un innesto normativo per portare a soluzione i problemi, da tempo avvertiti, che scaturiscono dalla assenza di effettivi rimedi per le ipotesi di ritardi nella iscrizione nel registro delle notizie di reato, è, d'altra parte, chiaramente testimoniata dal recente disegno di legge n. 1440, presentato dal Ministro della giustizia al Senato della Repubblica il 10 marzo 2009 e recante, fra l'altro, varie disposizioni in tema di procedimento penale. In esso, infatti, si prevede una specifica disciplina che attribuisce al giudice, all'atto della richiesta di rinvio a giudizio, il compito di verificare l'iscrizione operata dal pubblico ministero nel registro di cui all'art. 335 c.p.p., e determinare, se del caso, la data nella quale essa doveva essere effettuata, "anche agli effetti dell'art. 407, comma 3. In modo tale, puntualizza la relazione che accompagna l'iniziativa legislativa, da porre rimedio ad un meccanismo "che rischia di rimettere alle scelte discrezionali del pubblico ministero la concreta determinazione dei tempi processuali. Con le nuove norme - osserva ancora la relazione - non potranno più riverberarsi sull'imputato gli effetti della iscrizione tardiva, a lui non imputabili, con la conseguenza di rendere più certi i termini delle indagini preliminari, a fini sia acceleratori che di garanzia.

8 . - Allo stato della normativa vigente, occorre quindi ribadire il principio per il quale il termine per le indagini preliminari decorre dalla data in cui il Pubblico Ministero ha provveduto ad iscrivere, nel registro delle notizie di reato, il nominativo della persona alla quale il reato è attribuito, senza che al giudice sia consentito di stabilire una diversa decorrenza. Gli eventuali ritardi nella iscrizione, tanto della notizia di reato che del nominativo cui il reato è attribuito, sono privi di conseguenze agli effetti di quanto previsto dall'art. 407 c.p.p., comma 3, anche se si tratta di ritardi colpevoli o abnormi, fermi restando gli eventuali profili di responsabilità disciplinare o penale.

9. - Venendo, dunque, all'esame dei motivi di ricorso, deve conseguentemente essere disattesa la fondatezza della eccezione di inutilizzabilità degli atti di indagine che si assumono compiuti dopo la scadenza del termine delle indagini preliminari, secondo le prospettive di "retrodatazione" additate dal ricorrente.

Parimenti infondate sono le doglianze relative al presupposto della gravità indiziaria, giacchè le statuizioni del giudice del riesame, lungi dal profilarsi come sterile ed assertiva riproposizione degli elementi già posti a fondamento del provvedimento custodiale, sono dotate di coerente e puntuale motivazione su tutti i profili di maggior pregnanza che hanno connotato l'articolata vicenda oggetto di imputazione cautelare. Contrariamente all'assunto del ricorrente, infatti, gli addebiti di concussione tentata e consumata non riposano su di un acritico recepimento delle dichiarazioni rese dalla parte offesa - peraltro, adeguatamente scandagliate in punto di affidabilità intrinseca e di elementi esterni di conferma - ma su di un coeso tessuto indiziario coerentemente ricomposto in termini di più che adeguata linearità logica. Il tentativo del ricorrente di atomizzare i singoli apporti dichiarativi e prospettare, all'interno di ciascuno di essi, una lettura diversa e alternativa delle vicende, per come ricostruite dai giudici a quibus, finisce, dunque, per refluire sul terreno del riesame del merito, evidentemente estraneo al sindacato di legittimità riservato a questa Corte. Il provvedimento impugnato, infatti, adeguatamente suffraga la sussistenza di una condotta di seria ingerenza sopraffattrice posta in essere dall'indagato, reiteratamente propostosi quale "condizionante" interlocutore pubblico per l'attività imprenditoriale svolta dalla parte offesa; restando invece esclusi - nella ricostruzione dei fatti - i denunciati profili di superfetazione accusatoria, quanto alla sussistenza ed alla portata della coazione subita dalla vittima della concussione, o un più generale erroneo apprezzamento dell'intero compendio indiziario, che non può certo formare oggetto di "rilettura" in questa sede, come invece erroneamente postulato dal ricorrente, specie nelle memorie depositate. Del pari inconferente si rivela, poi, la doglianza relativa alla pretesa mancanza della qualità di incaricato di pubblico servizio dell'indagato, considerato che l'ordinanza impugnata, al di là dei profili di formale inquadramento del L. quale dipendente della prefettura di Napoli, ha preso in concreto esame - quanto meno ai circoscritti effetti dell'incidente cautelare - le attribuzioni effettive dal medesimo svolte in seno ai pubblici uffici presso i quali operava e l'uso strumentale delle mansioni e delle "esperienze" maturate, in funzione del metus prodotto dalla contestata condotta concessiva.

Sono invece fondate le articolate censure che il ricorrente ha svolto, tanto nei motivi di ricorso che nelle memorie, in punto di congruità della motivazione in ordine alle esigenze cautelari ed ai connessi profili di adeguatezza della misura prescelta. Ad avviso dei giudici del riesame, infatti, sussisterebbe la necessità di prevenire il pericolo di reiterazione di condotte criminose dello stesso tipo di quelle per le quali si procede, alla luce della "sistematicità con la quale il L. ha prostituito la sua funzione pubblicaa; un periculum in libertate, quello evidenziato, che ad avviso di quei giudici può ritenersi adeguatamente salvaguardato soltanto dalla misura di massimo rigore, in considerazione della temporaneità della sospensione dal servizio e della "dimostrata capacità di influenzare l'iter amministrativo delle pratiche di interessee, attraverso le "conoscenze" di cui potrebbe avvalersi. Simili prospettazioni, però, da un lato non fuoriescono da un sostanziale tautologico rinvio agli addebiti cautelari rivolti all'indagato, mentre, dall'altro, trascurano completamente di esaminare tutta una serie di significative circostanze favorevoli all'indagato, puntualmente richiamate dal ricorrente. I giudici del merito, infatti, hanno innanzitutto omesso di esaminare la concretezza e la attualità delle esigenze di cautela in ragione del tempo trascorso dai fatti, posto che le vicende oggetto di contestazione risalgono all'ormai lontano autunno - inverno del 2005. Va infatti rilevato che, in tema di misure cautelari, la disposizione dettata dall'art. 292 c.p.p., comma 2, lett. c), - la quale espressamente prevede tra i requisiti dell'ordinanza cautelare lo specifico riferimento al "tempo trascorso dalla commissione del reatoo -impone al giudice di motivare circa il punto menzionato sotto il profilo della valutazione della pregnanza della pericolosità del soggetto in proporzione diretta al tempus commissi delicti, dovendosi ritenere che ad una maggiore distanza temporale dei fatti corrisponda un affievolimento delle esigenze cautelari (Cass., Sez. 2^, 8 maggio 2008, P.M. in proc. Mezzatenta ed altro). D'altra parte, il giudice del riesame ha totalmente omesso di esaminare, agli effetti di quanto previsto dall'art. 273 c.p.p., comma 3, la astratta applicabilità, nella specie, dell'indulto di cui alla L. 31 luglio 2006, n. 241, tenendo conto, in particolare, della natura e gravità dei fatti ai fini della determinazione, in via prognostica, della entità della pena presumibilmente irrogabile, e stabilire, all'esito, se vi sia un margine residuo per l'applicabilità della misura coercitiva (Cass., Sez. 6^, 24 maggio 2007, Sganga; Cass., Sez. 2^, 12 marzo 2009, Vetriani). Apprezzamenti, quelli enunciati, che il ricorrente correttamente lamenta non essere stati in alcun modo svolti, malgrado gli elementi positivi di valutazione prospettati in sede di riesame. Altrettanto è a dirsi, d'altra parte, per ciò che attiene alla concreta e attuale sussistenza del pericolo di reiterazione delle condotte criminose, alla cui congruità motivazionale fa velo non soltanto il mero recepimento dei fatti contestati, lontani nel tempo, ma, soprattutto, la carente esplicitazione di obiettivi elementi in forza dei quali sia possibile ipotizzare che l'indagato, tenuto anche conto della condotta serbata medio tempore, sia attualmente in condizione di "sfruttare" infedelmente un munus pubblico o relazioni maturate nel precedente ambiente lavorativo.

L'ordinanza impugnata deve, pertanto, essere annullata limitatamente alle esigenze cautelari, con rinvio al Tribunale di Napoli per nuovo esame. Il ricorso, nel resto, deve invece essere respinto.

P.Q.M.

Annulla l'ordinanza impugnata limitatamente alle esigenze cautelari e rinvia al Tribunale di Napoli per nuovo esame. Rigetta nel resto il ricorso. Dispone trasmettersi, a cura della Cancelleria, copia del provvedimento al Direttore dell'Istituto penitenziario, ai sensi dell'art. 94 disp. att. c.p.p., comma 1 ter.

Così deciso in Roma, il 24 settembre 2009.

Depositato in Cancelleria il 20 ottobre 2009

Le pronunce della Cassazione dopo le Sezioni unite del 2009

Cassazione penale sez. VI, 4 dicembre 2009, n. 2261, M.

È manifestamente infondata la q.l.c., in riferimento agli art. 3, 24 e 111 cost., degli art. 335 e 407, commi secondo e terzo, c.p.p., nella parte in cui non prevedono l'inutilizzabilità degli atti compiuti oltre la scadenza del termine delle indagini preliminari computato non dal giorno di iscrizione del nominativo dell'indagato nell'apposito registro, bensì dal giorno in cui - emergendo a suo carico indizi di reità -, tale iscrizione avrebbe dovuto avere luogo.

ESTRATTO MOTIVAZIONE

5. La questione d'incostituzionalità è manifestamente infondata.

Nella sentenza sopra citata - pur essendo stata rimarcata la totale mancanza di discrezionalità del P.M. nell'apprezzamento, sotto il profilo oggettivo e quello soggettivo, della notizia di reato e del nome della persona alla quale il reato stesso è attribuito, notizia e nome che vanno immediatamente iscritti nell'apposito registro - si è sottolineato che, per

rimediare a possibili "patologie" derivanti da ritardi del pubblico ministero rispetto all'obbligo di procedere immediatamente alle iscrizioni delle
notizie di reato, *sarebbe necessaria l'individuazione "di un giudice e di
un procedimento che consentisse l'adozione di un qualche provvedimento surrogatorio", che possono essere previsti soltanto per legge,* risultando indispensabile sia la precisa indicazione di attribuzioni processuali
di tale giudice, sia una disciplina del "rito secondo il quale inscenare un
simile accertamento incidentale. Basti pensare, ad esempio, all'esigenza
di rispettare il contraddittorio, non solo tra i soggetti necessari, ma anche in riferimento agli altri eventuali partecipanti della indagine o del
processo. Se s'introducesse, infatti, un controllo ex post sul merito della
tempestività delle iscrizioni, con possibilità di retrodatazione tale da
compromettere l'utilizzazione di atti d'indagine, il relativo ius ad loquendum non potrebbe non essere riconosciuto anche agli eventuali altri indagati o persone offese, che dalla postuma dichiarazione d'inutilizzabilità
di atti d'indagine potrebbero soffrire una grave compromissione, ove
quegli atti fossero favorevoli alla loro posizione".
Nè un siffatto rimedio può essere individuato dalla Corte costituzionale,
in mancanza di soluzioni procedimentali costituzionalmente obbligate,
cosicché il prospettato incidente di costituzionalità si appalesa manifestamente infondato, essendo destinato a una declaratoria di manifesta
inammissibilità da parte del giudice delle leggi, essendo invece compito,
ormai indilazionabile del legislatore intervenire con "un innesto normativo per portare a soluzione i problemi, da tempo avvertiti, che scaturiscono dall'assenza di effettivi rimedi per le ipotesi di ritardi nell'iscrizione
nel registro delle notizie di reato" (sent.
cit.).

Cassazione penale sez. V, 21 dicembre 2010, n. 6237, M.
L'avviso relativo all'espletamento di un accertamento tecnico non ripetibile, con la conseguente assicurazione dei diritti di assistenza difensiva,
deve essere dato anche alla persona che, pur non iscritta nel registro
degli indagati, risulti nello stesso momento raggiunta da indizi di reità
quale autore del reato oggetto delle indagini.

Cassazione penale sez. VI, 2 dicembre 2009, n. 11472, S.S.P.
Nel corso delle indagini preliminari il p.m. - salvi i casi di mutamento della qualificazione giuridica del fatto o dell'accertamento di circostanze ag-

gravanti - deve procedere a nuova iscrizione nel registro delle notizie di reato previsto dall'art. 335 c.p.p., quando acquisisce elementi in ordine ad ulteriori fatti costituenti reato nei confronti della stessa persona. Ne consegue che il termine per le indagini preliminari previsto dall'art. 405 c.p.p. decorre in modo autonomo, per la persona originariamente sottoposta ad indagini, da ciascuna successiva iscrizione nell'apposito registro. (Fattispecie relativa a successive iscrizioni autonome di vari episodi di corruzione, di volta in volta effettuate nei confronti del medesimo indagato).

L'INUTILIZZABILITA' DEGLI ATTI PER VIOLAZIONE DEL TERMINE DI DURATA MASSIMA DELLE INDAGINI PRELIMINARI

Cassazione penale sez. II, 7 giugno 2011, n. 25001, Z.M.
L'inutilizzabilità degli atti di indagine compiuti dopo la scadenza del termine ordinario o prorogato fissato dalla legge per la chiusura delle indagini preliminari non è assimilabile alla inutilizzabilità delle prove vietate, ex art. 191 c.p.p., e non è, pertanto, rilevabile d'ufficio ma solo su eccezione di parte; ciò significa che essa è sostanzialmente assimilabile ad una nullità a regime intermedio, soggetta, in quanto tale, alle condizioni di deducibilità previste dall'art. 182 c.p.p., con la conseguenza che, quando la parte assiste all'atto che si assume viziato, la relativa nullità deve essere dedotta prima che il predetto atto sia compiuto ovvero, ove ciò non sia possibile, immediatamente dopo (nella specie, la Corte ha ritenuto che la il Tribunale avesse fatto un'applicazione errata di tale principio, dichiarando la difesa decaduta per non aver sollevato l'eccezione durante l'interrogatorio di garanzia, atteso che in tale sede il difensore della ricorrente non avrebbe mai potuto sollevare l'eccezione di inutilizzabilità degli atti d'indagine per scadenza del termine, non avendo ancora estratto copia degli atti d'indagine; sicché ha ritenuto che l'eccezione di inutilizzabilità è stata tempestivamente sollevata con la richiesta di riesame).

Cassazione penale sez. V, 22 dicembre 2009, n. 1586, B.

L'inutilizzabilità degli atti di indagine compiuti dopo la scadenza del termine ordinario o prorogato fissato dalla legge per la chiusura delle indagini preliminari non è assimilabile alla inutilizzabilità delle prove vietate, ex art. 191 c.p.p., e non è, pertanto, rilevabile d'ufficio ma solo su eccezione di parte; ciò significa che essa è sostanzialmente assimilabile ad una nullità a regime intermedio, soggetta, in quanto tale, alle condizioni di deducibilità previste dall'art. 182 c.p.p., con la conseguenza che, quando la parte assiste all'atto che si assume viziato, la relativa nullità deve essere dedotta prima che il predetto atto sia compiuto ovvero, ove ciò non sia possibile, immediatamente dopo.

Cassazione penale sez. V, 12 luglio 2010, n. 38420
Gli atti d'investigazione compiuti dopo la scadenza dei termini di indagine preliminare sono utilizzabili nel giudizio abbreviato.

Cassazione penale sez. III, 21 gennaio 2010, n. 8732, D.
L'inutilizzabilità degli atti di indagine eseguiti dopo la scadenza del termine di durata delle indagini preliminari, o di quello eventualmente prorogato, riguarda solo gli atti di indagine compiuti dal p.m. e non è riferibile ad elementi di prova la cui acquisizione sia avvenuta per fatti di terzi, indipendentemente da qualsiasi impulso della pubblica accusa. (Nella specie, si trattava delle denunce sporte da due prostitute contenenti dichiarazioni accusatorie nei confronti del loro sfruttatore, rese quando era ormai scaduto il termine di durata delle indagini preliminari).

Cassazione penale sez. III, 18 novembre 2009, n. 48518, R.
È inammissibile la richiesta di esame del consulente tecnico avente ad oggetto l'accertamento già dichiarato inutilizzabile perché compiuto oltre il termine di durata massima delle indagini preliminari.

GLI APPROFONDIMENTI DOTTRINALI

1) *ISCRIZIONE SOGGETTIVA, INDIZI DI REITÀ DECISIVITÀ DEGLI ATTI INVESTIGATIVI TARDIVI*, in *Cass. pen.* 2009, 11,

4148, nota a Cassazione penale sez. un., 23 aprile 2009, n. 23868

Sommario 1. Premessa. - 2. La contestualità fra iscrizione oggettiva e soggettiva. - 3. L'iscrizione soggettiva successiva all'iscrizione oggettiva: il problema degli indizi di reità. - 4. Il sindacato del giudice sull'iscrizione soggettiva. - 5. Le conseguenze della retrodatazione soggettiva: atti utilizzabili che diventano inutilizzabili e viceversa. - 6. La decisività degli atti d'indagine tardivi: il ricorso "autosufficiente".

1. PREMESSA

Le Sezioni unite, pur in presenza di un ricorso dichiarato inammissibile, affermano che - qualora in ipotesi si ritenesse sindacabile dal giudice la data dell'iscrizione della notizia di reato - la retrodatazione andrebbe ad incidere con l'inutilizzabilità solo sugli atti divenuti tardivi e nella relativa questione sollevata di fronte al giudice di legittimità si dovrebbe spiegare, a pena di inammissibilità del ricorso, il motivo per cui l'atto investigativo tardivo sia decisivo.

Le affermazioni rappresentano - forse - il segnale di come si inizi a prendere atto di una modifica normativa alle porte (1), che riprende sul punto quanto da tempo sostiene la dottrina (2) e qualche isolata sentenza delle sezioni semplici (3).

I dubbi, comunque, saranno definitivamente sciolti fra breve: è stato infatti rimesso alle Sezioni unite un nuovo quesito di identico contenuto (4).

Nel frattempo vale la pena di delineare i passaggi fondamentali che impongono al p.m. l'iscrizione, al fine di verificare se possa o meno essere ammesso un sindacato su tale adempimento formale.

2. LA CONTESTUALITÀ FRA ISCRIZIONE OGGETTIVA E SOGGETTIVA

L'art. 335 c.p.p., nella parte relativa alla c.d. iscrizione soggettiva, appare chiaro là dove precisa che si procede a tale formalità quando risulti "il nome della persona a cui il reato è attribuito". Il pubblico ministero, quindi, deve segnare nel registro delle notizie di reato contro persone note tanto la *notitia criminis*, quanto il soggetto a cui il reato è attribuito. L'adempimento poi - ma lo vedremo nel paragrafo successivo - deve essere preceduto dall'iscrizione nel registro contro ignoti quando l'individuazione del possibile responsabile del fatto non sia contestuale all'acquisizione della notizia di reato.

Tuttavia, l'art. 335 c.p.p. non precisa se l'attribuzione soggettiva presupponga o meno un certo livello probatorio, vale a dire se sia sufficiente l'informazione contenuta in tal senso nella notizia di reato, ovvero se sia necessaria una valutazione da parte del pubblico ministero, il quale, di conseguenza, dovrebbe procurarsi prima alcuni elementi per saggiare la plausibilità dell'indicazione.

Ebbene, ciò che impone la registrazione soggettiva contestuale a quella oggettiva è la semplice presa di conoscenza di un possibile autore, attraverso la relativa indicazione contenuta nella notizia di reato. Il pubblico ministero, pertanto, dovrà prima adempiere all'obbligo formale e solo dopo potrà indagare al fine di saggiare la responsabilità di colui che risulta iscritto (5).

Il criterio indicato risulta essere - e deve essere - il medesimo che governa l'iscrizione della mera notizia di reato: quest'ultima, infatti, non pone problemi di consistenza; non deve essere compiuto alcun "giudizio in fatto" relativo alla "corrispondenza della notizia alla realtà"; la notizia è una mera osservazione, che prescinde da valutazioni fattuali, le quali sono rinviate a dopo la registrazione. Allo stesso modo, l'iscrizione soggettiva presuppone una mera presa di cognizione, una mera osservazione, una mera apprensione (6).

Anche per la notizia soggettiva, tuttavia, si pone il problema del livello di cognizione. E pure qui la regola deve essere la medesima della notizia oggettiva.

Non è invero qualificabile come *notitia criminis* un'informazione da cui si può dedurre solo indirettamente, in via inferenziale, la commissione di un reato; in tal caso vi saranno "sospetti di reato", "indizi di reato", i quali costituiscono solo la base della pre-inchiesta volta ad acquisire una notizia di reato vera e propria: quest'ultima presuppone che gli elementi essenziali del fatto siano rappresentati direttamente.

Parimenti, la notizia di reato che contiene l'indicazione della persona a cui è attribuibile l'illecito penale deve raffigurare l'informazione direttamente: se il dato fosse ricavato in via deduttiva, si potrebbe parlare di "sospettato" di reato, di "indiziato"; questa situazione, certo, legittima una verifica a carico di costui, ma solo al fine di procurarsi la notizia di reato soggettiva (7).

Allora, in tutti i casi in cui la notizia di reato - non importa se qualificata o meno - rappresenti solo in via indiretta il possibile colpevole del fatto, la notizia di reato è contro ignoti; essa va iscritta nel relativo registro, e le indagini vanno avviate anche per individuare il responsabile. Pure per siffatta circostanza risulta utile la disposizione dell'art. 61 c.p.p.: colui che è destinatario di accertamenti finalizzati ad una possibile iscrizione è, quanto a garanzie, persona indagata (8).

3. L'ISCRIZIONE SOGGETTIVA SUCCESSIVA ALL'ISCRIZIONE OGGETTIVA: IL PROBLEMA DEGLI INDIZI DI REITÀ

Dunque, il problema è individuare in che momento si deve effettuare l'iscrizione soggettiva, quando non sia stato possibile procedervi contestualmente a quella oggettiva, perché nella notizia di reato nulla vi era in proposito, ovvero perché vi erano solo indicazioni indirette. In tal caso bisogna verificare se operi la medesima regola - appena analizzata - della mera presa di conoscenza, o se, al contrario, sia necessaria una valutazione in fatto, cioè raggiungere prima un certo *standard* probatorio.

Aperta l'indagine preliminare contro ignoti, si ricerca il colpevole attraverso il compimento degli atti di indagine: sicché l'individuazione di chi ha commesso il fatto è normalmente il frutto di un atto investigativo del procedimento.

Questa ovvia osservazione può essere la base per risolvere il quesito.

Mentre la notizia di reato - intesa come l'atto che veicola all'autorità giudiziaria l'informazione relativa alla commissione di un reato - non è un atto di indagine e, dunque, non è mai utilizzabile come elemento di convincimento del giudice a fini decisori; lo stesso non può dirsi per l'atto d'indagine che dà cognizione dell'autore di un fatto già iscritto nel registro delle persone ignote.

In tal caso l'atto ha una doppia valenza: è notizia di reato soggettiva; è atto investigativo del procedimento in corso. Pertanto esso è utilizzabile sia per l'iscrizione soggettiva, sia per le decisioni che possono essere prese sulla base degli elementi raccolti fuori il contraddittorio.

Tale doppia valenza, però, viene meno in alcuni casi.

L'art. 63, comma 1, c.p.p., vieta l'uso delle dichiarazioni auto-indizianti contro la persona che le ha rese (9). Qui la dichiarazione, rispetto all'autore, è come se fosse solo una notizia di reato soggettiva: può essere impiegata soltanto per l'iscrizione e non già a fini probatori. E di fronte alla sua "inutilizzabilità" è difficile ritenere che la dichiarazione possa essere la base del giudizio di fatto finalizzato all'iscrizione, sembrerebbe contraddittorio affermare che essa possa raggiungere l'eventuale *standard* probatorio necessario a tale scopo.

Lo stesso si può affermare rispetto l'art. 63, comma 2, c.p.p. Qui l'atto, sebbene non possa essere usato contro nessuno, può legittimare l'iscrizione soggettiva qualora contenga delle dichiarazioni etero-accusatorie. Ed anche in tal caso sembrerebbe incoerente sostenere che si può iscrivere contro il terzo solo se le dichiarazioni etero-accusatorie superino una certa soglia di consistenza, visto che esse non potranno mai essere adoperate dal punto di vista probatorio a tal fine.

In definitiva, la regola da applicare nel caso di iscrizione soggettiva successiva a quella oggettiva sembrerebbe la medesima che opera in caso di contestualità fra le stesse: è sufficiente che l'atto di indagine fornisca una mera rappresentazione della responsabilità di taluno, senza necessità di verificare se l'informazione sia o meno vera.

Tuttavia, si pone un ulteriore problema: è necessario che nell'atto di indagine figuri direttamente l'autore del reato, o è sufficiente un'indicazione indiretta in tal senso?

Se si fa un parallelismo rispetto alla notizia di reato, si può constatare che normalmente l'iscrizione oggettiva presuppone la mera conoscenza di fatti riconducibili in via immediata sotto una fattispecie incriminatrice. Solo eccezionalmente, in virtù di esplicite previsioni normative in tal senso (per esempio l'arresto in quasi flagranza o l'attività amministrativa di controllo ai sensi dell'art. 220 disp. coord. c.p.p.), è possibile aprire il procedimento in presenza di meri "indizi di reato", vale a dire di dati da cui solo in via mediata si può ritenere che sia stato commesso un fatto di reato (10). Quindi, in questo contesto, per "indizi di reato" non si intende una valutazione in fatto del quadro probatorio a disposizione, minore di quella che legittima alcune decisioni (ad esempio i gravi indizi di colpevolezza per le misure cautelari); ma, piuttosto, la conoscenza di informazioni da cui si può dedurre, attraverso l'applicazione di massime scientifiche o di esperienza, la realizzazione di un reato. Qui, insomma l'indizio è indicativo della tipologia di notizia di cui si ha la disponibilità; esso corrisponde alla nozione di indizi ex art. 192 c.p.p.: prove indirette da contrapporre, quanto a tipologia, a quelle dirette (11).

Ebbene, sembrerebbe che l'art. 63 c.p.p., rispetto all'art. 335 c.p.p., ponga, dal punto di vista dell'iscrizione soggettiva, la stessa contrapposizione fra regola ed eccezione prevista in tema di iscrizione oggettiva.

Mentre in via generale, l'iscrizione soggettiva non contestuale a quella oggettiva presuppone che un atto di indagine individui direttamente l'autore del fatto, ai sensi dell'art. 63 c.p.p. è doverosa anticipare la registrazione anche alla presenza di meri indizi di reità, cioè indicazioni dalle quali solo indirettamente si può dedurre la stessa informazione.

L'art. 63, comma 1, c.p.p., infatti, impone l'iscrizione nel caso in cui dalle dichiarazioni auto-accusatorie emergano indizi di reità: non è dunque necessario che il dichiarante si accusi del fatto; è sufficiente che dalle sue parole si possa inferire la sua responsabilità.

Non dissimile è la previsione dell'art. 63, comma 2, c.p.p. (12). In tal caso è necessario iscrivere se si decida di sentire una persona che già risulti indirettamente come possibile responsabile del fatto di reato. In pratica la norma, se da una parte sanziona con l'inutilizzabilità assoluta le dichiarazioni rese di chi doveva essere sentito come persona indagata o imputata; dall'altra - e di conseguenza - impone l'iscrizione tutte le volte che si decida di ascoltare una persona che sia già destinataria di indizi di reità.

Ma la stessa regola, ripetiamo, non vale per gli altri atti di indagine il cui risultato permette di individuare un indagato. Qui ritorna il criterio generale dell'art. 335 c.p.p.: l'atto di indagine consente l'iscrizione soggettiva nel momento in cui esso indichi direttamente la persona a cui il reato è attribuito. In presenza di indizi di reità, invece, si può tardare l'adempimento formale: ma in tal caso da una parte è necessario applicare tutte le garanzie in base a quanto dispone l'art. 61 c.p.p.; dall'altra scatta l'obbligo di iscrizione appena si decida di ascoltare l'indiziato.

Va infine sottolineato un dato: un atto di indagine non è qualificabile come elemento di prova né diretta né indiretta quando, sebbene evochi il nome dell'indagato o dell'imputato, non attribuisca a costui la commissione del fatto specifico per cui si sta procedendo. Se dunque viene solo segnalata la possibilità che taluno abbia commesso il fatto, ovvero si rappresenta la responsabilità di qualcuno per un fatto generico, l'atto investigativo non può mai qualificarsi come notizia di reato soggettiva (13).

4. IL SINDACATO DEL GIUDICE SULL'ISCRIZIONE SOGGETTIVA

Alla luce delle considerazione svolte, emerge il seguente quadro.

L'iscrizione soggettiva (quando non è contestuale a quella oggettiva) è doverosa in tre casi:

i) quando un atto di indagine rappresenta direttamente la responsabilità di un soggetto;

ii) quando una persona rende dichiarazioni auto-indizianti;

iii) quando l'autorità procedente raccoglie dichiarazioni da chi sia già indiziato di reato.

L'iscrizione soggettiva può essere "ritardata" in presenza di indizi di reità a carico di taluno: ma da questo momento vanno comunque applicate le garanzie attribuite all'indagato ai sensi dell'art. 61 c.p.p. Il ritardo è legittimo, però, solo a condizione che non si protragga oltre il momento in cui si decida di ascoltare l'indiziato.

Di conseguenza, se il giudice potesse sindacare la correttezza della data dell'iscrizione soggettiva:

a) in prima battuta dovrebbe accertare se esista un atto di indagine qualificabile come prova diretta a carico dell'indagato o dell'imputato precedente alla data di iscrizione;

b) qualora però risultino solo elementi indiretti, dovrebbe anche verificare se l'indagato o l'imputato sia stato ascoltato prima dell'iscrizione;

c) qualora infine non costi alcun elemento probatorio a carico dell'indagato o dell'imputato, dovrebbe controllare se costui abbia rilasciato agli investiganti dichiarazioni auto-indizianti prima dell'iscrizione.

In tal modo si garantirebbe chicchessia dal non essere iscritto automaticamente per il semplice motivo che vi siano elementi di prova indiretti nei suoi confronti. Giacché di fronte a questa situazione spetterà al p.m. valutare quando avviare l'inchiesta soggettiva. L'ampia discrezionalità, però, viene meno nel momento in cui si decida di sentire la persona indiziata. Qui l'iscrizione diventa obbligatoria e il giudice può sindacare la tempestività dell'iscrizione senza impadronirsi delle scelte investigative del p.m.

Tuttavia non si profila il rischio di eludere l'obbligatorietà dell'azione penale, né di raggirare i tempi investigativi.

Quando, infatti, si chiede l'archiviazione contro ignoti, il giudice può ordinare l'iscrizione allorché ritenga che vi siano elementi di prova a carico di taluno che non legittimano l'inazione. Di contro però, un soggetto non sarà destinatario di un provvedimento di archiviazione nel caso in cui emergano solo elementi di secondo grado nei suoi confronti, che non siano ritenuti né da p.m. né dal giudice meritevoli di approfondimenti.

In ogni caso, poi, ai sensi dell'art. 61 c.p.p., chi è oggetto di verifiche finalizzate solo ad un'eventuale iscrizione è tutelato dall'applicazione delle stesse garanzie che spettano a colui che già è stato iscritto.

Infine, poiché l'indagine preliminare contro ignoti è sottoposta a termini di durata, l'elusione dell'iscrizione soggettiva non può comunque essere il mezzo attraverso cui assoggettare qualcuno ad un'inchiesta nella sostanza a tempo indeterminato. La prima fascia d'indagine, come la seconda, è colpita da inutilizzabilità per tardività?(14).

5. LE CONSEGUENZE DELLA RETRODATAZIONE SOGGETTIVA: ATTI UTILIZZABILI CHE DIVENTANO INUTILIZZABILI E VICEVERSA

Se si ammettesse la possibilità per il giudice di sindacare la correttezza della data dell'iscrizione soggettiva, si produrrebbero delle conseguenze assai più complesse di quanto a prima vista potrebbe sembrare. La retrodatazione, infatti, non solo imporrebbe di qualificare sempre come inutilizzabili gli atti investigativi divenuti tardivi, ma a certe condizioni legittimerebbe anche l'effetto inverso (atti *ab origine* invalidi che diventano validi).

i) Come è noto, le indagini svolte a carico di qualcuno in assenza di qualsivoglia iscrizione non possono essere adoperate nel processo perché appartengono alla fase pre-procedimentale finalizzata alla ricerca della notizia di reato (15). Se però si consentisse la retrodatazione, tale fase andrebbe riqualificata in indagine preliminare: qui pertanto gli atti della pre-inchiesta dal regime dell'inutilizzabilità transiterebbero a quello dell'utilizzabilità; mentre gli atti dell'indagine preliminare diventati tardivi seguirebbero il percorso inverso.

ii) Se, invece, si è già proceduto all'iscrizione contro ignoti, l'eventuale retrodatazione si ripercuoterebbe solo sulle indagini tardive: quello che è stato raccolto prima dell'iscrizione soggettiva rimane utilizzabile in quanto materiale dell'inchiesta contro ignoti (16).

Tuttavia, la possibilità di anticipare, in virtù del sindacato giurisdizionale, la data di apertura dell'indagine soggettiva consentirebbe di salvare alcuni atti compiuti oltre i termini dell'inchiesta contro ignoti. Quanto è stato reperito dopo che era doveroso iscrivere il nome dell'indagato, infatti, diventerebbe utilizzabile: se pur tardivo rispetto alla prima fase investigativa, risulterebbe invece tempestivo rispetto alla seconda.

iii) Infine, può accadere che un procedimento in corso a carico di una persona nota, venga "allargato" anche ad un nuovo indagato attraverso una nuova iscrizione (17).

In tal caso la retrodatazione, se rende sicuramente inutilizzabili gli atti divenuti tardivi, non incide viceversa su quelli compiuti durante la precedente inchiesta. Quest'ultima, rispetto al nuovo indagato, è come se fosse la fase dell'indagine contro ignoti: sicché il materiale raccolto fra la vecchia e nuova iscrizione continua ad essere fruibile.

Pure qui, però, si può ipotizzare la riqualificazione di atti invalidi in atti validi: se il primo segmento investigativo è durato più a lungo del dovuto, la retrodatazione opera secondo il meccanismo appena analizzato relativo all'indagine contro ignoti tardiva.

6. LA DECISIVITÀ DEGLI ATTI D'INDAGINE TARDIVI: IL RICORSO "AUTOSUFFICIENTE"

In via generale, in ogni procedimento decisionale del giudice è necessario distinguere due fasi: la "valutazione" delle prove, il loro "uso" (18).

La valutazione indica l'attività interpretativa del giudice: egli pesa la prova, ne verifica i risultati conoscitivi, nonché la spendibilità di questi ultimi alla luce di alcuni particolari divieti di utilizzazione.

L'uso, invece, indica la scelta del giudice di servirsi della prova per fondare il dispositivo.

La distinzione risulta assai utile: mentre in alcuni casi il giudice non deve assolutamente valutare la prova (quando era inammissibile o quando è stata male acquisita); in altri egli può e deve valutarla, poiché solo se compie questa operazione preliminare è in grado di verificare se e come possa eventualmente impiegare il dato probatorio nella decisione (verifica cioè se il risultato della prova è utilizzabile in tutto o in parte in virtù dei legalismi probatori negativi) (19).

E non solo: nella motivazione di qualsiasi decisione è possibile distinguere due categorie di prove: quelle "valutate" e quelle "usate". La prima classe comprende le prove menzionate nell'atto, la seconda quelle che ne fondano il dispositivo.

Le prove usate, quindi, non sono tutte le prove ritenute coerenti ai fatti primari o secondari accolti dalla decisione, ma, più limitatamente, solo quelle che il giudice direttamente o indirettamente ha qualificato nella motivazione come decisive a tal fine.

Le prove valutate, invece, sono di due specie. Sono quelle che avvalorano la decisione e che dunque hanno la medesima direzione probatoria delle prove che fondano il dispositivo, ma che tuttavia sono menzionate nella motivazione al solo fine di corroborare la determinazione adottata dal giudice. Sono valutate, inoltre, le prove contraddittorie alla decisione adottata: di esse si dà conto in motivazione per escludere la plausibilità delle tesi contraddittorie al dispositivo assunto.

La bipartizione tratteggiata non è oziosa: l'annullamento della decisione per inutilizzabilità presuppone che le prove siano state usate e non già solo valutate (20).

In questo senso, dunque, vanno interpretate le locuzioni "prova decisiva" e "giudizio di resistenza".

Per l'annullamento di una decisione in Cassazione è necessario che la prova sia decisiva: essa deve essere stata usata e non già solo valutata.

Per qualificare la prova come decisiva bisogna compiere il c.d. giudizio di resistenza: eliminare mentalmente la prova illegittimamente usata per vedere se la decisione adottata sia o meno giustificata senza di essa. Ma il giudizio di resistenza non autorizza un nuova ponderazione del quadro probatorio residuante a seguito della eliminazione mentale. Si tratta invece di un giudizio meccanico: appurare in concreto se nella motivazione vi siano o meno altre prove sulle stesso "tema probatorio" considerate dal giudice di merito (e non dalla Corte di legittimità) decisive di per sé e non già in combinazione con la prova che si assume illegittima.

E siffatta valutazione deve fin da subito prospettarla la parte nei motivi del ricorso. Per le Sezioni Unite in commento, infatti, il ricorso è inammissibile per genericità dei motivi: se la parte non indica la prova inutilizzabile; se non trascrive o allega il relativo verbale; se non spiega per quale motivo la prova è decisiva, vale a dire se non indica il percorso argomentativo che porta ad esito negativo il giudizio di resistenza.

L'assunto - già consolidato sia in tema di vizio della motivazione (21) che in tema di *error in procedendo*(22) - conferma la tendenza ad utilizzare, se pur in un senso del tutto diverso, il principio civilistico dell'autosufficienza: il ricorso va dichiarato inammissibile se non è "autosufficiente" (23).

In tema di tardività degli atti investigativi, poi, il ricorso autosufficiente impone ulteriori oneri: è necessario allegare sia l'atto che certifichi la data di iscrizione, sia, ma solo qualora si richieda anche la retrodatazione, l'atto di indagine che imponeva l'iscrizione soggettiva, giustificandone la ragione.

Quanto al primo adempimento, è opportuno segnalare quanto segue. Mentre esso è agevole da quando viene depositato il fascicolo delle indagini preliminari, risulta più complesso prima di tale momento, perché l'accesso alla data di iscrizione è allora consentito solo attraverso la procedura di cui all'art. 335 c.p.p.

In relazione al secondo adempimento, invece, va precisato un dato. L'inutilizzabilità dell'atto investigativo tardivo dipende in questo caso da un precedente atto d'indagine, quello a decorrere dal quale si doveva procedere ad iscrizione. Per questo motivo esso deve essere allegato: l'inutilizzabilità si basa sulla sua qualificazione. Nel ricorso, però, non va indicata la sua consistenza probatoria, ma, piuttosto, il suo contenuto e la sua tipologia: si deve trattare di un elemento di prova che accusi l'indagato o l'imputato direttamente, ovvero, in presenza della fattispecie di cui all'art. 63 c.p.p., indirettamente.

NOTE

(1) D.d.l. Senato n. 1140/2009 di iniziativa governativa.

(2) ADORNO, *Decorrenza del termine per le indagini preliminari e sanzione di inutilizzabilità* ex *art. 407, comma 3, c.p.p.*, in *questa rivista*, 1996, p. 3719; APRATI, *Intorno alla sindacabilità dell'immediatezza nell'iscrizione della notizia di reato e del nominativo dell'indagato, ivi*, 2005, p. 1329 ss; G. CONTI, *La chiusura delle indagini preliminari, ivi*, 1989, p. 850; GAITO, *L'iscrizione della notizia di reato tra diritto scritto e diritto vivente. Materiale d'esercitazione per un corso di procedura penale*, Cedam, 1995, p. 53 s.; ICHINO, *Alcuni spunti di riflessione sul tema delle indagini preliminari*, in *Riv. it. dir. proc. e pen.*, 1993, p. 668; MARANDOLA, *I registri del pubblico ministero*, Cedam, 2002, p. 297 ss.; MONACO, *Ritardata iscrizione della notizia di reato:* quid iuris?, in *Giur. it.*, 2000, c. 1462 ss.; UBERTIS, *Non a termini astratti ma garanzie nel contraddittorio*, in *Questione giustizia*, 1992, p. 484.

(3) Sez. V, 8 ottobre 2003, Liscai, in *questa rivista*, 2005, p. 1327, con nota di APRATI, cit.; Sez. V, 21 settembre 2006, Boscarato, in *C.E.D. Cass.*, n. 236029.

(4) La Sesta sezione a rimesso il procedimento 14547/2009 di fronte alle Sezione unite.

(5) APRATI, *La notizia di reato*, in *Trattato di procedura penale*, diretto da Spangher, IV, Utet, 2009, p. 63 ss.

(6) APRATI, *La notizia di reato*, cit., p. 10 ss.

(7) Cfr. MARANDOLA, *I registri*, cit., p. 230 ss.

(8) CORDERO, *Procedura penale*, VIII ed., Giuffrè, 2006, p. 235 s.; DOMINIONI, sub *art. 61*, in *Commentario del nuovo codice di procedura penale*, diretto da Amodio-Dominioni, Giuffrè, 1990, p. 389 s.

(9) Sul tema v. DOMINIONI, sub *art. 63*, in *Commentario*, cit., p. 398 ss.; KOSTORIS, sub *art. 63*, in *Commento al nuovo codice di procedura penale*, diretto da Chiavario, Utet, 1989, p. 320 ss.

(10) APRATI, *La notizia di reato*, cit., p. 11 ss. Sulla funzione "euristica" delle massime di esperienza cfr. TARUFFO, *Considerazioni sulle massime d'esperienza*, in *Riv. trim. dir. civ.*, 2009, p. 560 ss.

(11) *Contra*, DOMINIONI, sub *art. 61*, cit., p. 391 s. Certo, non si può negare che l'art. 192 c.p.p. contempli anche una sorta di *standard* probatorio: ma solo dopo che si qualifica una prova come indiziaria, si può verificare se essa possa essere impiegata perché grave precisa e concordante. In ogni caso, poi, l'art. 63 c.p.p. non connota con alcuna previsione gli indizi di reità, non richiede che siano sufficienti, gravi, concordanti.

(12) Sul tema v. DOMINIONI, sub *art. 63*, cit., p. 398 ss.; KOSTORIS, sub *art. 63*, cit., p. 320 ss.

(13) In questo senso va interpretata la decisione in commento, là dove afferma che non rilevano ai fine dell'art. 63 c.p.p. eventuali sospetti od intuizioni personali dell'interrogante; o Sez. IV, 21 febbraio 2001, Lo Giudice, in *C.E.D. Cass.*, n. 219871, quando esclude la ricorrenza di indizi in presenza di vaghi e generici sospetti; ovvero Sez. I, 29 gennaio 2002, Pascali, in *questa rivista*, 2003, p. 333, con nota di MENNUNI, *Portata e limiti dell'art. 63 c.p.p. Le dichiarazioni rese da persone meramente coinvolte nei fatti. Reato addebitabile a tempi*, dove sostiene che la condizione non può automaticamente farsi derivare dal solo fatto che i dichiaranti risultino essere stati in qualche modo coinvolti in vicende potenzialmente suscettibili di dar luogo alla formulazione di addebiti penali a loro carico, occorrendo invece che tali vicende, per come percepite dall'autorità inquirente, presentino connotazioni tali da non poter formare oggetto di ulteriori indagini se non postulando necessariamente l'esistenza di responsabilità penali a carico di tutti i soggetti coinvolti o di taluni di essi.

(14) Sez. VI, 12 dicembre 2002, p.m. contro ignoti, in *questa rivista*, 2003, p. 1486. In senso critico su tale scelta legislativa, CAPRIOLI, *Nuovi epiloghi della fase investigativa: procedimento contro ignoti e avviso di conclusione delle indagini*, in *Il processo penale dopo la riforma del giudice unico*, a cura di Peroni, Cedam, 2000, p. 253.

(15) Cfr. APRATI, *La notizia di reato*, cit., p. 33 ss.

(16) Questa è proprio l'ipotesi della sentenza Liscai, cit.

(17) La sentenza delle Sezioni unite in commento si occupa, fra l'altro, di una siffatta ipotesi.

(18) Cfr. CALAMANDREI, *La genesi logica della sentenza civile*, in *Opere giuridiche*, I, Morano Editore, 1965, p. 20 ss.; CORDERO, *Tre studi sulle*

prove penali, Giuffrè, 1963, p. 42 ss.

(19) APRATI, *Prove contraddittorie e testimonianza indiretta*, Cedam, 2007, p. 79 ss.

(20) Cfr. CAPONE, *Il principio di decisività dei vizi della sentenza nel controllo della Corte di cassazione*, in *questa rivista*, 2004, p. 1479; GALANTINI, *L'inutilizzabilità della prova nel processo penale*, Cedam, 1992, p. 12.

(21) Cfr., per esempio, Sez. VI, 11 gennaio 2007, Lussana, in *C.E.D. Cass.*, n. 235734.

(22) Cfr., per esempio, Sez. V, 15 giugno 2008, Rizzo, in *C.E.D. Cass.*, n. 241300/01.

(23) Cfr. FERRUA, *Cassazione, quei ricorsi "autosufficienti"*, in *Dir. e giust.*, 2006, p. 52 s.

2) **L'attuale disciplina non consente di sindacare le tardive iscrizioni nel registro delle notizie di reato**, in *Cass. pen.*, **2010, 523, nota a Cassazione penale, sez. un., 24 settembre 2009, n. 40538**

Sommario 1. La questione. - 2. I precedenti. - 3. La decisione. - 4. La lacuna normativa. - 5. Le prospettive de iure condendo: il d.d.l. 1440/S.

1. LA QUESTIONE

"Terreno adatto alle schermaglie tecniche" (1) quello delle conseguenze dei ritardi del pubblico ministero nell'iscrizione del nome del soggetto sottoposto alle indagini nel registro delle notizie di reato e le Sezioni unite della Corte di cassazione vi intervengono per sanare l'insorto contrasto giurisprudenziale.

La questione sottoposta alle Sezioni unite era così sintetizzabile: se la tardiva iscrizione del nome dell'indagato nel registro delle notizie di reato consenta al giudice di rideterminare la data in cui si sarebbe dovuto iscrivere e quali conseguenze ne derivino in tema di utilizzabilità degli atti d'indagine compiuti oltre la scadenza del termine di durata massima delle indagini in tal modo ridefinita e nell'intervallo temporale intercorrente fra nuova e vecchia iscrizione.

La materia (2) coinvolge le fondamenta dell'esercizio dell'azione penale e, conseguentemente, dell'intero procedimento penale. L'iscrizione di una *notitia criminis* nel registro delle notizie di reato o la sua eventuale successiva formale soggettivizzazione individua, infatti, il *dies a quo* del termine di durata massima delle indagini preliminari (art. 405, comma 2, c.p.p.) (3) e su tale durata è parametrata l'ampiezza del materiale investigativo da porre legittimamente a fondamento della richiesta di rinvio a giudizio del pubblico ministero e della decisione del giudice dell'udienza preliminare (art. 407, comma 3, c.p.p.).

L'indicazione normativa fornita nell'art. 405, comma 2, c.p.p. è estremamente netta nello statuire che il termine per concludere le indagini preliminari decorre "dalla data in cui il nome della persona alla quale è attribuito il reato è iscritto nel registro delle notizie di reato", iscrizione che deve avvenire "immediatamente [...] dal momento in cui risulta" il nome stesso (art. 335, comma 1, c.p.p.). La questione sottoposta alla Corte di cassazione, nella sua più autorevole composizione, riguarda i non infrequenti casi di ritardi nelle iscrizioni (4), sia nella versione più ampia di ritardata iscrizione, insieme al nome, della stessa *notitia criminis* nel suo complesso sia in quella più comune d'inerzia solo relativa perché inerente esclusivamente alla qualificazione soggettiva di una notizia di reato iscritta ancora contro ignoti o, comunque, a carico di non tutti i possibili autori del fatto, ipotesi "indubbiamente più allarmante" (5) per il conseguente dilatarsi dei tempi d'indagine.

2. I PRECEDENTI

La fluidità dei confini operativi delle iniziative del pubblico ministero all'esordio di ogni indagine penale, dovuta principalmente all'assenza di una esplicita definizione normativa di "notizia di reato" (6), si evidenziò fin dalle prime applicazioni del codice (7) e il contrasto interpretativo fu subito fra due antitetiche ricostruzioni (come compiutamente ricostruito anche dalla pronuncia in commento).

Da un lato, una più seguita lettura formalistica del dato normativo che concedeva rilievo processuale esclusivo alle sole opzioni del pubblico ministero, facendo decorrere il termine di durata massima delle indagini preliminari dalla data "dell'effettiva annotazione nel registro" (8) del nome del sottoposto alle indagini e non, invece, dalla presunta data nella quale il pubblico ministero avrebbe dovuto compierla. Radicalmente escluso era, così, ogni spazio per postume ingerenze giurisdizionali sulla tempestività delle iscrizioni nei registri conservati presso la Procura della Repubblica e, conseguentemente, che "dall'eventuale ritardo consegu[isse] alcuna sanzione di natura processuale, pur potendone derivare sanzioni di natura disciplinare od anche penale, in base al disposto dell'art. 124 c.p.p." (9). Inammissibile andava qualificata, pertanto, "l'impugnazione dell'attività o inattività dell'autorità procedente relativamente alla iscrizione della notizia di reato nel registro previsto dall'art. 335 c.p.p." (10).

Dall'altro lato, si contrapponeva l'opposta e minoritaria impostazione sostanzialistica che legittimava il giudice a sostituire, *a posteriori*, una propria valutazione a quella dell'organo investigativo, attribuendogli il potere di "individuare il termine iniziale del tempo utile entro il quale il pubblico ministero poteva svolgere le indagini - ossia il momento in cui la notizia di reato poteva e doveva essere annotata sul registro - e ritenere l'inutilizzabilità degli atti d'indagine compiuti oltre il tempo stabilito" (11). Una soluzione questa che sembrava confortata dal rilievo che la ritardata iscrizione nel registro di cui all'art. 335 c.p.p., "in presenza di una inequivoca situazione che la impone, non preclude alla persona interessata di assumere la qualifica di indagato con i relativi diritti e le conseguenze, nel caso di violazione" (12), secondo quanto espressamente sottolineato nella Relazione al progetto preliminare del codice, ove l'estensione delle garanzie previste per l'imputato viene svincolata, fra l'altro, proprio dall'iscrizione della notizia di reato nel registro previsto nell'art. 335 c.p.p. (13). La portata di tale opzione interpretativa veniva, comunque, attenuata dal rilievo che a giustificare gli interventi censori del giudice potessero essere esclusivamente ritardi qualificabili come "abnormi e ingiustificati", "posto che il concetto di "immediatezza" non implica la rigidità di un termine correlato a ore o a giorni" (14). Pur se non possono negarsi la difficoltà e la contraddittorietà insite in un tentativo di riempimento contenutistico dell'avverbio "immediatamente", utilizzato nell'art. 335 c.p.p. e solo formalmente puntuale (15), con parametri anch'essi privi di ogni specificità e caratterizzati, invece, da estrema vaghezza e, pertanto, non controllabilità, quali abnormità e ingiustificatezza (16).

Non sono mancati, inoltre, tentativi di superamento e mediazione rispetto a tali impostazioni giurisprudenziali che provassero a far riferimento, quale unica strada praticabile in terreni così accidentati, all'individuazione di termini di raffronto di natura obiettiva. Obiettività che è stata ricercata, innanzitutto, nella data di effettiva conoscenza della notizia del reato e del nome del suo possibile autore (17). Ciò che, tuttavia, può rivelarsi di non arbitraria individuazione esclusivamente per le notizie di reato qualificate, delle quali viene formalmente documentata la data di presentazione o trasmissione presso la Procura della Repubblica, o nei casi di arresto in flagranza di reato (18); mentre nelle ipotesi in cui l'iscrizione consegua a notizie non pervenute "a bordo" dei veicoli tipici (denuncia, querela, istanza, richiesta, referto, comunicazione della polizia giudiziaria), ma altrimenti raccolte, "l'adempimento è poco controllabile" (19).

Altro possibile elemento di oggettività è stato individuato nel primo atto formale d'indagine (20) che, pienamente utilizzabile, rappresenterebbe proprio il *dies a quo* del termine per le indagini preliminari. Non ogni atto d'indagine, però, riesce sempre a far trasparire in maniera inequivocabile la propria destinazione soggettiva. Ciò può dirsi esclusivamente per le limitazioni della libertà personale (21), mentre solo in parte per i mezzi di ricerca della prova, giacché ispezioni, perquisizioni, sequestri e intercettazioni (22) possono ben coinvolgere pure soggetti estranei al procedimento e il ricorso a essi, pertanto, non è di per sé necessariamente indicativo di un'indiscutibile emersione di chiari e specifici elementi indizianti a carico di un determinato soggetto.

Il conflitto, comunque, era stato risolto, anche se solo implicitamente, dalle Sezioni unite che, pur investite per affrontare diversa questione, in un importante *obiter dictum* avevano optato per la maggioritaria lettura formalistica del combinato disposto degli artt. 335 e 405, comma 2, c.p.p., statuendo che il ravvisarsi dei presupposti e, conseguentemente, "della tempestività dell'iscrizione [...] rientra nell'esclusiva valutazione discrezionale del pubblico ministero ed è sottratto, in ordine all'*an* e al *quando*, al sindacato del giudice, ferma restando la configurabilità di ipotesi di responsabilità disciplinari o addirittura penali nei confronti del pubblico ministero negligente" (23).

Un riconoscimento di piena discrezionalità nelle scelte del pubblico ministero e un passo indietro della giurisdizione nella sua essenziale funzione di garanzia e controllo, rispetto a cui si è significativamente parlato di "vicenda "abolitiva"" (24), da inserire in un vasto fenomeno di decodificazione, frutto di una giurisprudenza creativa della Corte costituzionale e della Corte di cassazione che hanno immesso "nel sistema principi o norme incompatibili con il suo assetto" (25).

L'autorevole arresto fornito dalle Sezioni unite si inseriva in un filone interpretativo formalistico prevalente che ha continuato a rimaner tale (26). Il contrasto, tuttavia, si è subito ripresentato (27), riscontrandosi pure decisioni in linea con la diversa opzione sostanzialistica, che riconosce la facoltà del "giudice di rideterminare il termine iniziale delle indagini, in riferimento al momento in cui si sarebbe dovuta iscrivere la notizia di reato" (28), con conseguente inutilizzabilità delle indagini finali tardive, ma, comunque, piena "utilizzabilità di quelle svolte prima della iscrizione" (29), senza che l'accertamento giudiziale sia censurabile in sede di legittimità, se sorretto da congrua e logica motivazione (30).

Il riproporsi di una situazione d'incertezza interpretativa aveva, allora, portato nuovamente la questione innanzi alle Sezioni unite della Corte di cassazione, per la prima volta investite espressamente della soluzione del contrasto ai sensi dell'art. 618 c.p.p. (31). La rimessione al più ampio consesso della Corte di cassazione non sortiva, tuttavia, l'effetto sperato, scaturendone una sentenza che concludeva per "la genericità, e perciò la inammissibilità del motivo" di ricorso inerente proprio al ritardo nelle iscrizioni, per non aver il ricorrente allegato e chiarito "quali atti sarebbero stati posti in essere a termini scaduti [...] e sarebbero, quindi, da considerare inutilizzabili; e se e quale incidenza essi abbiano avuto sul complessivo compendio indiziario valutato ed apprezzato dal giudice". Condizionata, infatti, dal dover censurare l'irritualità dei motivi di ricorso (32), la Corte capovolgeva il più naturale ordine logico dei temi da affrontare, esaminando in primo luogo direttamente la questione degli effetti, sull'utilizzabilità degli atti compiuti, di un'eventuale retrodatazione delle iscrizioni di competenza del pubblico ministero ad opera del giudice, per nulla data per scontata. L'asserita genericità dell'apparato motivazionale del ricorso evitò, cioè, un'esplicita presa di posizione delle Sezioni unite sul tema delle possibili ingerenze dell'organo giurisdizionale sulle opzioni investigative del pubblico ministero. In assenza del prospettato vizio del ricorso, infatti, una più lineare progressione logica avrebbe dovuto collocare in posizione pregiudiziale la risposta a tale ultimo quesito, giacché solo un riscontro affermativo rispetto ad esso avrebbe attribuito rilievo pratico alla cernita degli atti utilizzabili rispetto a quelli che le eventuali "cattive" scelte del pubblico ministero sottrarrebbero all'orizzonte valutativo del giudice.

La massima composizione della Corte di cassazione, tuttavia, lasciò trasparire fra le righe - "quasi a non voler mortificare del tutto la propria funzione nomofilattica" (33), intimamente legata all'esigenza di prevedibilità delle decisioni - un'interpretazione lontana da ogni colpo di scena e fermamente attestata sul citato orientamento maggioritario e, in particolare, sulla precedente lettura fornita, quasi un decennio prima, dalla stessa composizione dell'organo di legittimità: in un sistema basato sulla tassatività delle sanzioni processuali, il giudice è privo del potere di rimodulare i tempi delle indagini, saldamente nelle mani del pubblico ministero.

Ma pure un'eventuale diversa ermeneutica che riconoscesse al giudice la facoltà di retrodatazione dell'iscrizione non potrebbe avere efficacia demolitoria nei confronti degli atti compiuti prima della formale iscrizione, giacché - e sul punto le Sezioni unite da ultimo citate si esprimono in maniera esplicita - soccorrerebbe in proposito il chiaro disposto dell'art. 407, comma 3, c.p.p. che sancisce l'inutilizzabilità esclusivamente degli atti "tardivi", compiuti, cioè, "a valle" delle indagini e non anche di quelli "anticipati", compiuti "a monte" delle stesse.

3. LA DECISIONE

L'essersi le Sezioni unite pronunciate sulla possibile rimodulazione dei tempi delle indagini solo indirettamente, rendeva necessario un intervento nomofilattico *ex professo* sul tema. Opportunamente, pertanto, lo stesso giorno in cui veniva depositata la motivazione di tale ultima sentenza, la sesta sezione penale evidenziava nuovamente il contrasto giurisprudenziale non risolto, rimettendo ancora una volta la questione alle Sezioni riunite (34).

La pronuncia in commento ha, così, finalmente la possibilità di affrontare in maniera diffusa e articolata "l'intera tematica che ruota attorno alla disciplina dei termini delle indagini preliminari" e alla correlativa sanzione d'inutilizzabilità degli atti d'indagine compiuti dopo la loro scadenza, nonché, quale logico presupposto, la fondamentale questione dell'assenza di una nozione normativa di notizia di reato e della sua ""fluidità" definitoria". Ancora una volta la scelta ermeneutica preferita non riserva sorprese, escludendosi ogni possibile ingerenza giurisdizionale sulle iscrizioni nel registro delle notizie di reato, terreno riservato alle iniziative esclusive del pubblico ministero, "non solo in relazione all'*an*, ma anche rispetto al *quid* - l'iscrizione riguarda, infatti, "ogni" notizia di reato - ed al quando". Iniziative che si postula debbano prescindere da ogni cifra di discrezionalità, giacché "il compito del pubblico ministero [...] è quello - in teoria, del tutto "neutro" - di "riscontrare" l'esistenza dei presupposti normativi che impongono l'iscrizione". Precisazione che spinge le Sezioni unite a "bacchettare" quelle pronunce che evidenziano l'ineliminabile presenza di spazi di discrezionalità per il pubblico ministero nell'individuazione dell'attimo di configurazione nella *notitia criminis*, discrezionalità che, se formalmente riconosciuta, diverrebbe "difficilmente compatibile - anche sul versante dei valori costituzionali coinvolti - con la totale assenza di qualsiasi controllo giurisdizionale". Salvo, poi, a dover subito riconoscere - abbandonando il fragile piano del dover essere normativo per scendere al più concreto livello dell'essere giurisprudenziale - "la vaghezza [...] dei parametri identificativi del "momento" di insorgenza dell'obbligo di procedere agli adempimenti previsti dall'art. 335 c.p.p. [...] per certi aspetti ineludibile". Una discrezionalità in capo al pubblico ministero è, cioè, "del tutto inaccettabile, ove non parametrat[a] sulla falsariga di rigorosi presupposti, sindacabili e controllabili in sede giurisdizionale". Ma, a ben vedere, e la Corte non manca di evidenziarlo, è proprio l'assenza di tali rigorosi parametri, per l'inesistenza di "una definizione normativa di ciò che è "notizia di reato"", a orientare in chiave pericolosamente discrezionale l'operato investigativo del pubblico ministero che nella sua fase genetica incide su "un'area, tutta da perscrutare sul piano contenutistico". Una discrezionalità, quindi, se non fisiologica, indotta, comunque, da un generico dettato normativo.

Il rigore della disciplina dei termini di durata massima delle indagini preliminari di cui agli artt. 405 ss. c.p.p. (35), pertanto, nonostante la rigida previsione di chiusura contenuta nell'art. 407, comma 3, c.p.p., che si esprime in termini di assoluta inutilizzabilità degli atti tardivamente compiuti, viene significativamente attenuato dall'elasticità di un *dies a quo* difficilmente individuabile non solo *ad horam*, ma spesso neppure *ad diem*(36) e che, comunque, non risente processualmente neanche di ritardi qualificabili come abnormi (37). L'attività investigativa del pubblico ministero patisce un limite fondamentale e invalicabile nel rispetto della durata massima normativamente predeterminata, ma la collocazione nel tempo di tale segmento del procedimento non è immune dalle determinazioni dell'organo dell'accusa, che ha la possibilità di far scivolare in avanti, posticipandolo, il formale momento dell'iscrizione nel registro.

4. LA LACUNA NORMATIVA

L'opzione volta a escludere ogni ingerenza giurisdizionale sulla tempistica delle indagini preliminari fatta propria dalle Sezioni unite può definirsi in parte vincolata - e prevedibile - per l'assenza di un'espressa disposizione normativa in tal senso e conseguentemente di un'esplicita comminatoria d'invalidità che sanzioni processualmente le irrituali iniziative del pubblico ministero (38), nonché di una formale definizione di notizia di reato in grado di fungere da puntuale parametro per la determinazione del momento in cui "meri sospetti" a carico di una persona si trasfigurino in "specifici elementi indizianti" (39), gli unici in grado di legittimare iscrizioni che si qualifichino "in termini di ragionevole determinatezza" (40).

Una valutazione affidata esclusivamente al pubblico ministero implica, tuttavia, il rischio di un arbitrario esercizio della stessa che sfoci fin nell'abuso. Diviene, pertanto, inevitabile - costituendo, al tempo stesso, momento di estrema debolezza del sistema - l'affidamento al senso di lealtà e correttezza dell'organo investigativo (*ex* art. 124 c.p.p.) (41), rivelandosi in concreto, salvi casi eccezionali, di difficile dimostrabilità una responsabilità in chiave penale o anche solo disciplinare (42). Il rispetto di una previsione - il termine massimo di durata delle indagini - posta quale invalicabile limite all'esercizio degli invasivi poteri investigativi rimane, così, contraddittoriamente abbandonato nelle stesse mani di chi tale potere esercita e in tale previsione dovrebbe rinvenire un argine alle proprie iniziative (43).

Difficilmente, inoltre, una tale lacuna sarebbe superabile in sede d'interpretazione sistematica. L'esplicita indicazione normativa in materia di indagini preliminari è, infatti, nel senso di affidarne il governo al pubblico ministero in posizione di *dominus* esclusivo, limitando le possibili interferenze esterne, che riguardino l'investigazione in quanto tale - prescindendo, cioè, dagli interventi giurisdizionali di garanzia nel settore delle limitazioni delle libertà personali e di comunicazione o dell'anticipata acquisizione probatoria -, al controllo e alla valutazione dei risultati finali delle indagini (44). In tale panorama, gli innesti giurisdizionali che vadano oltre il binomio accoglimento-rigetto delle richieste di proroga dei termini d'indagine, di archiviazione o di rinvio a giudizio si connotano in chiave di garanzia rispetto alle possibili inerzie del pubblico ministero da colmare attraverso l'intervento del giudice, che aggiunga le proprie valutazioni a quelle dell'organo dell'accusa, imponendo nuove indagini o l'iscrizione di nuovi nomi già emersi dalle indagini, ma la cui presenza nelle stesse non sia stata ancora certificata nel registro delle notizie di reato. A una diversa *ratio* di sostituzione risponde, invece, l'attribuzione al giudice di un potere d'intervento *expost* per sovrapporre proprie "postume congetture" (45) a quelle di chi ha condotto le indagini.

La conseguenza di tale realtà operativa, tuttavia, è la legittimazione di prassi distorte che spingano il pubblico ministero a indugiare in indagini a carico di ignoti o che, comunque, contemplino solo soggetti differenti da quello in realtà già individuato, ma il cui nominativo non sia ancora iscritto, posticipandone l'ingresso nel procedimento, senza che l'attività degli investigatori subisca alcun pregiudizio in termini di utilizzabilità dei risultati delle indagini compiute prima della completa soggettivizzazione delle iscrizioni e senza, pertanto, una partecipazione, ove consentito, del reale sottoposto alle indagini. Quando, invece, a mancare sia in maniera più radicale ogni iscrizione nel registro delle notizie di reato, agendosi nella fase pre-procedimentale di ricerca delle notizie di reato di cui all'art. 330 c.p.p., il pubblico ministero, pur dovendo rinunciare al ricorso agli strumenti investigativi tipizzati dal codice di procedura penale, potrebbe trovar vantaggioso, per un primo sviluppo delle indagini, ritardare quanto più possibile l'iscrizione della stessa *notitia criminis*, garantendosi maggiore libertà di movimento nella meno incisiva, ma più agevole, fase antecedente alla formalizzazione delle iscrizioni nel registro, lucrando irrituali e incontrollabili proroghe anticipate dei tempi, in evidente antitesi con la *ratio* di un sistema costruito intorno alla previsione di una durata massima delle investigazioni (46).

Il ruolo di *dominus* delle indagini preliminari attribuito al pubblico ministero, libero di orientare secondo personali strategie il corso e la durata delle indagini, non dovrebbe coinvolgere, tuttavia, il rigido piano del *dies a quo* dei termini di durata delle stesse, che proprio da ogni qualsivoglia strategia deve essere rigorosamente sottratto. La rilevanza esclusivamente extraprocessuale di eventuali abusi nelle iscrizioni nel registro delle notizie di reato lascia pertanto - come dimostra la costante incertezza giurisprudenziale in materia - inevitabilmente insoddisfatti, giacché coinvolge interessi facenti capo al sottoposto alle indagini costituzionalmente rilevanti, quali, in primo luogo, reputazione, libertà personale, libertà e segretezza delle comunicazioni, diritto di difesa.

In uno con la questione della dilatazione dei tempi delle indagini meritano un accenno, inoltre, pure alcuni degli ulteriori non secondari effetti causati dalle tardive iscrizioni. Viene in considerazione, in primo luogo, l'eventuale partecipazione, quale fonte dichiarativa, del soggetto che, non rivestendo ancora il ruolo di sottoposto alle indagini, non godrà delle tutele apprestate negli artt. 197, 197-*bis* e 210 c.p.p. in favore dei dichiaranti assistiti, pur se potrà soccorrere, in tal caso, la previsione di garanzia di cui all'art. 63, comma 2, c.p.p. (47). Altresì inibito il ruolo di coordinamento investigativo attribuito al procuratore nazionale antimafia (art. 371-*bis* c.p.p.). Funzione nell'ambito della quale è prevista la facoltà di accedere, fra l'altro, proprio al registro delle notizie di reato (art. 117, comma 2-*bis*, c.p.p.), e l'attività di "prevenzione dei delitti per i quali è obbligatorio l'arresto in flagranza", per la cui realizzazione l'autorità giudiziaria può autorizzare "il Ministro dell'interno, direttamente o a mezzo di un ufficiale di polizia giudiziaria o del personale della Direzione investigativa antimafia appositamente delegato" (art. 118, comma 1, c.p.p.), "all'accesso diretto al registro previsto dall'art. 335, anche se tenuto in forma automatizzata" (comma 1-*bis*). È evidente, infatti, come i ritardi nelle iscrizioni possano tramutarsi in ritardi e disfunzioni nel coordinamento investigativo e nell'attività di prevenzione dei reati di maggiore gravità e allarme sociale (quelli, cioè, indicati nei cataloghi forniti negli artt. 51, comma 3-*bis*, e 380 c.p.p.), per i quali, invece, l'efficienza delle reti informative dovrebbe essere massima. In tale contesto, il registro delle notizie di reato, con le relative iscrizioni, accanto alla fondamentale funzione di fonte di legittimazione per l'agire investigativo, vede accentuarsi il ruolo di banca dati dei nomi e dei fatti oggetto di procedimenti penali. Assumono rilievo anche le indirette ripercussioni che l'avvenuta formale assunzione della qualifica di sottoposto alle indagini ha fuori dal procedimento penale in tema di istanze alla pubblica amministrazione, concessioni, partecipazione a gare d'appalto e simili. Con il determinarsi di evidenti disparità di trattamento fra soggetti il cui nome venga iscritto "immediatamente" e coloro che vedano, invece, tale momento posticiparsi per scelte meramente discrezionali del pubblico ministero.

Diverso è, infine, il fenomeno relativo a ritardi nelle iscrizioni che si tramutino in vere e proprie omissioni - ipotesi evidentemente ancor più rilevante, poiché mette in crisi il rispetto dello stesso principio costituzionale di obbligatorietà dell'azione penale - e che trovano antidoti solo all'interno degli uffici della Procura della Repubblica. Possibile è stata ritenuta, innanzitutto, l'avocazione da parte del procuratore generale (48). Qui il riferimento all'avocazione va inteso, tuttavia, in senso lato, giacché ciò che manca, in queste ipotesi, è la previa attivazione di vere e proprie indagini preliminari da avocare, sicché la portata dell'istituto viene così forzatamente estesa oltre la lettera normativa, fino a ricomprendere anche l'eventualità di avocazioni pre-procedimentali delle indagini volte, *ex* art. 330 c.p.p., all'acquisizione di una *notitia criminis* e delle quali il pubblico ministero non abbia opportunamente valorizzato i risultati (49). Altra eventualità, strumentalmente finalizzata ad arginare le omissioni nelle iscrizioni e, conseguentemente, nell'avvio delle indagini, può essere individuata in interventi sostitutivi di pubblici ministeri operanti in uffici diversi da quelli presso il giudice territorialmente competente. Interventi aventi come scopo, anche in questo caso, quello di forzare l'intervento del procuratore generale presso la corte di appello o presso la corte di cassazione per risolvere un possibile contrasto negativo tra pubblici ministeri ai sensi dell'art. 54, comma 2, c.p.p. o una decisione giurisdizionale di "trasmissione degli atti al pubblico ministero presso il giudice competente" (art. 22, comma 3, c.p.p.). Qualora, invece, l'omissione non sia assoluta, ma si concretizzi nella richiesta di archiviazione di una *notitia criminis* iscritta a carico di ignoti o, comunque, non di tutti i possibili autori del fatto, soccorrono gli ordini d'iscrizione nominativa formulabili dal giudice per le indagini preliminari (art. 415, comma 2, c.p.p.) (50).

In tale contesto (e come già detto), quella adottata dalle Sezioni unite si rivela soluzione pressoché vincolata, alla luce della vigente normativa, ma al tempo stesso insoddisfacente (51). Al fine, pertanto, di sgombrare definitivamente il campo dalle diverse opzioni che, vista l'elevata posta in gioco, tendono ad apprestare tutela agli interessi del singolo usando violenza al dato normativo e visto il limitato spazio ermeneutico che, invece, quest'ultimo concede e la contestuale pressante esigenza di porre rimedio al grave *deficit* di tutela di interessi costituzionalmente rilevanti, potrebbe soccorrere la risolutiva strada di una nuova questione d'incostituzionalità dell'art. 407, comma 4, c.p.p., nella parte in cui non prevede, in caso di ritardo del pubblico ministero nell'iscrizione del nome nel registro delle notizie di reato, l'inutilizzabilità degli atti d'indagine di natura probatoria acquisiti al di fuori dei nuovi limiti temporali come ricostruiti dal giudice. Vengono in considerazione, in proposito, quali parametri costituzionali di riferimento, gli artt. 3 - per l'arbitraria disparità di trattamento fra chi veda il proprio nome iscritto con solerzia e chi, invece, subisca ritardi immotivati e, conseguentemente, un più ampio patrimonio investigativo utilizzabile nei suoi confronti - 24, comma 2 - per le limitazioni che, fino alla formale iscrizione, subirebbero i circoscritti spazi di contraddittorio previsti in ambito investigativo - e 111, commi 2 e 3, Cost. - per la surrettizia dilatazione dei tempi investigativi e dilazione dell'informazione riservata su natura e motivi dell'accusa, che dovrebbe intervenire "nel più breve tempo possibile", con dirette conseguenze anche sull'effettività di eventuali indagini difensive, ciò che ricollegherebbe la censura al profilo precedentemente citato - (52). Rispetto ai già numerosi precedenti sul punto (53) - accomunabili per non aver fornito "contributi effettivi sul piano interpretativo, in quanto la Corte ha sempre concluso per l'inammissibilità della questione prospettata" (54) o per l'infondatezza della stessa nei limiti del *petitum* proposto, lasciando la questione ancora aperta, come ricordato anche nella pronuncia in commento - andrebbe sollecitata, invece, una pronuncia di natura additiva (55), dalla Corte stessa, tuttavia, sempre (quasi pilatescamente) evitata, per l'evidente considerazione che la strada maestra dovrebbe essere quella di un risolutore intervento legislativo (56). "Esigenza di un innesto normativo" evidenziata dalle stesse Sezioni unite, "nella consapevolezza di quanto ardua risulti la possibilità di risolvere la *quaestio* attraverso una semplice operazione di tipo interpretativo".

5. LE PROSPETTIVE DE IURE CONDENDO: IL D.D.L. 1440/S

L'impellenza di un nuovo intervento di verifica della legittimità costituzionale dell'attuale disciplina si attenua, tuttavia, oggi alla luce del tentativo di superamento della lacuna normativa rinvenibile nel recente - e ricordato anche dalla sentenza in commento - progetto di modifica dell'art. 405, comma 2, c.p.p. formulato con l'art. 6, comma 1, d.d.l. n. 1440/S (57), secondo il quale, al fine di garantire il rispetto da parte del pubblico ministero del termine di "sei mesi dalla data in cui il nome della persona alla quale è attribuito il reato è iscritto nel registro delle notizie di reato ovvero dalla data in cui risulta il nome della persona alla quale il reato è attribuito, ai sensi dell'art. 335, comma 1 [...] il giudice verifica l'iscrizione operata dal pubblico ministero e determina la data nella quale essa doveva essere effettuata, anche agli effetti dell'art. 407, comma 3". La proposta avrebbe la finalità di porre rimedio proprio "a un meccanismo [...] che rischia di rimettere alle scelte discrezionali del pubblico ministero la concreta determinazione dei tempi processuali. [...] con la conseguenza di rendere più certi i termini delle indagini preliminari, a fini sia acceleratori che di garanzia" (58).

Il disegno di legge, negli otto capi che lo compongono, incide a raggiera su porzioni estremamente varie del tessuto processual-penalistico, con misure - è la Relazione al disegno di legge a parlare - "finalizzate, da un lato, ad ampliare le garanzie del cittadino e a dare compiuta attuazione ai diritti di difesa; dall'altro, a eliminare lacune e farraginosità del procedimento penale, rendendolo più razionale e spedito" (59).

Nonostante tale duplice indicazione, è a dire il vero non semplice individuare un reale filo conduttore comune che leghi previsioni "variegate, eterogenee e di non sempre facile lettura" (60). In alcune porzioni del testo presentato si riesce, comunque, a intravedere in filigrana almeno un tratto comune a diversi degli interventi in un complessivo disegno di rivisitazione del ruolo del pubblico ministero che, in uno al ridimensionarsi delle proprie autonome iniziative, vede - con tendenza già nota nel panorama riformatore successivo all'entrata in vigore del vigente *corpus* normativo - progressivamente allontanarsi e affrancarsi la polizia giudiziaria (61), insieme con nuove e maggiori ingerenze della sfera giurisdizionale su quella investigativa.

Il pubblico ministero, infatti, nell'architettura delineata con la proposta novellistica al momento all'esame del Senato, perderebbe l'attuale posizione di egemonia sulla *notitia criminis*, con una combinata azione centrifuga che, ponendo al centro l'organo della pubblica accusa, lo priverebbe contestualmente della possibilità di ricercare la notizia di reato, in favore di un potere esclusivo attribuito alla polizia giudiziaria, riservando, invece, al pubblico ministero il circoscritto ruolo di mero recettore di stimoli informativi esterni (62); e del dominio, in favore del giudice, sulle iscrizioni nel registro, pur se attraverso ingerenze successive nel momento di esercizio dell'azione penale. Ciò che - in una più ampia prospettiva che sembra delineare un pubblico ministero il quale mantenga il proprio ruolo requirente vedendo, invece, scolorire sempre più quello inquirente - equivale al trasferimento al giudice delle valutazioni sulla stessa configurazione della notizia di reato o, comunque, sulla sua attribuibilità soggettiva a persona determinata. Le valutazioni, cioè, sul *dies a quo* del termine di durata delle indagini preliminari.

Numerosi, però, i dubbi ermeneutici sollevati dalla proposta di riforma, "sicuramente incerta nella sua formulazione, seppur dettata da ragioni apprezzabili" (63), che attribuisce al giudice la facoltà di censurare la datazione delle iscrizioni del pubblico ministero.

L'intervento prospettato - pur autorevolmente definito "fondamentale" (64) - si rivela, innanzitutto, di carattere minimale, non essendo accompagnato dall'inserimento di una previsione di chiusura che toglierebbe l'inevitabile e rilevante cifra di discrezionalità che contrassegna oggi le valutazioni del pubblico ministero e domani anche quelle del giudice. Continuerebbe a mancare la codificazione di una definizione di notizia di reato - vero cuore del problema - in grado di guidare chi dà avvio alle indagini preliminari e, in prospettiva *de iure condendo*, pure chi interviene sui risultati delle stesse (65).

Andrebbe, poi, affrontata la, già accennata, questione degli effetti di una retrodatazione giudiziale sulla validità degli atti d'indagine. La proposta legislativa è contenuta nella chiusura del nuovo comma 2 dell'art. 405 c.p.p., nel suo riferimento "anche agli effetti dell'articolo 407, comma 3". Il richiamo espresso all'inutilizzabilità degli "atti di indagine compiuti dopo la scadenza del termine" (art. 407, comma 3, c.p.p.) orienta, infatti, per la scelta di considerare viziati solo gli atti a valle e non quelli a monte, accolti, invece, nell'alveo del legittimamente valutabile dal giudice al fine delle proprie decisioni. La novella si collocherebbe, cioè, nella prospettiva di taglio sanzionatoriamente più basso e comunemente accolta dalla giurisprudenza sostanzialista di utilizzabilità solo dei risultati di quella porzione di "atti di indagine collocati temporalmente "a valle" della scadenza" (66) del termine di durata massima, perché "compiuti dopo la scadenza del termine", come rideterminato, di durata massima delle indagini preliminari (art. 407, comma 3, c.p.p.). La retrodatazione operata dal giudice lascerebbe scoperta esclusivamente la porzione finale delle indagini. Non proponibile era, infatti, la radicale inutilizzabilità di tutto il patrimonio investigativo, come integralmente inquinato dall'irrituale condotta di un pubblico ministero che avrebbe pagato processualmente la propria colpa per l'intempestiva iscrizione con la vanificazione dell'intero suo operato. Analogamente, la proposta di modifica rifiuta (in linea con la principale giurisprudenza (67)) la soluzione dell'inutilizzabilità bilaterale che coinvolga non solo gli atti a valle delle indagini, quelli, cioè, della fase terminale delle stesse, ma anche quelli a monte delle indagini, compiuti nell'arco di tempo intercorrente fra la data della nuova iscrizione *iussu iudicis* e la successiva data di quella originaria e tardiva operata dal pubblico ministero. Una tale scelta avrebbe l'effetto non solo di riposizionare nella giusta allocazione temporale le indagini, con un'opera di scivolamento all'indietro, quanto, e in maniera maggiormente incisiva, di rimodularne l'estensione amputandole in tutte e due le estremità. Verrebbe, in tal modo, ridotta la durata delle indagini preliminari in misura direttamente proporzionale al ritardo del pubblico ministero come calibrato dal giudice; giorni o mesi di ritardo determinerebbero altrettanti giorni o mesi d'indagini da sottrarre, con tutti i risultati conseguiti, al patrimonio degli investigatori, con il rischio di giungere, così, fino all'estrema possibilità che ritardi considerevoli vanifichino l'intera attività d'indagine compiuta, qualora abbiano un'entità tale da essere del tutto sovrapponibile agli ordinari termini di durata delle indagini, se l'iscrizione effettuata dal pubblico ministero, comparata con quella successiva del giudice, si dovesse collocare al di là dello stesso termine di scadenza conseguente al nuovo computo. La soluzione meriterebbe, forse, in prospettiva *de iure condendo*, una maggiore considerazione, pur se si scontra con la conseguenzialità degli atti d'indagine che entrerebbe in crisi con una decapitazione che amputasse le indagini degli atti di partenza, scaturigine di quelli successivi. Le acquisizioni investigative, infatti, si differenziano da quelle dibattimentali, fra l'altro, per lo stretto legame fra un atto e quello successivo che, salve rare eccezioni, va necessariamente letto in una prospettiva diacronica all'interno dello svilupparsi delle indagini stesse (68).

Diversa deve essere, tuttavia, la conclusione, qualora venga in rilievo l'acquisizione di dichiarazioni indizianti da persona che, ai sensi dell'art. 63, comma 2, c.p.p., "doveva essere sentita sin dall'inizio in qualità di imputato o di persona sottoposta alle indagini". In quest'ipotesi, sarebbe l'eventuale retrodatazione dell'iscrizione del nome del soggetto a rendere inutilizzabili le sue dichiarazioni, certificando proprio l'integrarsi del presupposto di cui al citato comma 2, dell'art. 63 c.p.p. (69).

Il riferimento al giudice, in una norma, l'art. 405 c.p.p., fino ad oggi esclusivamente destinata a regolamentare le iniziative del pubblico ministero in merito a forme e termini per l'esercizio dell'azione penale, evidenzia, inoltre, l'ulteriore questione relativa all'individuazione dell'organo giurisdizionale legittimato a censurare le scelte del pubblico ministero. Nonostante il generico riferimento a un giudice non altrimenti qualificato e la collocazione della previsione al di fuori dal titolo IX del libro V c.p.p., il legame creato con l'esercizio dell'azione penale sembra guidare verso il giudice dell'udienza preliminare, al quale, con la presentazione della richiesta di rinvio a giudizio da parte del pubblico ministero, viene "trasmesso il fascicolo contenente la notizia di reato, la documentazione relativa alle indagini espletate e i verbali degli atti compiuti davanti al giudice per le indagini preliminari" (art. 416, comma 2, c.p.p.). Materiale dal quale il giudice dell'udienza preliminare dovrà escludere quanto successivo all'eventuale nuovo termine conclusivo come dallo stesso rideterminato. La previsione non sembra, infatti, lasciare spazio a letture estensive che legittimino ingerenze giurisdizionali sui tempi delle indagini prima della conclusione delle stesse (70), ciò che, invece, comporterebbe la possibilità di stimolare il pubblico ministero affinché concentri le iniziative ancora da compiere in archi temporali più ristretti o formuli le proprie richieste a termini d'indagine che potrebbero essere già scaduti in seguito alla rimodulazione giudiziale. Ai sensi della proposta governativa, cioè, il giudice per le indagini preliminari, richiesto di un intervento sulle libertà personali (come anche l'eventuale giudice del riesame), dell'autorizzazione per un'intercettazione, o dell'anticipata acquisizione probatoria, non potrebbe interessarsi dei tempi delle iscrizioni, neppure qualora dovesse essere chiamato in causa a termini che, se ricalcolati, sarebbero già scaduti. La soluzione è da ritenere trovi la sua *ratio* in una scelta che, collocando le valutazioni giurisdizionali sul rispetto dei tempi investigativi a conclusione delle indagini stesse, le affidi a un giudice in possesso di un panorama cognitivo completo, tale da giustificare la prevalenza delle sue valutazioni su quelle del pubblico ministero. In tal modo inoltre - non compiendosi in corso d'opera - l'incursione del giudice su un terreno il cui *dominus* è il pubblico ministero si rivela meno invasiva, evitandosi il rischio di un "effetto a fisarmonica" sui termini delle indagini. Effetto che si avrebbe qualora la possibilità di sindacare le iscrizioni nel registro delle notizie di reato fosse concessa già dai primi interventi giurisdizionali durante le indagini, con una proliferazione dei soggetti legittimati a rideterminare la tempistica delle iscrizioni - giudice per le indagini preliminari e tribunale del riesame - che porta inevitabilmente con sé il rischio di valutazioni fra loro incompatibili che potrebbero collocare in maniera differente nel tempo il momento di effettiva formazione della *notitia criminis* o di emersione del nome del soggetto al quale addebitare un fatto di reato in precedenza già iscritto. Relegare le valutazioni giurisdizionali sulla tempestività delle iscrizioni solo nell'ambito dell'udienza preliminare comporta, tuttavia, l'esposizione del sottoposto alle indagini al rischio di gravi e irreparabili pregiudizi, che anticipate valutazioni del giudice coinvolgenti anche la sostanziale durata delle indagini potrebbero evitare, nella piena valorizzazione della logica di *extrema ratio* che deve caratterizzare le limitazioni a beni qualificati in Costituzione come inviolabili.

Con una tale collocazione trova, inoltre, soddisfazione anche l'esigenza sottolineata dalle Sezioni unite di un'esplicita disciplina del ""rito" secondo il quale inscenare un simile accertamento "incidentale"", garantendosi il pieno contraddittorio sul tema.

Peculiari perplessità suscita, infine, la mancata attribuzione della possibilità di rideterminare la data nella quale doveva essere effettuata l'iscrizione al giudice richiesto della proroga del termine d'indagine, ai sensi dell'art. 406 c.p.p. Si tratta, infatti, di una decisione che coinvolge proprio la durata delle indagini e che, se viene presa, per definizione, in un momento nel quale queste, per espressa ammissione del pubblico ministero richiedente la proroga, non sono ancora concluse, riguarda, comunque, un contesto investigativo già sviluppatosi per sei mesi o un anno. La decisione sull'eventuale proroga del termine delle indagini si rivelerebbe, anche dal punto di vista logico, il momento maggiormente idoneo per mettere in discussione il *dies a quo* di decorrenza del termine stesso, verificandone la corretta individuazione e, se del caso, pure la ritualità della richiesta di proroga che, a seguito dell'arretramento temporale, potrebbe finire fuori dalla copertura dei termini di cui all'art. 405, comma 2, c.p.p., imposta *ex* art. 406, comma 1, c.p.p. Il giudice per le indagini preliminari, chiamato in causa per pronunciarsi su una richiesta di proroga dei tempi investigativi, avrebbe a disposizione anche una specifica attestazione della data d'iscrizione della notizia di reato nel relativo registro (71). Non vi è, in proposito, un'espressa indicazione normativa in tal senso, ma la previsione di cui alla seconda parte dell'art. 406, comma 1, c.p.p., con la quale s'impone al pubblico ministero di completare la richiesta di proroga dei termini d'indagine oltre che con "l'esposizione dei motivi che la giustificano", pure con "l'indicazione della notizia di reato", per quanto generica, non può non avere quale contenuto - insieme a "quei *minima* prescritti dalla legge per l'informazione di garanzia e cioè "l'indicazione delle norme di legge che si assumono violate, della data e del luogo dei fatti"" (72) funzionali all'instaurazione di un effettivo contraddittorio sulla "giusta causa" della richiesta di proroga - l'indicazione del momento dell'avvenuta iscrizione della stessa, che consenta al giudice per le indagini preliminari di valutare tempestività e fondatezza della richiesta. Mancherebbe, tuttavia, anche in questo caso, la trasmissione del fascicolo delle indagini, che nel sistema vigente è prevista soltanto per il giudice dell'udienza preliminare e che appare di estrema utilità per una rivalutazione consapevole delle opzioni investigative del pubblico ministero, ivi compresa quella sui tempi delle iscrizioni nel registro delle notizie di reato (73). Già *de iure condito* però precisano le Sezioni unite, il giudice della proroga, pur non potendo ricollocare il termine iniziale delle indagini, potrebbe implicitamente sanzionare i ritardi nelle inscrizioni attraverso un bilanciamento di fatto, compiuto tarando la durata della proroga da concedere o il suo diniego su quella di fatto della quale il pubblico ministero si sia arbitrariamente appropriato ritardando il *dies a quo* delle indagini. La soluzione implica, tuttavia, un'evidente forzatura del dato normativo vigente: da un lato, infatti, il giudice non avrebbe il potere di sindacare la tempestività delle iscrizioni, dall'altro lato, però, lo si vorrebbe contraddittoriamente autorizzare a decidere sulla proroga proprio dopo aver sindacato le scelte del pubblico ministero sul punto.

Una proposta di riforma, questa contenuta nell'art. 6 d.d.l. n. 1440/S, che necessita certo di non marginali azioni correttive, ma che ha l'indubbio merito d'intervenire su un delicato snodo (il primo) del procedimento, come palesato pure dal reiterato coinvolgimento, sul tema, di Corte costituzionale e Sezioni unite. Una novella che consentirebbe, fra l'altro, di valorizzare, in chiave di garanzia, una lettura dell'iscrizione nominativa nel registro delle notizie di reato quale adempimento di natura ricognitiva e non costitutiva (74).

NOTE

(1) CORDERO, *Procedura penale*, 8ª ed., Giuffrè, 2006, p. 818.

(2) "Uno dei temi più delicati e rilevanti del sistema regolato dall'art. 335 c.p.p.", così MARANDOLA, *I registri del pubblico ministero tra notizia di reato ed effetti procedimentali*, Cedam, 2001, p. 283.

(3) Cfr. Sez. VI, 17 febbraio 2003, Parrella, in *Guida dir.*, 2003, f. 29, p. 98.

(4) All'indomani dell'entrata in vigore del codice, il rispetto delle cadenze di cui all'art. 335 c.p.p. veniva definito "di fatto inesigibile" e relativo a "un utopico dover essere", da DRAGONE, *Iscrizione della notizia di reato e del nome della persona inquisita. Problematiche sui termini delle indagini*, in *Il nuovo codice di procedura penale. Prime esperienze*, atti del convegno di Milano, 1-3 giugno 1990, Eti, 1991, p. 129. V., in argomento, anche BRESCIANI, *La notizia di reato*, in *Indagini preliminari ed instaurazione del processo*, coord. da Aimonetto, Utet, 1999, p. 19.

(5) MARANDOLA, *I registri*, cit., p. 289.

(6) Si è sottolineato, in proposito, come "può sembrar strano che in una materia assai delicata, quale quella concernente la notizia di reato [...] le norme processuali non dettino una chiara e rigorosa disciplina", così Sez. III, 8 marzo 1995, Ceroni, in *questa rivista*, 1996, p. 1877, con nota di ZAPPULLA, *Le indagini per la formazione della* notitia criminis*: il caso della perquisizione seguita da sequestro.*

(7) Per i primi rilievi sull'eventualità "che l'iscrizione del nome della persona venga fatta tardivamente o sia addirittura omessa", eventualità "destinata ad essere almeno in parte scoraggiata [...] dalla nullità che colpisce gli atti di indagine compiuti dopo che nei confronti di una persona si sia determinata una delle situazioni attributive della qualità di indagato senza che alla stessa vengano riconosciuti i diritti di difesa", v. DOMINIONI, *Chiusura delle indagini preliminari e udienza preliminare*, in *Il nuovo processo penale. Dalle indagini preliminari al dibattimento*, Giuffrè, 1989, p. 56.

(8) Sez. V, 17 gennaio 2000, Di Maggio, in *Giur. it.*, 2000, c. 1462, con nota di MONACO, *Ritardata iscrizione della notizia di reato:* quid iuris*?*; Sez. V, 27 marzo 1999, Longarini, in *questa rivista*, 2000, p. 2323; Sez. VI, 24 ottobre 1997, Todini, *ivi*, 1999, p. 582; Sez. IV, 27 agosto 1996, Guddo, in *Giust. pen.*, 1997, III, c. 633; Sez. V, 10 novembre 1995, Sibilla, in *questa rivista*, 1996, p. 2268; Sez. I, 28 aprile 1995, Grimoli, *ivi*, 1996, p. 3711, con nota di ADORNO, *Decorrenza del termine per le indagini preliminari e sanzione di inutilizzabilità* ex art. 407, comma 3, c.p.p.; Sez. V, 18 ottobre 1993, Croci, *ivi*, 1995, p. 631, con nota di CURTOTTI, *Sul* dies a quo *del termine di durata delle indagini preliminari*, nonché in *Foro it.*, 1994, II, c. 699, con nota di GIRONI, *I termini di durata massima delle indagini preliminari tra disciplina legale ed esigenze della pratica*; Sez. V, 29 aprile 1992, Ianni, in *C.E.D. Cass.*, n. 190428; Sez. V, 15 aprile 1992, Marsiglia, in *questa rivista*, 1993, p. 142; Sez. V, 5 marzo 1992, Mendella, *ivi*, 1993, p. 2048. Anche i primi commentatori evidenziarono come non fosse "previsto un controllo da parte del giudice sulla tempestività dell'iscrizione nel registro delle notizie di reato", CONTI-MACCHIA, voce *Indagini preliminari*, in *Enc. giur.*, vol. XVI, 1989, p. 16.

(9) Sez. V, 18 ottobre 1993, Croci, cit.; Sez. V, 10 novembre 1995, Sibilla, cit.

(10) Sez. VI, 14 luglio 1995, Berlusconi, in *questa rivista*, 1996, p. 2268.

(11) Sez. I, 6 luglio 1992, Barberio, in *C.E.D. Cass.*, n. 191719; e successivamente Sez. I, 24 settembre 1999, Zappetti, in *C.E.D. Cass.*, n. 214696; Sez. I, 4 gennaio 1999, Iamonte, in *Guida dir.*, 1999, f. 18, p. 85 e Sez. I, 19 maggio 1998, Dell'Anna, in *Arch. n. proc. pen.*, 1998, p. 476. In dottrina, v. BERNARDI, sub *art. 405*, in *Commento al nuovo codice di procedura penale*, coord. da Chiavario, vol. IV, Utet, 1990, p. 514 s.; GAITO, *È consentito iscrivere "a catena" procedimenti per uno stesso fatto?*, in *Dir. pen. proc.*, 1998, p. 100; GIRONI, *I termini*, cit., c.

701; SPANGHER, *La proroga del termine per la conclusione dell'indagine preliminare*, in *Studium iuris*, 1996, p. 815.

(12) Sez. IV, 10 ottobre 1990, Lazzaro, in *Arch. n. proc. pen.*, 1991, p. 244.

(13) Cfr. Rel. prog. prel. c.p.p., in *G.U.*, 24 ottobre 1988, n. 250, suppl. ord. n. 2, p. 29. Cfr. anche C. cost., ord. 7 luglio 2005, n. 307, in *questa rivista*, 2005, p. 3330, nonché in *Giur. cost.*, 2005, p. 3001, con nota di F.R. DINACCI, *Sempre incerti ruolo e limiti dell'iscrizione nel registro delle notizie di reato; la Corte costituzionale, tuttavia, utilizza l'argomento per escludere un potere di retrodatazione, non valorizzandone, pertanto, fino in fondo le potenzialità.*

(14) Sez. I, 11 maggio 1994, Scuderi, in *Giust. pen.*, 1995, III, c. 182, che ammette che "l'iscrizione, anche per la presenza di giorni festivi, sia differita di un giorno rispetto alla data di effettiva conoscenza dei fatti da parte dello stesso pubblico ministero"; cfr. anche Sez. I, 4 gennaio 1999, Iamonte, cit. Cfr. CARLI, *La 'notitia criminis' e la sua iscrizione nel registro di cui all'art. 335 c.p.p.*, in *Dir. pen. proc.*, 1995, p. 743, per il riferimento a "clamorosi ed evidenti casi di strumentalizzazione o di fittizia iscrizione a carico di (asseriti) "ignoti"".

(15) Cfr. ZACCARIA, *L'utilizzabilità degli atti d'indagine* ante notitia criminis*: profili cronologici e tutela della difesa*, in *questa rivista*, 2008, p. 645, che sottolinea "l'estrema genericità, oltre che l'intrinseca fluidità semantico-temporale di tale avverbio".

(16) Cfr. C. cost., ord. 20 novembre 2006, n. 400, in *Giur. cost.*, 2006, p. 4238.

(17) Cfr. UBERTIS, *Non termini astratti, ma garanzia del contraddittorio*, in *Questione giustizia*, 1992, p. 484; in giurisprudenza, v. Sez. I, 11 marzo 1999, Testa, in *Giur. it.*, 2000, c. 587, con nota critica di TIBERI, *In tema di ritardi nell'iscrizione della notizia di reato.*

(18) Sull'arresto in flagranza di reato quale notizia di reato non qualificata presa d'iniziativa dalla polizia giudiziaria, v. APRATI, *Notizia di reato*, in *Trattato di procedura penale*, dir. da Spangher, vol. III, *Indaginipreliminari e udienza preliminare*, a cura di Garuti, Utet, 2009, p. 25.

(19) CORDERO, *Procedura*, cit., p. 813.

(20) Cfr. ADORNO, *Decorrenza*, cit., p. 3719, che richiama il "primo atto di investigazione in relazione a determinata e soggettivamente qualificata notizia di reato"; ICHINO, *Alcuni spunti di riflessione sul tema delle indagini preliminari*, in *Riv. it. dir. e proc. pen.*, 1993, p. 700;

MONACO, *Ritardata iscrizione*, cit., p. 1465. Si è proposta, in proposito, inoltre, "una ridefinizione dell'art. 335 nei termini: "Il pubblico ministero è tenuto all'iscrizione fin dal primo atto d'indagine", piuttosto che alla ricezione o all'apprensione della notizia", così MARANDOLA, *Mancata iscrizione della* notitia criminis, in *questa rivista*, 2000, p. 423. Per APRATI, *Notizia*, cit., p. 85 s., nonché APRATI, *Intorno all'immediatezza dell'iscrizione della notizia di reato: sindacabilità del giudice e inutilizzabilità degli atti investigativi tardivi*, in *questa rivista*, 2005, p. 1331 s., al "giudice è sufficiente verificare le date degli atti inseriti nel fascicolo delle indagini e compararli alle date delle iscrizioni".

(21) Cfr. Sez. I, 14 maggio 2003, Iannazzo, in *questa rivista*, 2004, p. 4131.

(22) Cfr. Sez. V, 8 ottobre 2003, Liscai, in *questa rivista*, 2005, p. 1327, con nota adesiva di APRATI, *Intorno all'immediatezza dell'iscrizione*, cit.

(23) Sez. un., 21 giugno 2000, TAMMARO, in *questa rivista*, 2000, p. 3259, nonché *ivi*, 2001, p. 400, con note di CASSIBA, *Inutilizzabilità degli atti e poteri probatori del giudice nel "nuovo" giudizio abbreviato* e MARANDOLA, *Mancata iscrizione*, cit. Pronuncia questa definita, da un lato, "punto di riferimento essenziale", Sez. II, 17 dicembre 2007, Spaccialbelli, *ivi*, 2008, p. 3245; da un altro lato, "davvero incomprensibile", F.R. DINACCI, *Sempre incerti*, cit., p. 3010 e portatrice di opinione, "a dir poco sconcertante"; TRANCHINA, *Il procedimento per le indagini preliminari*, in *Diritto processuale penale*, a cura di Siracusano-Galati-Tranchina-Zappalà, vol. II, Giuffrè, 2006, p. 33.

(24) AMODIO, *Il processo penale tra disgregazione e recupero del sistema*, in *Verso la riscoperta di un modello processuale*, atti del convegno di Caserta, 12-14 ottobre 2001, Giuffrè, 2003, p. 33, nonché in *Ind. pen.*, 2003, p. 12.

(25) AMODIO, *Il processo*, cit., p. 32, nonché in *Ind. pen.*, cit., p. 10.

(26) V. Sez. V, 8 aprile 2008, Bruno, in *C.E.D. Cass.*, n. 240491; Sez. II, 21 febbraio 2008, Chirillo, in *questa rivista*, 2009, p. 3527; Sez. V, 7 dicembre 2007, Travaini, in *Giur. it.*, 2009, c. 734, con nota critica di SORRENTINO, *Sull'immediatezza dell'iscrizione della* notitia criminis *soggettivamente qualificata*; Sez. VI, 10 ottobre 2007, Genovese, in *C.E.D. Cass.*, n. 238039; Sez. VI, 2 ottobre 2006, Bianchi, in *questa rivista*, 2008, p. 643, con nota di ZACCARIA, *L'utilizzabilità*, cit.; Sez. V, 23 settembre 2005, Supino, *ivi*, 2007, p. 710; Sez. IV, 22 giugno 2004, Kurtaj, *ivi*, 2006, p. 185; Sez. I, 18 maggio 2004, Sanfilippo, in *Arch. n. proc. pen.*, 2005, p. 75; Sez. VI, 17 febbraio 2003, Parrella, in *Guida dir.*,

2003, f. 29, p. 98. Nella giurisprudenza di merito, v. Trib. Milano, 30 gennaio 2003, in *Foro ambr.*, 2003, p. 486; Trib. Milano, 30 aprile 2004, *ivi*, 2004, p. 187.

(27) In termini di "assenza di un orientamento giurisprudenziale consolidato [...], stante la presenza di indicazioni interpretative fra loro difformi [...] sia in ordine alla concreta sindacabilità del *dies a quo*, dal quale far decorrere il termine di durata delle indagini preliminari; sia in ordine ai riflessi suscettibili di derivarne, quanto all'inutilizzabilità degli atti d'indagine" si esprime C. cost., ord. 7 luglio 2005, n. 306, in *questa rivista*, 2005, p. 3328.

(28) Sez. V, 8 ottobre 2003, Liscai, cit.; e, di recente, Sez. I, 17 marzo 2009, Salesi, in *Guida dir.*, 2009, f. 23, p. 83, nonché in *Osserv. proc. pen.*, 2009, n. 3, p. 38, con nota di SANTORIELLO, *Verso la retrodatazione dei termini investigativi per accertato ritardo nell'iscrizione della* notitia criminis; nella giurisprudenza di merito, v. Trib. Napoli, 13 dicembre 2005, in repertorio *Juris data*, Giuffrè. In dottrina, v. NAPPI, *Guida al Codice di procedura penale*, Giuffrè, 12ª ed., 2007, p. 276.

(29) Sez. V, 8 ottobre 2003, Liscai, cit.; v. anche Sez. II, 17 dicembre 2007, Spaccialbelli, cit.; Sez. III, 26 settembre 2006, Pagliuca, in *C.E.D. Cass.*, n. 235672; Sez. V, 21 settembre 2006, Boscarato, *ivi*, n. 236029.

(30) Cfr. Sez. V, 21 settembre 2006, Boscarato, cit.

(31) V. Sez. un., 23 aprile 2009, Fruci, in *questa rivista*, 2009, p. 4142, con nota di APRATI, *Iscrizione soggettiva, indizi di reità e decisività degli atti investigatori tardivi*.

(32) Per analogo rilievo circa l'omessa precisazione da parte del tribunale rimettente del "se ed in che misura l'eventuale inutilizzabilità degli atti dell'indagine - compiuti dopo la scadenza dei relativi termini - influirebbe sullo scrutinio che il giudice *a quo* è chiamato a compiere in relazione alla domanda di riesame proposta", v. C. cost., ord. 20 novembre 2006, n. 400, cit., p. 4238.

(33) NATALINI, *Una soluzione individuata facendo leva sulla conforme giurisprudenza costituzionale*, in *Guida dir.*, 2009, f. 35, p. 44.

(34) V. Sez. VI, 10 giugno 2009, Lattanzi, *inedita*.

(35) "Una delle più significative innovazioni introdotte nel sistema processuale penale" (FERRAIOLI, *Il ruolo di "garante" del giudice per le indagini preliminari*, 3ª ed., Cedam, 2006, p. 101), qualificata, tuttavia, come "un anacronismo inquisitorial-garantistico" da CORDERO, *Procedura*, cit., p. 811.

(36) Cfr. Sez. I, 11 maggio 1994, Scuderi, cit.

(37) Cfr. ADORNO, *Decorrenza*, cit., p. 3713; ZACCARIA, *L'utilizzabilità*, cit., p. 645.

(38) In termini di inutilizzabilità *ex* art. 191 c.p.p. e nullità assoluta, si pronuncia, invece, F.R. DINACCI, *Sempre incerti*, cit., p. 3012 s.

(39) Sez. IV, 22 giugno 2004, Kurtaj, cit., p. 185; Sez. VI, 17 febbraio 2003, Parrella, cit.

(40) Sez. VI, 17 febbraio 2003, Parrella, cit.

(41) V. DANIELE, *Le modifiche in materia di termini per le indagini preliminari*, in *Il decreto "antiscarcerazioni"*, a cura di Bargis, Giappichelli, 2001, p. 85.

(42) Per la responsabilità non solo disciplinare, ma anche penale del pubblico ministero restio alle iscrizioni nel registro delle notizie di reato, v. CERQUA, voce *Registro delle notizie di reato*, in *Dig. d. pen.*, III agg., t. II, 2005, p. 1304, anche per il riferimento ad alcune decisioni del C.S.M. (nt. 31); CURTOTTI, *Sul* dies a quo, cit., p. 633; DANIELE, *Le modifiche*, cit., p. 85; MARANDOLA, *Mancata*, cit., p. 421; *contra*, TIBERI, *In tema*, cit., p. 588. In giurisprudenza, v. Sez. un., 21 giugno 2000, Tammaro, cit.; Sez. V, 27 marzo 1999, Longarini, cit.; Sez. V, 18 ottobre 1993, Croci, cit.; in sede di merito, v. Trib. Milano, 30 gennaio 2003, cit.

(43) Cfr. F.R. DINACCI, *Sempre incerti*, cit., p. 3010.

(44) Circa la suddivisione, per mere esigenze sistematiche, dei compiti assegnati al giudice per le indagini preliminari in "due diverse fasce di attività, a seconda che" il "ruolo di garanzia e di controllo sulle indagini preliminari" "si esplichi con riferimento all'itinerario delle indagini, ovvero con riferimento ai risultati delle stesse", cfr. GREVI, *Funzioni di garanzia e funzioni di controllo del giudice nel corso delle indagini preliminari*, in *Il nuovo processo penale. Dalle indagini preliminari al dibattimento*, Giuffrè, 1989, p. 24. Per l'attribuzione al giudice per le indagini, quale "organo giurisdizionale di garanzia", di una funzione "di controllo 1) sull'attività investigativa; 2) sulle misure cautelari e 3) sulla chiusura della fase preliminare", v. anche E. ZAPPALÀ, *Le funzioni del giudice nella fase delle indagini preliminari*, in *Le nuove disposizioni sul processo penale*, atti del convegno di Perugia 14-15 aprile 1988, a cura di Gaito, Cedam, 1989, p. 56. Cfr., in argomento, FERRAIOLI, *Il ruolo*, cit., p. 101 ss.; RUGGIERI, *La giurisdizione di garanzia nelle indagini preliminari*, Giuffrè, 1996, p. 13 s.

(45) Sez. VI, 17 febbraio 2003, Parrella, cit.

(46) Già analizzando il progetto preliminare del codice di procedura penale del 1988, si evidenziava, infatti, come consentire che, "anche nel caso in cui risulti palese la data a partire dalla quale l'indagine è riferibile ad un soggetto [...], i termini decorrano dalla data di iscrizione nel registro significa aprire il varco a facili manovre di elusione delle prescrizioni temporali in ordine alla conclusione delle indagini", così E. ZAPPALÀ, *Le funzioni*, cit., p. 57.

(47) Cfr. KALB, *Una nuova questione di legittimità costituzionale sull'inutilizzabilità originata dalla mancata o ritardata iscrizione della notizia di reato*, in *Corti salernit.*, 2004, p. 467 s.

(48) Cfr. Sez. un., 11 luglio 2001, CHIRICO, in *questa rivista*, 2002, p. 933, con nota di MERCONE, *Sulla "avocazione per analogia" delle pseudo-notizie di reato*, nonché in *Dir. pen. proc.*, 2002, p. 467, con nota di VERDOLIVA, *Omessa iscrizione nel registro e facoltà di avocazione del Procuratore generale*; e più di recente Sez. VI, 2 ottobre 2006, Bianchi, cit.

(49) Puntualizza, infatti, CORDERO, *Procedura*, cit., p. 203, in merito alle iniziative dei procuratori generali, come "risulta escluso ogni intervento sulla *notitiacriminis*; e solo in casi tassativi è previsto che avochino le indagini (sicché sarebbe irrimediabile l'inerzia assoluta del pubblico ministero, a parte gli aspetti disciplinari: l'indagine pende dal momento in cui la notizia venga iscritta)".

(50) V. C. cost., ord. 18 maggio 1999, n. 176, in *Giur. cost.*, 1999, p. 1741, nonché C. cost., ord. 29 luglio 2005, n. 348, in *questa rivista*, 2006, p. 1415, con nota di ZAPPULLA, *Il potere del g.i.p. di ordinare l'iscrizione del nome nel registro delle notizie di reato prima dell'udienza prevista in seguito ad opposizione alla richiesta di archiviazione*.

(51) Cfr. SANTORIELLO, *Verso la retrodatazione*, cit., p. 41 s.

(52) Cfr. GAITO, *L'iscrizione della notizia di reato tra diritto scritto e diritto vivente*, in *Materiali d'esercitazione per un corso di procedura penale*, Cedam, 1995, p. 55, che evidenzia come "la ritardata iscrizione prova un inammissibile squilibrio tra le parti contro il diritto di ogni accusato a essere informato, nel più breve tempo possibile, in una lingua a lui comprensibile e in modo dettagliato, della natura e dei motivi dell'accusa".

(53) Vanno ricordate: C. cost., ord. 20 novembre 2006, n. 400, cit.; C. cost., ord. 7 luglio 2005, n. 307, cit.; C. cost., ord. 7 luglio 2005, n. 306, cit.; C. cost., ord. 25 marzo 1998, n. 94, in *Giur. cost.*, 1998, p. 849; C. cost., ord. 30 settembre 1996, n. 337, *ivi*, 1996, p. 2965; C. cost., ord.

15 dicembre 1994, n. 477, *ivi*, 1994, p. 4060.

(54) Così, riferendosi ai primi interventi della Corte costituzionale sul punto, ma con una considerazione ancora attuale, KALB, *Una nuova questione*, cit., p. 463.

(55) Sull'esigenza che l'ordinanza che promuova il giudizio di costituzionalità individui anche il "verso" dell'addizione reclamata, v. MODUGNO-CARNEVALE, *Sentenze additive, "soluzione costituzionalmente obbligata" e declaratoria d'inammissibilità per mancata indicazione del "verso" dell'addizione richiesta*, in *Giudizio* a quo *e promovimento del processo costituzionale*, Giuffrè, 1990, p. 327 s.

(56) Cfr. KALB, *Una nuova questione*, cit., p. 466.

(57) Sul d.d.l. 1440/S, recante "Disposizioni in materia di procedimento penale, ordinamento giudiziario ed equa riparazione in caso di violazione del termine ragionevole del processo. Delega al Governo per il riordino della disciplina delle comunicazioni e notificazioni nel procedimento penale, per l'attribuzione della competenza in materia di misure cautelari al tribunale in composizione collegiale, per la sospensione del processo in assenza dell'imputato, per la digitalizzazione dell'amministrazione della giustizia, nonché per la elezione dei vice procuratori onorari presso il giudice di pace", presentato al Senato, dal Ministro della giustizia Alfano, il 10 marzo 2009 (e il cui art. 6 è relativo a "Disposizioni in materia di chiusura delle indagini preliminari, proroga del termine, durata massima delle indagini preliminari, avocazione e in materia di giudizio abbreviato") e richiamato anche da Sez. un., 23 aprile 2009, Fruci, cit., v. GREVI, *Rischio stravolgimento del vincolo funzionale nei rapporti tra Pm e polizia giudiziaria*, in *Guida dir.*, 2009, f. 14, p. 12; LATTANZI, *Pubblico ministero e polizia giudiziaria nel d.d.l. n. 1440/S*, in *questa rivista*, 2009, p. 1783; MAZZA, *La fase delle indagini preliminari nel "progetto Alfano" e il suo impatto sul sistema processuale vigente*, *ivi*, p. 3277; MILANI, *Tornare alla giurisdizione. Le proposte di riforma dell'Associazione tra gli studiosi del processo penale*, *ivi*, p. 1375.

(58) Relazione al d.d.l. n. 1440/S, in *Atti parlamentari*, Senato della Repubblica - N. 1440, XVI Legislatura - Disegni di legge e relazioni - Documenti, p. 8.

(59) Relazione al d.d.l. n. 1440/S, cit., p. 2.

(60) GREVI, *Rischio*, cit., p. 12.

(61) V., in proposito, le preoccupazioni manifestate da GREVI, *Rischio*, cit., p. 12 s. e LATTANZI, *Pubblico ministero*, cit., p. 1785 s.

(62) Cfr. l'art. 3 d.d.l. 1440, "Disposizioni in materia di polizia giudiziaria,

indagini preliminari, notizia di reato e registri penali", nel cui comma 1, lett. *e*, è prevista la scomposizione dell'attuale unico comma dell'art. 330 c.p.p. - che accomuna, in tema di "Acquisizione delle notizie di reato", ruolo e poteri di pubblico ministero e polizia giudiziaria - in due diversi commi nei quali le posizioni degli organi investigativi vengono differenziate attraverso l'amputazione del potere del pubblico ministero di ricerca della *notitia criminis*, che rimane, così, riservata alla sola polizia giudiziaria.

(63) Così il Parere sul disegno di legge 1440/S del Consiglio superiore della magistratura del 23 luglio 2009, p. 10.

(64) Così nelle *Proposte di riforma dell'Associazione tra gli studiosi del processo penale* riportate da MILANI, *Tornare*, cit., p. 1386.

(65) Definisce "certamente opportuna" l'introduzione, "nel nostro sistema processuale, di una definizione univoca del concetto di "notizia di reato"", ancora il *Parere sul disegno di legge 1440/S* del Consiglio superiore della magistratura, cit., p. 10, che prosegue evidenziando i rischi connessi a un'"evidente incertezza del dato normativo", che potrebbe legittimare applicazioni che facciano riferimento, quale *dies a quo* delle indagini, alla data in cui il nome della persona alla quale il reato verrà successivamente attribuito compaia in vario modo, "ad esempio quale persona informata sui fatti o come apparente persona offesa". La *ratio* della proposta e l'esplicito riferimento alla "data in cui risulta il nome della persona alla quale il reato è attribuito, ai sensi dell'articolo 335, comma 1", norma relativa all'iscrizione di soggetti colpiti da specifici indizi di reità, sembrano, tuttavia, sufficienti a dirimere dubbi di tal genere.

(66) C. cost., ord. 7 luglio 2005, n. 307, cit., p. 3005.

(67) Cfr., per tutte, Sez. un., 21 giugno 2000, Tammaro, cit.; Sez. un., 23 aprile 2009, Fruci, cit.

(68) In senso critico, v. anche C. cost., ord. 20 novembre 2006, n. 400, cit., che ha precisato come "le due prospettive - miranti, l'una, ad introdurre la sanzione di inutilizzabilità di atti compiuti oltre la scadenza del termine massimo di indagine, considerato il momento in cui la notizia di reato avrebbe dovuto essere effettivamente iscritta; l'altra, a richiedere la medesima sanzione processuale per gli atti compiuti prima della formale iscrizione nel registro *ex* art. 335 c.p.p., se quest'ultima è avvenuta con ritardo "ingiustificabile" - si palesano, all'evidenza, completamente antitetiche" (p. 4238). *Contra*, v. SANTORIELLO, *Verso la retrodatazione*, cit., p. 41 s.

(69) In argomento, cfr. APRATI, *Riflessioni intorno all'art. 63 comma 2 c.p.p.: accertamento dello* status *di persona già indiziata e ripercussioni in tema di elusione dell'iscrizione nel registro delle notizie di reato*, in *questa rivista*, 2004, p. 3666; MENNUNI, *Portata e limiti dell'art. 63 comma 2 c.p.p. Le dichiarazioni rese da persone meramente coinvolte nei fatti-reato addebitati a terzi, ivi*, 2003, p. 1259.

(70) Nelle citate *Proposte di riforma dell'Associazione tra gli studiosi del processo penale* riportate da MILANI, *Tornare*, cit., p. 1386, si auspica un controllo da parte del giudice per le indagini preliminari "attuato sia su richiesta specifica, sia d'ufficio nel caso in cui il g.i.p. venga richiesto di un provvedimento".

(71) Attestazione, invece, negata, per asserite "esigenze connesse al segreto istruttorio", al ricorrente nella vicenda che ha dato origine a Sez. un., 23 aprile 2009, Fruci, cit. Cfr. anche Sez. I, 17 marzo 2009, Salesi, cit., che ha statuito che, "in sede di riesame, a fronte di specifica contestazione della difesa, il pubblico ministero ha l'onere di esibire [...] la documentazione relativa alla data di iscrizione del nominativo dell'indagato nel registro delle notizie di reato".

(72) C. cost., sent. 20 maggio 1999, n. 182, in *Giur. cost.*, 1999, p. 1780, nonché in *Leg. pen.*, 1999, p. 688, con nota di RAITERI, *Il contenuto della* notitia criminis *nella richiesta di proroga delle indagini preliminari*.

(73) In proposito, l'art. 6, comma 1, lett. *b*, d.d.l. 1440/S prevede una maggiore articolazione del contenuto della richiesta di proroga delle indagini preliminari che, ai sensi di un nuovo art. 406, comma 1, c.p.p., dovrebbe contenere, fra l'altro, "l'esposizione dei motivi specifici che giustificano la richiesta sulla base delle indagini svolte".

(74) Sulla natura dell'iscrizione soggettiva, v. DOMINIONI, sub *art. 61*, in *Commentario del nuovo codice di procedura penale*, dir. da Amodio-Dominioni, vol. I, Giuffrè, 1989, p. 392, che ne sottolinea la natura costitutiva in presenza di notizie di reato non qualificate. In argomento v. anche MARANDOLA, *I registri*, cit., p. 226 s.; nonché i richiami già compiuti *supra* nt. 13.

3), *CONFERMATA L'INSINDACABILITÀ DELLA DATA DI ISCRIZIONE DEL NOMINATIVO DELL'INDAGATO NEL REGISTRO DELLE NOTIZIE DI REATO*, **IN** *Cass. pen.* 2010, 2, 513

Assegnista di ricerca Sapienza Università di Roma

Sommario 1. *Premessa. - 2. L'obbligatorietà dell'iscrizione quale presupposto della insindacabilità o della sindacabilità? - 3. L'iscrizione quale atto fluido o dai presupposti normativi certi? - 4. Assenza di un potere di sindacare le iscrizioni o attribuzione di un potere diffuso sul punto? - 5. Assenza di una struttura normativa di riferimento stante la tassatività degli interventi del g.i.p. o semplice questione di inutilizzabilità?*

1. PREMESSA

Le Sezioni unite sono state nuovamente investite della questione relativa alla sindacabilità da parte del giudice della data in cui il p.m. ha effettuato l'iscrizione del nominativo dell'indagato nel registro delle notizie di reato *ex* art. 335 c.p.p. (1). Ebbene la Corte, confermando il precedente indirizzo interpretativo, ha negato siffatta possibilità (2).

In via generale, occorre chiedersi se esistano delle ragioni che hanno impedito un ripensamento (3): forse è audace pensare che le conseguenze della pronuncia sarebbero state dirompenti per l'enorme numero di processi in cui sarebbe stata eccepita la tardività dell'iscrizione? L'inutilizzabilità, come è noto, è sanzione processuale non soggetta a decadenza: essa può essere dichiarata - d'ufficio o su eccezione di parte - in ogni stato e grado del processo *ex* art. 191 c.p.p., e se si consentisse di sindacare il rispetto dell'obbligo di immediata iscrizione, diventerebbero inutilizzabili *ex* art. 407 c.p.p. gli atti compiuti successivamente alla scadenza del termine come ricalcolato dal giudice.

Scorrendo la lunga motivazione si possono individuare quattro argomenti "forti" che giustificano l'insindacabilità dell'iscrizione soggettiva (oltre che di quella oggettiva): su ciascuno di essi saranno svolte alcune notazioni critiche.

Tuttavia, va prima evidenziato un dato: poiché qui si discute intorno alla possibilità per il giudice di controllare l'operato del p.m. sulle iscrizioni, appare doveroso individuare da subito quali siano e quale consistenza presentino gli incombenti che in materia gravano in capo al p.m.

In via di massima semplificazione si potrebbe dire che l'iscrizione è un atto vincolato (il p.m. non può scegliere se iscrivere o meno), il cui presupposto è un determinato esito di un previo momento conoscitivo, di un giudizio.

Il pubblico ministero "deve" procedere all'iscrizione oggettiva appena il risultato dell'attività di giudizio gli consente di "qualificare" un'informazione all'interno della "categoria" "notizia di reato". E tale attività di giudizio si serve di regole tecnico-giuridiche: conosciuto un fatto è necessario verificare se possa o meno essere sussunto sotto una fattispecie incriminatrice.

L'organo titolare delle indagini preliminari "deve" procedere all'iscrizione soggettiva appena il risultato dell'attività di giudizio gli consente di "qualificare" un certo soggetto all'interno della "categoria" "indagato". E tale attività di giudizio si serve di regole tecnico-giuridiche: identificato un soggetto è necessario verificare se possa o meno essere sussunto sotto l'elemento della fattispecie incriminatrice "chi ha commesso il fatto".

2. L'OBBLIGATORIETÀ DELL'ISCRIZIONE QUALE PRESUPPOSTO DELLA INSINDACABILITÀ O DELLA SINDACABILITÀ?

In primo luogo, per le Sezioni unite, l'iscrizione è un atto doveroso, obbligatorio e non già discrezionale: "il compito del p.m. è quello, in teoria neutro, di riscontrare l'esistenza dei presupposti normativi che impongono l'iscrizione: non di effettuare valutazioni realmente discrezionali, che ineluttabilmente finirebbero per coinvolgere l'esercizio di un potere difficilmente compatibile - anche sul versante dei valori costituzionali coinvolti - con la totale assenza di un qualsiasi controllo giurisdizionale".

Che l'iscrizione sia atto obbligatorio è dato incontestabile: il pubblico ministero né può scegliere liberamente "se" e "quando" iscrivere (l'iscrizione non è attività facoltativa), né può scegliere se o quando iscrivere valutando gli interessi sottesi all'iscrizione e alla mancata iscrizione (l'iscrizione non è attività discrezionale) (4).

Ma a ben vedere proprio l'obbligatorietà di tale adempimento potrebbe giustificare un controllo: se l'iscrizione fosse facoltativa sarebbe impossibile ipotizzare un sindacato (il giudice non avrebbe parametri normativi di riferimento) (5); se fosse discrezionale un sindacato sarebbe non impossibile ma assai complesso (bisognerebbe per esempio imporre un obbligo di motivazione sull'iscrizione e verificarne la congruità). Dunque è proprio la vincolatività dell'adempimento che, almeno in teoria, legittima un controllo.

3. L'ISCRIZIONE QUALE ATTO FLUIDO O DAI PRESUPPOSTI NORMATIVI CERTI?

In secondo luogo, sempre secondo le Sezioni unite, i parametri normativi di identificazione del momento dell'iscrizione sono vaghi. Si afferma infatti che l'iscrizione è atto a struttura complessa (iscrizione oggettiva e iscrizione soggettiva) e fluido, che presuppone un "lavorio definitorio" per la notizia oggettiva, una valutazione di pregnanza, per la notizia soggettiva. Di conseguenza appare ineccepibile la scelta normativa di far decorrere i termini delle indagini da un momento certo quale è il momento dell'iscrizione, così che è stata resa di agevole enucleazione l'inutilizzabilità degli atti tardivi.

Tuttavia, a differenza di quanto sostiene la Corte, è possibile individuare con molta precisione il momento in cui è doveroso iscrivere, senza dover ricorrere a concetti indeterminati quale "lavorio definitorio" e "valutazione di pregnanza".

Costituisce infatti notizia di reato oggettiva la mera apprensione di fatti - descritti nella notizia come "avvenuti", "rilevanti" e "concreti" - corrispondenti direttamente almeno al frammento più significativo di una norma incriminatrice, quello in cui si incentra l'offesa al bene giuridico: la condotta e, in aggiunta o in alternativa a quest'ultima (per esempio nei reati causalmente orientati), l'evento naturalistico (6).

Del pari, costituisce notizia di reato soggettiva la semplice presa di conoscenza di un possibile autore del fatto perché indicato direttamente nella notizia di reato qualificata, in quella non qualificata, ovvero in un atto di indagine; costituiscono altresì notizia di reato soggettiva le dichiarazioni auto indizianti rese dalla persona informata dei fatti o la sua audizione nel caso in cui sia già indiziata di reato (7).

Si tratta di situazioni che non evocano concetti fluidi, ma che al contrario ancorano gli adempimenti formali delle iscrizione a parametri certi.

La nozione di notizia di reato (tanto oggettiva che soggettiva) appena evocata, infatti, si compone di due elementi: la percezione di un dato, e la sua qualificazione come penalmente rilevante, ovverosia come corrispondente ad una data fattispecie incriminatrice (8) o ad un suo frammento.

La "percezione" è un'attività di semplice costatazione: la notizia (sia oggettiva che soggettiva) si limita a fornire, contenere, dare cognizione di certi dati (9). Per procedere alle iscrizioni non deve essere effettuato quel giudizio, seppur prognostico, di corrispondenza fra tali dati e il "vero", attraverso il confronto con atti probatori; non viene operata dal pubblico ministero alcuna comparazione fra "ciò che si assume essere avvenuto" e "ciò che è avvenuto", fra le "proposizioni referenziali" e le "premesse probatorie". La notizia, quindi, contiene una mera enunciazione referenziale, la quale è recepita per come è rappresentata.

Rispetto ad essa, quindi, non si può parlare di possibilità, probabilità, certezza, né ipotizzare uno *standard* probatorio superato il quale c'è una notizia di reato e al di sotto del quale non c'è. La notizia di reato - oggettiva o soggettiva che sia - di per sè è un'informazione "nuda", vale a dire non confortata da alcun atto a vocazione probatoria (10).

Va poi sottolineato che non è qualificabile come *notitia criminis* oggettiva un'informazione da cui si può dedurre solo indirettamente, in via inferenziale, la commissione di un reato; in tal caso vi saranno "sospetti di reato", "indizi di reato". Solo eccezionalmente, in virtù di esplicite previsioni normative in tal senso (per esempio l'arresto in quasi flagranza o l'attività amministrativa di controllo ai sensi dell'art. 220 disp. coord. c.p.p.), è doveroso aprire il procedimento in presenza di meri "indizi di reato", vale a dire di dati da cui solo in via mediata si può ritenere che sia stato commesso un fatto di reato (11).

Parimenti, la notizia che contiene l'indicazione della persona a cui è attribuibile l'illecito penale (non importa se già incorporata nella notizia oggettiva o se successiva ad essa) deve raffigurare l'informazione direttamente: se il dato fosse ricavato in via deduttiva, si potrebbe parlare di "sospettato" di reato, di "indiziato". Anche in tal caso però esistono delle eccezioni: a volte è doveroso anticipare l'iscrizione alla presenza di meri indizi di reità, cioè indicazioni dalle quali solo indirettamente si può dedurre la stessa informazione. L'art. 63, comma 1, c.p.p., infatti, impone l'iscrizione nel caso in cui dalle dichiarazioni auto-accusatorie emergano indizi di reità: non è dunque necessario che il dichiarante si accusi del fatto; è sufficiente che dalle sue parole si possa inferire la sua responsabilità. Non dissimile è la previsione dell'art. 63, comma 2, c.p.p. In tal caso è necessario iscrivere se si decida di sentire una persona che già risulti indirettamente come possibile responsabile del fatto di reato (12).

La "qualificazione", invece, è un'attività valutativa, di giudizio: bisogna appurare se il dato di cui si ha cognizione sia contenuto in una delle fattispecie incriminatrici dell'ordinamento. In altre parole, quanto costituisce oggetto della informazione appresa dagli organi investiganti deve in qualche modo ricondursi ad una norma penale: è necessario accertare se la notizia di reato contenga degli "enunciati referenziali" corrispondenti agli "enunciati legislativi" di una figura criminosa, ovverosia se gli uni siano traducibili negli altri.

Prendendo le mosse dal principio di legalità, e volendone assicurare l'attuazione anche nel momento iniziale del processo, si potrebbe affermare che, poiché "la locuzione fatto, utilizzata nell'art. 25 Cost., assume il significato pregnante di fatto offensivo di beni giuridici [sicché] si può punire l'uomo non per ciò che è o vuole, ma solo per ciò che fa" (13), la notizia di reato oggettiva deve contenere una proposizione referenziale corrispondente almeno agli elementi del reato che rappresentano l'offensività, la materialità dello stesso: condotta e/o evento (14).

Del pari, per la notizia di reato soggettiva, è necessario accertare se l'enunciato contenuto nella notizia di reato, o in un atto investigativo raccolto successivamente all'iscrizione oggettiva, corrisponda in una sua parte al "chiunque" di un determinato reato "comune", ovvero nel "soggetto qualificato" di una certa fattispecie "propria" (15).

Sicché, se sicuramente spetta al p.m. individuare le condizioni per qualificare come notizia di reato un fatto o come indagato un soggetto, non si può escludere *a priori* un sindacato su tale qualificazione da parte del giudice, sul presupposto - non riscontrabile - della vaghezza dei relativi concetti (16).

4. ASSENZA DI UN POTERE DI SINDACARE LE ISCRIZIONI O ATTRIBUZIONE DI UN POTERE DIFFUSO SUL PUNTO?

Il terzo argomento che esclude la sindacabilità della data di iscrizione, sempre per Sezioni unite, è il seguente: "la legge autorizza il giudice delle indagini ad intervenire sulle iscrizioni della notizia di reato solo in due casi, sicché, *a contrario*, deve essere escluso tale potere in ipotesi diverse".

Si richiamano quindi la richiesta di archiviazione per essere ignoto l'autore del reato e la richiesta di proroga del termine delle indagini preliminari. Nel primo caso il giudice, ai sensi dell'art. 415, comma 2-*bis*, c.p.p., può ordinare al p.m. di iscrivere il nominativo dell'indagato nel registro; nella seconda ipotesi, invece, il giudice, ai sensi dell'art. 406 c.p.p., può direzionarsi verso la concessione o meno della proroga, a seconda che l'iscrizione sia stata più o meno tempestiva.

Ma di fronte a tali considerazioni vale la pena di svolgere le seguenti osservazioni:

a) il controllo sull'archiviazione è sull'iscrizione e non già sui suoi tempi: esso è volto a garantire l'obbligatorietà dell'azione penale. In ogni caso, poi, si discute in giurisprudenza se il giudice, contestualmente all'ordine di iscrivere, possa o meno indicare la data a decorrere dalla quale si deve dare per avvenuta l'iscrizione (17);

b) in tema di proroga delle indagini nessuna disposizione autorizza un diniego sul presupposto del ritardo nell'iscrizione, sicché anche in tal caso si tratta di una conclusione interpretativa;

c) la giurisprudenza ha riconosciuto - anche qui in via interpretativa - che in sede di archiviazione di procedimento contro persona nota, il giudice può ordinare l'iscrizione sia di nuovi reati (18), sia di nuovi indagati (19);

d) in tema di modifiche dell'iscrizione e di nuove iscrizioni è pacifico che il giudice possa intervenire correggendo la modifica in nuova iscrizione e viceversa, sempre al fine di sanzionare con l'inutilizzabilità gli eventuali atti tardivi (20);

e) nel caso in cui sia stata esercitata l'azione penale in assenza di qualsivoglia iscrizione, si è affermato che il giudice può identificare il momento in cui la notizia di reato poteva e doveva essere annotata: si può così individuare il termine finale dell'indagine e, dunque, dichiarare l'inutilizzabilità degli atti eventualmente compiuti dopo la sua scadenza (21).

Alla luce di queste osservazioni, è difficile negare che al giudice non sia attribuito un potere diffuso di controllo sulle iscrizioni, finalizzato o a garantire il rispetto dell'obbligatorietà o la dichiarazione di inutilizzabilità di atti tardivi.

5. ASSENZA DI UNA STRUTTURA NORMATIVA DI RIFERIMENTO STANTE LA TASSATIVITÀ DEGLI INTERVENTI DEL G.I.P. O SEMPLICE QUESTIONE DI INUTILIZZABILITÀ?

Infine - e veniamo al quarto argomento forte della sentenza - secondo le Sezioni unite non esiste un principio generale di sindacabilità degli atti del p.m.: durante le indagini il giudice interviene solo nei casi tassativi e tipici previsti dalla legge.

Da questo punto di vista, l'affermazione della Corte è ineccepibile: secondo l'art. 328 c.p.p. il g.i.p. "provvede nei casi previsti dalla legge sulle richieste del p.m., delle parti private e della persona offesa dal reato". La disposizione dunque individua due regole generali: la tassatività degli interventi del giudice e l'esclusione di iniziative *exofficio*. Di conseguenza il compimento di tutti gli atti che sono regolati dal codice nella fase dell'indagine spetta al p.m., vi sia o meno una esplicita indicazione in tal senso; invece sono di competenza del g.i.p. esclusivamente quegli atti per cui sia espressamente prevista tale titolarità. In tal modo si vuole evitare che il g.i.p. venga coinvolto nelle ragioni dell'accusa. "Gli atti compiuti dal g.i.p. trovano così nelle norme processuali una disciplina che consente per ognuno di essi di determinare *a priori* la doverosità e *a posteriori* la legittimità" (22). In conclusione emerge un quadro normativo nel quale soltanto attraverso una modifica legislativa si potrebbe arrivare a configurare un intervento sostitutivo del giudice in tema di data di iscrizione.

Ma a ben vedere, il sindacato sulla tempestività dell'iscrizione della notizia di reato non comporta la necessaria introduzione di un ulteriore incidente durante le indagini: esiste già l'art. 407 c.p.p. che autorizza a sollevare la questione relativa alla inutilizzabilità degli atti investigativi tardivi.

In pratica in tal caso non si tratta di sindacare l'attività investigativa del p.m., ma piuttosto di valutare se un atto è o non è utilizzabile: e tale potere spetta a tutti i giudici nel momento in cui devono emettere una decisione in base ad atti a vocazione probatoria.

Non è dunque necessario creare *ex novo* un incidente sulla tardività (come quello previsto nel disegno di legge "Alfano" (23)), in quanto è sufficiente consentire al giudice di dichiarare l'inutilizzabilità di un atto in quanto tardivo. In pratica l'invalidità potrà essere fatta valere in tutti quei contesti in cui il giudice (quello delle indagini, così come quello dell'udienza preliminare, del dibattimento, dell'appello o della cassazione) è chiamato a pronunciarsi sulla base di atti probatori o è chiamato a valutare la validità di un atto probatorio (misure cautelari, archiviazione, udienza preliminare, dibattimento, appello, cassazione).

L'indagine, dunque, deve essere spostata su un diverso piano: vale a dire se un giudice (quello delle indagini, come qualsiasi altro) nel dichiarare l'inutilizzabilità di un atto per tardività debba solo calcolare formalmente il termine dell'indagine dalla data in cui si è effettivamente iscritto, ovvero possa anche valutare il momento in cui doveva essere iscritto il nominativo dell'indagato.

Il quesito che si deve porre, allora è diverso: un eventuale retrodatazione costituisce il risultato di un'interpretazione analogica delle cause di inutilizzabilità vietata dal principio di tassatività (24); ovvero è il frutto di quell'interpretazione legittima che consente di individuare i divieti legislativi costruiti implicitamente (25); o ancora, è l'esito di una mera interpretazione di una causa di inutilizzabilità tipizzata esplicitamente, ovverosia la tardività degli atti investigativi?

Orbene sembra preferibile la terza opzione: nell'art. 407 c.p.p. è detto a chiare lettere che gli atti di indagine compiuti dopo la scadenza del termine non possono essere utilizzati.

Insomma in tal caso non si pone il problema di individuare il divieto -

che è tipizzato e esplicitato chiaramente dal legislatore attraverso la previsione dell'inutilizzabilità di cui all'art. 407 c.p.p. - ma piuttosto di capire quando siamo in presenza della situazione che attiva il meccanismo sanzionatorio.

È allora necessario affidarsi ai tradizionali canoni interpretativi per verificare se l'inutilizzabilità dell'atto tardivo possa essere pronunciata anche nel caso di iscrizione non tempestiva.

Un'interpretazione letterale impone senz'altro la soluzione negativa: il termine per le indagini decorre dalla data di iscrizione *ex* art. 405, comma 2, c.p.p.

Eppure la soluzione positiva sembra doversi imporre sulla scorta di un'ermeneutica orientata al sistema, ovverosia attraverso l'uso di quella tecnica interpretativa composta da più regole, quali, ad esempio, il combinato disposto, la lettura dogmatica, il metodo evolutivo, ecc.?v(26).

Il processo penale è un procedimento, una sequenza di atti legati l'uno all'altro da una relazione di necessarietà-consecutività. Allora in tale settore non può prevalere un'interpretazione atomistica e letterale dei testi; è necessario piuttosto coordinare fra loro tutte le disposizioni che nella meccanica processuale si relazionano in un rapporto di precedente-consecutivo (27). Insomma, all'interno delle branche giuridiche processuali non si può che privilegiare una interpretazione di sistema (28).

Sicché, in virtù di un'interpretazione combinata va valorizzato il dato che ai sensi dell'art. 335 c.p.p. l'iscrizione deve essere compiuta appena risulta il nome della persona a cui è attribuito il fatto, senza possibilità di dilazioni.

In virtù di un'interpretazione funzionale va valorizzato il ruolo dei registri: in essi l'organo investigante deve in tempo reale formalizzare l'avvio delle inchiesta e i suoi snodi essenziali, non è dunque consentito lo svolgimento di indagini "sommerse".

In virtù di un'interpretazione dogmatica va valorizzato il diritto dell'indagato a vedere chiusa l'indagine entro tempi prestabiliti e a non essere di fatto e in via informale indagato.

In virtù di un'interpretazione evolutiva va valorizzata l'esigenza di sanzionare processualmente i sempre più frequenti ritardi nell'iscrizione.

In virtù di un'interpretazione finalistica va valorizzato il dato che l'inutilizzabilità è sanzione sostanziale e non formale: i termini delle indagini di cui all'art. 407 c.p.p. devono decorrere dal momento in cui il p.m. ha aperto realmente l'inchiesta contro taluno.

In definitiva, se *ex ante* è obbligatorio iscrivere dal momento in cui conosce il nome della persona a cui è attribuibile il reato, *ex post* è doveroso controllare se il p.m. abbia compiuto degli atti di indagine prima dell'iscrizione pur disponendo già dell'informazione (29).

NOTE

(1) L'apertura del processo penale e, in particolare, delle indagini preliminari, deve essere formalizzata. Non è sufficiente che il pubblico ministero sia in qualsiasi modo informato di una notizia di reato, in quanto è necessario dar conto dell'avvenuto avvio dell'*iter* processuale. Tale funzione è assolta dai registri: in essi vengono cronologicamente iscritte le notizie di reato man mano che pervengono alla conoscenza dell'organo d'accusa. Nelle procure esistono quattro tipologie di registri, indicati nel d.m. 30 settembre 1989, n. 334: il registro delle notizie di reato contro noti (c.d. mod. 21 per le procure presso il tribunale, a cui si è aggiunto il mod. 21-*bis*, per le notizie di reato di competenza del giudice di pace); il registro delle notizie di reato contro ignoti (c.d. mod. 44); il registro degli atti non costituenti notizia di reato (c.d. mod. 44) e, infine, il registro delle denunce anonime (c.d. mod. 45). Il pubblico ministero una volta che ha qualificato come notizia di reato una certa informazione deve procedere alla sua iscrizione: dovrà quindi determinarsi da subito sulla attribuibilità o meno del reato a un possibile autore, dovendo iscrivere immediatamente la notizia o nel registro contro ignoti o in quello delle persone note. In via generale è notizia di reato contro ignoti quella nella quale non vi sia alcuna indicazione circa il possibile autore del fatto. Va poi considerata alla stessa stregua l'informazione da cui è possibile identificare taluno ma solo in via indiretta. In definitiva, Il pubblico ministero deve provvedere a indicare nel registro delle notizia di reato contro persone note sia la *notitia criminis*, sia il soggetto a cui il reato è attribuito. Tale adempimento, poi, può o meno essere preceduto dall'iscrizione nel registro contro ignoti, a secondo che l'individuazione del possibile responsabile del fatto sia contestuale o meno all'acquisizione della notizia di reato.

(2) Sez. un., 21 giugno 2000, Tammaro, in *questa rivista*, 2000, p. 3259 e *ivi*, 2001, p. 411, con nota critica di MARANDOLA. *La dottrina da tempo ritiene che sia doveroso consentire un controllo*: v. ADORNO, *Decorrenza del termine per le indagini preliminari e sanzione di*

inutilizzabilità ex *art. 407, comma 3, c.p.p.*, *ivi*, 1996, p. 3719; APRATI, *Intorno alla sindacabilità dell'immediatezza nell'iscrizione della notizia di reato e del nominativo dell'indagato*, *ivi*, 2005, p. 1329 ss.; CARLI, *La notitia criminis e la sua iscrizione nel registro di cui all'art. 335 c.p.p.*, *ivi*, 1995, p. 736; G. CONTI, *La chiusura delle indagini preliminari*, *ivi*, 1989, p. 850; DINACCI, *Sempre incerti ruolo e limiti dell'iscrizione nel registro delle notizie di reato*, in *Giur. cost.*, 2005, p. 3007 ss.; DOMINIONI, *Chiusura delle indagini preliminari e udienza preliminare*, in AA.VV., *Il nuovo processo penale dalle indagini preliminari al dibattimento*, Giuffrè, 1989, p. 90; EPIFANI, Quid iuris *per l'omessa iscrizione nel registro delle notizie di reato?*, in *Giust. pen.*, 2008, c. 724; GAITO, *L'iscrizione della notizia di reato fra diritto scritto e diritto vivente*, in AA.VV., *Materiali di esercitazione per un corso di procedura penale*, Cedam, 1995, p. 55; ICHINO, *Alcuni spunti di riflessione sul tema delle indagini preliminari*, in *Riv. it. dir. e proc. pen.*, 1993, p. 668; MARANDOLA, *I registri del pubblico ministero*, Cedam, 2001, p. 297; MONACO, *Ritardata iscrizione della notizia di reato:* quid iuris*?*, in *Giur. it.*, 2000, c. 1462 ss.; SORRENTINO, *Sull'immediatezza dell'iscrizione della* notizia criminis *soggettivamente qualificata*, *ivi*, 2008, p. 734; UBERTIS, *Non a termini astratti ma garanzie nel contraddittorio*, in *Questione giustizia*, 1992, p. 484; VARRASO, *Chiusura e avviso di conclusione delle indagini preliminari*, in *Trattato di procedura penale*, diretto da Spangher, vol. II, *Le indagini preliminari*, a cura di Garuti, 2009, p. 667 ss.; ZACCARIA, *L'utilizzabilità degli atti di indagine* ante notizia criminis*: profili cronologici e tutela della difesa*, in *questa rivista*, 2008, p. 644 ss.; ZAPPULLA, *Le indagini per la formazione della* notizia criminis*: il caso della perquisizione seguita dal sequestro*, *ivi*, 1996, p. 1876.
(3) Ripensamento che sembrava alle porte: le Sezioni unite (Sez. un., 23 aprile 2009, n. 23868, Fruci, in *questa rivista*, 2009, p. 4142, con nota di APRATI, *Iscrizione soggettiva, indizi di reità e decisività degli atti tardivi*) pur dichiarando inammissibile il ricorso, si erano a lungo soffermate nella motivazione sulle conseguenze giuridiche di una ipotetica sindacabilità.
(4) Cfr. GUASTINI, *Legalità (principio di)*, in *Dig. d. priv.*, X, Utet, 1993, p. 499.
(5) Cfr. CORDERO, *Procedura penale*, Giuffrè, 2006, p. 422 ss.
(6) Cfr. APRATI, *La notizia di reato*, in *Trattato di procedura penale*, diretto da Spangher, vol. II, *Le indagini preliminari*, a cura di Garuti, Utet, 2009, p. 9 ss. In senso parzialmente diverso si ritiene che "si

avrebbe notizia quando siano rintracciabili i tratti minimi percettibili e ineliminabili del fatto di reato, costituiti dalle componenti del suo c.d. elemento oggettivo, notoriamente rappresentati da condotta, evento e dal nesso di causalità intercorrente tra i primi due", CARLI, *Le indagini preliminari nel sistema processuale*, 2ª ed., Giuffrè, 2005, p. 174. Così anche MARANDOLA, *I registri*, cit., p. 48.

(7) Cfr. APRATI, *Iscrizione soggettiva*, cit.

(8) PADOVANI, *Il crepuscolo della legalità nel processo penale*, in *Ind. pen.*, 1999, p. 531.

(9) Cfr. NAVILLE, *La logica dell'ipotesi*, Rusconi, 1989, p. 130 s.: "le tre operazioni del pensiero che si ritrovano nella soluzione di ogni problema scientifico [sono]: osservare, supporre, verificare" ... "l'osservazione è il risultato dell'attività volontaria dello spirito, cioè dell'attenzione prestata ai fenomeni percepiti. Nell'osservazione lo spirito non crea nulla, costata. È passivo rispetto all'oggetto del suo pensiero, ma esprime la propria attività nel percepirlo [...]. L'osservazione è esterna o sensibile se riguarda i fenomeni naturali, è interna o psichica se si riferisce ai fenomeni dell'anima. Alle nostre osservazioni personali, che sono relativamente poche, si aggiungono le osservazioni altrui, che riceviamo dalla nostra fiducia nella testimonianza". Vedi, inoltre FERRUA, *Modello scientifico e processo penale*, in *Dir. pen. proc.*, *Dossier*, *La prova scientifica nel processo penale*, 2008, p. 16 s., il quale nota che "anche nel processo penale si dovrebbe abbandonare l'idea di "metodo scientifico", se con esso s'intendesse quello in grado di garantire il risultato di giustizia. Ma, quando lo concepisca alla stregua del paradigma popperiano - problemi-teorie-critiche - nulla vieta di qualificare come scientifico il metodo che si segue per l'accertamento della colpevolezza. Il "problema" in cui si inciampa è la notizia di reato. La "teoria" equivale alla formulazione dell'accusa che dà inizio al processo in senso stretto. La "critica" corrisponde al contraddittorio fra accusa e difesa o, più in generale, al dibattimento seguito dal quale sarà emessa la sentenza".

(10) Cfr. APRATI, *La notizia di reato*, cit., p. 13 ss.

(11) Quindi, in questo contesto, per "indizi di reato" non si intende una valutazione in fatto del quadro probatorio a disposizione, minore di quella che legittima alcune decisioni (ad esempio i gravi indizi di colpevolezza per le misure cautelari); ma, piuttosto, la conoscenza di informazioni da cui si può dedurre, attraverso l'applicazione di massime scientifiche o di esperienza, la colpevolezza di taluno. Qui, insomma

l'indizio è indicativo della tipologia di notizia di cui si ha la disponibilità; esso corrisponde alla nozione di indizi *ex* art. 192 c.p.p.: prove indirette da contrapporre, quanto a tipologia, a quelle dirette. Sul problema v. APRATI, *La notizia di reato*, cit., p. 14 s.

(12) Per maggiori approfondimenti v. APRATI, *Iscrizione soggettiva*, cit.

(13) MARINUCCI-DOLCINI, *Corso di diritto penale*, 3ª ed., Giuffrè, 2001, p. 484.

(14) Cfr. APRATI, *La notizia di reato*, cit., p. 9 ss.

(15) Cfr. CARLI, *Le indagini preliminari*, cit., p. 173; NEGRI, Fumus commissi delicti, Giappichelli, 2004, p. 77.

(16) Inoltre, se il confine fra ciò che costituisce notizia di reato e ciò che non lo è fosse fluido, di fatto sarebbe eluso il principio dell'obbligatorietà dell'azione penale. La "cestinazione" degli atti non costituenti notizia di reato si giustifica proprio alla luce della netta linea di demarcazione esistente fra le due categorie di atti. Infatti, se la notizia di reato è un'informazione relativa ad un fatto specifico, accaduto, rilevante e corrispondente in via ipotetica ad una fattispecie astratta, sono atti "non costituenti notizia di reato" solo le informazioni relative a: *i)* fatti che non sono in alcun modo sussumibili sotto una fattispecie incriminatrice, perché manca una norma penale di riferimento o è stata caducata; *ii)* fatti irrilevanti, vale a dire fatti di impossibile verificazione; *iii)* fatti generici; *iv)* fatti futuri; *v)* sospetti o indizi di reato. Si tratta di fatti, tutti, che per essere così qualificati richiedono una semplice analisi della notizia: è sufficiente interpretare ciò che è indicato nell'atto, non è necessario ricorrere ad atti probatori.

(17) La suprema Corte in un primo momento ha precisato che il giudice non può, nel momento in cui dispone l'annotazione, retrodatarla: si può sindacare l'*an* dell'iscrizione, ma non il *quando* Sez. V, 18 ottobre 1993, n. 3156, Croci, in *questa rivista*, 1995, p. 631, in motivazione. Successivamente, però, ha affermato l'esatto contrario Sez. I, 27 marzo 1998, Dell'Anna, in *C.E.D. Cass.*, n. 210545.

(18) Sez. un., 31 maggio 2005, n. 22909, Minervini, in *questa rivista*, 2006, p. 974, nella cui motivazione si afferma che "è possibile estrapolare dal complesso delle regole dettate sia a livello di carta fondamentale (artt. 112 e 24, comma 2, Cost.), sia a livello di codice di rito (v. artt. 335, 405, 409 ss.) una linea di indirizzo piuttosto chiara: il g.i.p. può concordare con il p.m. ed allora *nulla quaestio*; può dissentire e ritenere che il p.m. non abbia esercitato bene l'azione penale ed allora, lungi dall'esercitarla egli stesso in contrasto con il dettato

costituzionale dell'art. 112 Cost. può invitarlo a compiere ulteriori indagini ed in tal caso, ove dette indagini debbano essere estese a persone non menzionate dal p.m. e/o per altri reati o per reati diversi, è giocoforza disporre che esse inizino secondo le regole, ossia sulla base degli adempimenti previsti dall'art. 335 c.p.p.; solo quando tali formalità siano adempiute e quindi l'attività di indagine sia stata rimessa nuovamente nelle mani e nelle valutazioni del p.m., il g.i.p. è abilitato ad emettere nuovamente i provvedimenti previsti dall'art. 409 c.p.p.

(19) Sez. un., 31 maggio 2005, n. 22909, Minervini, cit., p. 974.

(20) Cfr. Sez. V, 5 marzo 1992, n. 787, Mendella, in *questa rivista*, 1993, p. 2048; Sez. II, 17 dicembre 2007, n. 4794, Spaccialbelli, *ivi*, 2008, p. 3244; Sez. VI, 17 aprile 2003, n. 33067, Visciglia, *ivi*, 2005, p. 1933; Sez. III, 6 luglio 1999, n. 11009, Gioia, *ivi*, 2001, p. 551; Sez. IV, 10 febbraio 1999, n. 429, Gaytan Ygua, *ivi*, 2000, p. 3090; Sez. I, 10 marzo 1992, n. 1117, Rossi, *ivi*, 1993, p. 2311; Sez. V, 3 luglio 1998, n. 4440, Itria, in *C.E.D. Cass.*, n. 211936.

(21) Sez. I, 6 luglio 1992, n. 3249, Barberio, in *C.E.D. Cass.*, n. 191719.

(22) SAU, *Il giudice per le indagini preliminari*, in *Giust. pen.*, III, 1992, p. 689. Ragioni analoghe hanno spinto il legislatore a escludere interventi *ex officio*: il giudice entra in scena solo su istanza di parte, cosicché ne risulti garantita in maniera credibile la terzietà. La scelta si salda perfettamente con l'inquadramento del g.i.p. nell'impianto accusatorio del codice e con la correlata visione garantistica della giurisdizione intesa come strumento di tutela dell'indagato.

(23) D.d.l. Senato n. 1140/2009 di iniziativa governativa, sul quale v. MAZZA, *La fase delle indagini preliminari nel "progetto Alfano" e il suo impatto sul sistema processuale vigente*, in *questa rivista*, 2009, p. 3263 ss.

(24) Sul tema v. GALANTINI, *L'inutilizzabilità della prova nel processo penale*, Cedam, 1992, p. 159 ss. Da ultimo v. C. CONTI, *Accertamento del fatto e inutilizzabilità*, Cedam, 2007, p. 78 ss.

(25) GRIFANTINI, sub *art. 191*, in *Commentario breve al codice di procedura penale*, a cura di Conso-Grevi, Cedam, 2005, p. 546.

(26) "La locuzione "interpretazione sistematica", a dire il vero, è largamente usata per designare non già una singola tecnica interpretativa, ma piuttosto un'intera famiglia di tecniche diverse, il cui solo tratto comune è quello di fare appello: *(a)* per un verso al contesto entro cui si colloca la disposizione da interpretare, e *(b)* per un altro verso, alla presunzione di coerenza (assenza di antinomie) e congruenza

(assenza di disarmonie assiologiche) dell'ordinamento giuridico". Ma il contrasto fra il risultato dell'interpretazione letterale e di quella sistematica come va risolto? "Le regole dell'interpretazione presentano due caratteristiche salienti: da un lato, sono defettibili, ossia soggette ad eccezioni implicite non specificate e non specificabili; dall'altro non costituiscono in alcun modo un sistema, dacché il loro insieme è pervaso da conflitti: ad ogni regola se ne contrappone un'altra di contenuto incompatibile [...]. E lo stesso art. 12, comma 1, disp. prel. c.c., non offre una risposta univoca a questa domanda", GUASTINI, *L'interpretazione degli atti normativi*, Giuffrè, 2004, p. 166, 142, nt. 8 e 190; VELLUZZI, *L'interpretazione sistematica e prassi giurisprudenziale*, Giappichelli, 2002, p. 62 e 162 ss.

(27) CORDERO, *Procedura penale*, cit., p. 1307: "la lettera non va sempre seguita *ad unguem*, tanto meno nelle procedure codificate; i codici sono ordigni complessi, i cui elementi interagiscono; e siccome *tout se tien*, ogni tanto si impongono letture correttive guidate dal sistema".

(28) Cfr. TARELLO, *L'interpretazione della legge*, Giuffrè, 1980, p. 399. Sul tema della autonomia dell'interpretazione nelle procedure, in una visione storica v. DEGNI, *L'interpretazione della legge*, Jovene, 1909, p. 9 ss. e 132; ROCCO, *L'interpretazione delle leggi processuali*; in *Arch. pen.*, 1906, p. 87 ss.; GUASTINI, *Due studi sulla dottrina dell'interpretazione nei giuristi italiani del primo Novecento*, in *Materiali per la storia di una cultura giuridica*, VII, 1977, p. 147 ss.

(29) Cfr. APRATI, *Intorno alla sindacabilità*, cit., p. 1331.

all'art. 129 c.p.p. Obbligo della immediata declaratoria di determinate cause di non punibilità la dottrina e la giurisprudenza sia di legittimità che di merito.

La norma vuole che, affinché il giudice l'adotti, una delle formule di assoluzione previste dal ventaglio di riferimento, risulti evidente, agli atti. In tale ipotesi ....Il giudice pronuncia sentenza di assoluzione.....
In claris non fit interpretatio, atteso che la lettera della norma – impone- al giudice interpete, l'obbligo e non la facoltà di privilegiare e scegliere una delle formule di definizione processuale nel merito.
Il fine è quello di tutelare l'innocenza dell'imputato, in ossequio, peraltro, al disposto Costituzionale dell'art. 27 comma 2, che fornisce

giustificazione assiologica al secondo comma dell'art. 129 c.p.p.

Inoltre secondo i giudici di appello la ritenuta sussistenza di una situazione di incertezza probatoria sarebbe comunque – coperta – dalla estinzione per intervenuta prescrizione.

La Pronuncia delle Sezioni Unite della Cassazione, (poiché – lo si ribadisce- manca ogni argomentazione sulla sollevata questione) fatto proprio il principio di diritto enunciato recentemente delle Sezioni Unite della Cassazione che ad adunanza plenaria secondo cui All'esito del giudizio, il proscioglimento nel merito, nel caso di contraddittorietà o insufficienza della prova, non prevale rispetto alla dichiarazione immediata di una causa di non punibilità, Cfr. Cass. Pen. SS.UU. 28 maggio 2009, n. 35490.

Orbene, tale principio va letto nell'ambito dell'intero impianto motivazionale dell'importante sentenza, in cui vengono analizzate diverse ipotesi in cui può verificarsi il concorso tra una causa di estinzione del reato e la pronuncia di assoluzione nel merito.

Norma di riferimento è l'art. 129 c.p.p., che al primo comma sancisce l'obbligo di immediata declaratoria di proscioglimento quando risulta una causa di assoluzione o una causa di estinzione o di improcedibilità; mentre il secondo comma stabilisce la prevalenza della sentenza di assoluzione su quella di proscioglimento per estinzione del reato quando dagli atti risulta evidente l'innocenza dell'imputato.

Infatti sul punto per costante giurisprudenza dei giudici delle leggi, la pronuncia di assoluzione nel merito dell'imputato ex. art. 129 cpv. c.p.p., prevale su quella di estensione del reato solo ove, dalle risultanze probatorie, evidente l'innocenza del medesimo, Cfr. ex. Multis, Cass. Pen. Sez. VI, 18.11.2003, n. 48527; Cass. Pen. 30.12.2000, Galdieri ed altri; Cass. Pen. 6-2-1998, Fratucello; Cass. Pen. 30.6.1993, Mussone, Cass. Pen. 27.1.1994, Vescovi; Cass. Pen. 1992, n. 2773; Corte Cost. 18.7.1991, n. 362, Giurisprudenza di merito App. Potenza, 26/2/2012; App. Milano Sez.II, 16/2/2012.

A tale norma si contrappone il generale principio del *favor rei* e della prevalenza dell'assoluzione nel merito, oltre al combinato disposto degli artt. 530 e 531 c.p.p.

In altre parole, se vi è il dubbio sull'esistenza stessa del reato, non può che pronunciarsi una assoluzione piena nel merito a' sensi e per gli effetti di cui all'art. 530, comma 1, cod. proc. pen.

l'art. 533 c.p.p. in riferimento alla novella legislativa 20 febbraio 2006, n. 46

La dottrina dominante e la pacifica giurisprudenza sul principio
"al di là di ogni ragionevole dubbio".
*****

Secondo autorevole dottrina: "se nella ricostruzione accusatoria si annida qualche dubbio ragionevole, il giudice non ha alternativa diverse dal proscioglimento (omissis) è proprio un nuovo modo di pensare, che si emancipa dagli schemi abituali dell'amministrazione della giustizia penale Italiana: i beni più preziosi dell'imputato, i suoi diritti individuali, vanno presi sul serio, perché le democrazie non possono permettersi di comprimerli; la protezione dell'innocente ed il rispetto dei fondamenti Costituzionali dello Stato sono garantiti solo se nel processo penale viene adottato, come regola probatoria e come regola di giudizio, il criterio dell'oltre il ragionevole dubbio; questa regola costituisce diritto vigente nel nostro paese essendo imposta dagli artt. 2, 3 comma I, 25comma II, e soprattutto l'art. 27 della Costituzione; quel che più conta, alla sua base stanno le potenti ragioni morali ed utilitaristiche che trovano espressione nella massima << è molto meglio lasciar libero un colpevole che condannare un innocente>>.

Così il Chiarissimo Professor Federico Stella in Giustizia e Modernità, edizione III°, edizione 2005, (pag. 67 e segg.) scriveva, priva che il Legislatore tradusse in norma, con l'art. 533 c.p.p. (condanna dell'imputato), questi principi irrinunciabili.

L'art. 192 c.p.p. afferma che il giudice valuta la prova dando conto nella motivazione dei risultati acquisiti e dei criteri adottati. L'esistenza di un fatto non può essere desunta da indizi a meno che questi siano gravi, precisi e concordanti. A tal proposito, in tema di valutazione degli indizi, questi, giusta il disposto dell'art. 192 comma 2 del c.p.p. devono essere gravi, precisi e concordanti, Cfr. tra le tante, Cass. Pen. 2007, n. 46082.

Al riguardo, si deve ulteriore evidenziare che la precisazione dell'indizio ne presuppone la certezza: tale requisito, infatti, benchè non espressamente indicato nell'art. 192 comma 2 c.p.p. , è da ritenersi insito nella previsione di tale precetto, non potendosi fondare la prova critica su un fatto solo verosimilmente accaduto, soprattutto o intuito, e non accertato come realmente verificatosi.

Le prove prodotte nel presente procedimento questa difesa ritiene e sostiene che sono incomplete. Sul punto la Suprema Corte ha ribadito con varie pronunce che la prova è incompleta non solo quando vi è un insuperabile contrasto tra le risultanze acquisite, ma anche quando lo stato di incertezza, desumibile dell'analisi critica del nucleo essenziale della prova d'accusa, si irradia, con varia intensità, sugli elementi ad essa accessori o di attenuata rilevanza, sicché il quadro che si delinea non consente di superare le perplessità evocate da ciascuna delle risultanze esaminate e riconosciute, utili per l'accertamento della verità, *Cfr. Cass. Pen. Sez. V, 9.1.1990, rabito, Cass. Pen. 1991, I, 1086 (s.m); Conf. Cass. Pen. Sez. Fer. 23.8.1990, Crollo; Cass. Pen. 1991, II, 873, Giust. Pen. 1990, III, 736 (s.m.) Arch. Nuova proc. pen. 1991, 69.*

Infatti, il sesto comma dell'art. 197Bis del c.p.p. specifica che alle dichiarazioni rese dalle persone che assumono l'ufficio di testimone ai sensi del presente articolo si applica la disposizione di cui all'art. 192, 3 co. c.p.p., da ciò consegue che la propalazioni in oggetto devono esser sottoposte ad un duplice vaglio di attendibilità, posto che all'attendibilità delle dichiarazioni rese.
Tale ulteriori valutazioni necessita di cd. Riscontri esterni, ovvero di ulteriori elementi probatori che siano idonei a suffragare i dicta del soggetto che le rilascia, sul punto la giurisprudenza è pacifica, *Cfr. App. Taranto, 15.12.2011; App. Napoli, Sez. VII, 14.10.2011; App. Milano, Sez. II, 19.5.2011.*

Questo è quanto è possibile ricavare dall'analisi letterale della norma di cui all'art. 192 co.3 del c.p.p., che testualmente recita: le dichiarazioni dei testimoni sono valutate unitamente agli altri elementi di prova che ne confermano l'attendibilità, e che si riconnette all'intenzione del legislatore di escludere la possibilità, in tema di prova indiziaria, che la responsabilità dell'imputato si fondi su un indizio isolato <argomento che si ricava ricollegando sistematicamente stabilisce che l'esistenza di un fatto non può essere desunta da indizi a meno che questi non siano gravi, precisi e concordanti>, sul punto è consolidata la giurisprudenza di legittimità, *Cfr. Cass. Pen. 1992, n. 2398, Rv. 189566; Cass. Pen. Sez. I, 8.3.2000, n. 7027; Cass. Pen. 2006, n. 33519; Cass. Pen. 2007, n. 46082.*

In altri termini, affinchè sia possibile procedere alla verifica del fatto – oggetto dell'imputazione è necessario che in mancanza di prova diretta "ovvero idonea a fornire concreta dimostrazione del fatto stesso" siano presenti, agli atti, una pluralità di indizi, gravi, precisi e concordanti, idonei, quindi, a corroborare l'ipotesi accusatoria, sul punto si veda, *Cfr. Cass. Pen. Sez. I, 14 giugno 2000, n. 7027.*

I riscontri assolvono ad un duplice compito valutativo, dovendo in prima istanza accertare l'attendibilità intrinseca della dichiarazione ed in seconda l'attendibilità estrinseca. Occorre, cioè accertare sia che il soggetto che rilascia le dichiarazioni de quibus risulti essere attendibile ex. se, sia che il contenuto della dichiarazione trovi conferma in altri elementi reperiti dall'autorità inquirente.
Sul punto la Suprema Corte ha ribadito con varie pronunce, che la prova è incompleta, non solo quando vi è un insuperabile contrasto tra le risultanze acquisite, ma anche quando lo stato di incertezza, desumibile dell'analisi critica del nucleo essenziale della prova d'accusa, si irradia, con varia intensità sugli elementi ad essa accessori o di attenuata rilevanza, sicché il quadro che si delinea non consente di superare le perplessità evocate da ciascuna delle risultanze esaminate e riconosciute utili per l'accertamento della verità, sul punto si veda, *Cfr. Cass. Pen. Sez. V, 9.1.1990, Rabito, Cass. Pen. 1991, I, 1086 (s.m); Cass. Pen. Sez. Fer. 23 agosto 1990, Crollo, Cass. Pen. 1991, II, 873, Giust. Pen. 1990, III, 736 (s.m.) Arch. Nuova proc. pen. 1991, 69; Cass. Pen. 1993, n. 8859; Cass. Pen. 2007, n. 32859; Cass. Pen. 2003, n. 25517.*

Peraltro, la novella legislativa legge 20 febbraio 2006, n. 46 che modifica il primo comma dell'art. 533 c.p.p. indica che la colpevolezza del soggetto imputato debba essere provata "oltre ogni ragionevole dubbio" ; con la modifica il legislatore ha inteso recepire un principio già acquisito dalla giurisprudenza, secondo il quale la condanna è possibile soltanto quando vi sia la certezza processuale della responsabilità dell'imputato, *Cfr. Cass. Pen. Sez. I, 2006, n. 20371; Cass. Pen. 2006, n. 30402; Cass. Pen. Sez. II, 2.4.2008, n. 16357; Cass. Pen. Sez. I, 21/5/2008, n. 31456; Cass. Pen. Sez. III, 12.2.2009, n. 15911, Rv. 243258; Cass. Pen. Sez. II, 9.11.2012, n. 7035, Rv.254025,* sulla scorta di tale indizio interpretativo si è infatti ritenuto che gli indizi necessari a fornire la prova oltre che gravi precisi e concordanti debbano anche esser certi: infatti la Suprema Corte di Cassazione, che, ove così non fosse, si correrebbe il rischio di fondare una sentenza di condanna su fatti verosimilmente accaduti valorizzando così il mero sospetto o la personale congettura; pertanto, affinchè il reato possa essere attribuito all'imputato "al di la di ogni ragionevole dubbio" "così il letterale tenore normativo" è necessario che l'ipotesi accusatoria, quando sorretta da elementi indiziari o, come nelle specifico, si fondi sulle dichiarazioni di coimputato nei confronti delle cui dichiarazioni è legittimo, per le suesposte ragioni, nutrire dubbi di tenuità delle stesse venga corroborata da ulteriori e diversi elementi idonei a verificarne l'attendibilità, verifica questa che non si sostiene, bensì si aggiunge al controllo in ordine alla credibilità del soggetto che tali dichiarazioni rende.

In altre parole, quando la prova è incompleta si impone l'assoluzione dell'imputato, sul punto è consolidata la giurisprudenza dell'Ecc. Ma Suprema Corte di Cassazione, Cfr. tra le tante, Cass. Pen. 2006, n. 30402; Cass. Pen. 2005, n. 43324, Borghella; Cass. Pen. 2005, n. 41052, Piscopo Alessandro ed altri, Cass. Pen. 2005, n. 41176, P.G. Maggi e altri; Cass. Pen. 2009, n. 6853; Cass. Pen. Sez. III, 6.4.2009, n. 15911; Cass. Pen. Sez. IV, 12.11.2009, n. 48320, Rv. 2458879.

Infine, per "La condanna", insistono i giudici delle leggi, "presuppone la certezza della colpevolezza, mente l'assoluzione non presuppone la certezza dell'innocenza, ma la mera non certezza della colpevolezza", cfr. Cass. Pen. 2012, n. 931.

Nuova disciplina della recidiva *ex* L. n. 251/2005 (Avv. Santoro Donato).

La recidiva è l'istituto di diritto penale sostanziale che si occupa di chi, dopo essere stato condannato con sentenza irrevocabile per un reato, ne commette un altro.

La recente L. n. 251/2005 ha rinnovato la disciplina di esso, modificando l'articolo 99 del codice penale.

In particolare, in esso si evidenzia che l'istituto della recidiva entra in gioco solo in caso di condanna per delitto non colposo (cioè doloso) e di commissione di delitto analogamente doloso, non colposo o contravvenzione.

Gli aumenti di pena previsti sono i seguenti:

A) di 1/3 (recidiva semplice): se, dopo essere stato condannato per un delitto non colposo, se ne commette un altro. L'aumento di pena non è obbligatorio. Si noti bene, però, che l'aumento della pena per la recidiva diventa obbligatorio se si tratta di uno dei delitti indicati all'articolo 407, comma 2, lettera *a)*, del codice di procedura penale e, cioè, se viene commesso il reato di: devastazione saccheggio e strage (art. 285 c.p.), guerra civile (286 c.p.), associazione di tipo mafioso (art. 416-bis c.p.) e delitti collegati, strage (art. 422 c.p.), omicidio (art. 575 c.p.), rapina (art. 628 c.p.), estorsione (nella versione di cui all'art. 629, comma 2°, c.p.), sequestro di persona a scopo di estorsione (art. 630 c.p.), delitti commessi per finalità di terrorismo o di eversione dell'ordinamento costituzionale per i quali la legge stabilisce la pena della reclusione non inferiore nel minimo a cinque anni o nel massimo a dieci anni, partecipazione ad associazioni sovversive (art. 270, comma 3°, c.p.), partecipazione ad associazioni con finalità di terrorismo anche internazionale o di eversione dell'ordine democratico (art. 270-bis, comma 2°, c.p.), delitti di illegale fabbricazione, introduzione nello Stato, messa in vendita, cessione, detenzione e porto in luogo pubblico o aperto al pubblico di armi da guerra o tipo guerra o parti di esse, di esplosivi, di armi clandestine nonché di più armi comuni da sparo, escluse quelle previste dall'articolo 2, comma terzo, della legge 18 aprile 1975, n. 110, delitti di cui agli articoli 73, limitatamente alle ipotesi aggravate ai sensi dell'articolo 80, comma 2, e 74 del Testo unico delle leggi in materia di disciplina degli stupefacenti e sostanze psicotrope, prevenzione, cura e riabilitazione dei relativi stati di tossicodipendenza, approvato con decreto del Presidente della Repubblica 9 ottobre 1990, n. 309, e successive modificazioni, associazione per delinquere, se è obbligatorio l'arresto in flagranza (art. 416 c.p.), delitti di cui agli artt. 291ter - limitatamente alle ipotesi aggravate previste dalle lettere a), d) ed e) del comma 2 - e 291quater, comma 4, del testo unico approvato con decreto del Presidente della Repubblica 23 gennaio 1973, n. 43, riduzione o mantenimento in schiavitù o servitù (art. 600 c.p.), prostituzione minorile (art. 600-bis, comma 1°, c.p.), pornografia minorile (art. 600-ter, comma 1°, c.p.), tratta di persone (art. 601 c.p.), acquisto ed alienazione di schiavi (art. 602 c.p.), violenza sessuale (art. 609-bis, nelle ipotesi aggravate previste dall'articolo 609-ter, 609-quater,

609-octies codice penale).

B) sino ad 1/2 (recidiva mono aggravata): 1) se il nuovo delitto non colposo è della stessa indole (recidiva specifica); ovvero 2) se il nuovo delitto non colposo è stato commesso nei cinque anni dalla condanna precedente (recidiva infraquinquennale); ovvero 3) se il nuovo delitto non colposo è stato commesso durante o dopo l'esecuzione della pena o durante il tempo in cui il condannato si sottrae volontariamente all'esecuzione della pena. In questi casi l'aumento di pena non è obbligatorio.

C) di 1/2: qualora concorrano più circostanze fra quelle indicate al punto B) (recidiva pluriaggravata), ovvero se chi è gia recidivo commette un altro delitto non colposo (recidiva reiterata). In questi casi l'aumento di pena è obbligatorio.

D) di 2/3 (recidiva reiterata ed aggravata**):** se il recidivo commette un altro delitto non colposo e se esso è della stessa indole, ovvero se è stato commesso nei cinque anni dalla condanna precedente, oppure ancora se è stato commesso durante o dopo l'esecuzione della pena, ovvero durante il tempo in cui il condannato si sottrae volontariamente all'esecuzione della pena. In tali casi l'aumento di pena è obbligatorio

E) sino ad 1/3: se ricorre uno dei reati elencati *sub* A), seconda parte (p. es. omicidio) ed il nuovo delitto non colposo è della stessa indole, ovvero esso è stato commesso nei cinque anni dalla condanna precedente, oppure è stato commesso durante o dopo l'esecuzione della pena, ovvero durante il tempo in cui il condannato si sottrae volontariamente all'esecuzione della pena. Si noti bene che in tali casi l'aumento di pena nella misura indicata è obbligatorio.

Il nuovo articolo 99 c.p., infine, contiene una disposizione di chiusura, a tenore della quale in nessun caso l'aumento di pena per effetto della recidiva può superare il cumulo delle pene risultanti dalle condanne precedenti alla commissione del nuovo delitto non colposo.

Inoltre, con riferimento al recidivo reiterato, si noti bene che:

- *ex* art. 62-*bis* c.p., comma 2°, al recidivo reiterato, nella commissione di uno dei reati elencati *sub* A), seconda parte (p. es. omicidio), nel caso in cui siano puniti con la pena della reclusione non inferiore nel minimo a cinque anni, ai fini dell'applicazione delle circostanze attenuanti generiche, non si tiene conto dei criteri di cui all'art. 133, comma 1° n.

3) e comma 2°, c.p. (valutazione della gravità del reato, tenendo conto della intensità del dolo e del grado della colpa, nonché valutazione della capacità a delinquere, desumibile dai motivi a delinquere, dal carattere del reo, dai suoi precedenti penali e giudiziari, dalla condotta e vita del reo antecedenti al reato, dalla condotta coeva o successiva al reato, dalle condizioni di vita individuale familiare e sociale). In altri termini, la diminuente non può fondarsi sui criteri attinenti alla personalità dell'imputato.

- *ex* art. 69 c.p., comma 4° (nel suo nuovo testo), in caso di recidiva reiterata, v'è divieto di prevalenza (non di equivalenza, però) di eventuali attenuanti nel caso di concorso di circostanze aggravanti e attenuanti.

Sempre nel caso del recidivo reiterato, poi, se da questi sono commessi reati in concorso formale o in continuazione, l'aumento della quantità di pena non può essere comunque inferiore ad un terzo della pena stabilita per il reato più grave.

Simili restrizioni calano sul capo del recidivo reiterato anche in tema di misura alternative e di benefici penitenziari (v. L. n. 354/1975).

In particolare: I) l'art. 30-*quarter* della L. n. 354/1975 disciplina la concessione dei permessi premi ai detenuti ai quali sia stata applicata la recidiva reiterata subordinandola ad una congrua espiazione effettiva della pena; II) l'art. 47-*ter* della medesima stabilisce criteri oggettivi e soggettivi in ragione dei quali può essere disposta la detenzione domiciliare, con particolare attenzione alla posizione dei recidivi in generale; III) l'art. 50-*bis* della stessa disciplina *ex novo* la concessione della semilibertà ai recidivi in generale; IV) l'art. 58-*quarter* non consente la concessione per più di una volta dell'affidamento in prova al servizio sociale, della detenzione domiciliare e della semilibertà al condannato al quale sia stata applicata la recidiva reiterata.

Infine, un occhio di riguardo ai recidivi tossicodipendenti o alcoldipendenti, sul piano dei benefici loro concedibili, veniva dato dall'art. 94-*bis* del D.P.R. n. 309/1990, come modificato sempre dalla L. n. 251/2005. Tuttavia, detto articolo è stato soppresso dal recente D.L. n. 272/2005.

Su tali basi c'è gia chi invoca l'illegittimità costituzionale della nuova normativa (contrasto con l'art. 3), con particolare riferimento al trattamento assai severo e discriminante riservato al recidivo reiterato.

Nuova disciplina della prescrizione *ex* L. n. 251/2005.

La prescrizione è l'istituto di diritto penale sostanziale che si occupa della estinzione della punibilità del reato per effetto del decorso del tempo.

Essa è sempre espressamente rinunciabile dall'imputato.

La recente L. n. 251/2005 ha rinnovato la disciplina di esso, innovando l'articolo 157 del codice penale.

Durata (art. 157 c.p.). In base alla nuova normativa la prescrizione estingue il reato decorso il tempo corrispondente al massimo della pena edittale stabilita dalla legge e, comunque, un tempo non inferiore a sei anni, se si tratta di delitto ed a quattro anni, se si tratta di contravvenzione, ancorché puniti con la sola pena pecuniaria.

Quando per il reato la legge stabilisce congiuntamente o alternativamente la pena detentiva e la pena pecuniaria, per determinare il tempo necessario a prescrivere si ha riguardo soltanto alla pena detentiva.

Quando per il reato la legge stabilisce pene diverse da quella detentiva e da quella pecuniaria, si applica il termine di tre anni.

Per determinare il tempo necessario a prescrivere si ha riguardo alla pena stabilita dalla legge per il reato consumato o tentato, senza tener conto della diminuzione per le circostanze attenuanti e dell'aumento per le circostanze aggravanti.

Altresì, nella determinazione del tempo necessario alla prescrizione non si applica il giudizio di comparazione tra le circostanze, di cui all'art. 69 c.p.

Unica eccezione è rappresentata dal caso in cui ricorrano aggravanti per le quali la legge stabilisce una pena di specie diversa da quella ordinaria ovvero aggravanti ad effetto speciale, nel qual caso si tiene conto dell'aumento massimo di pena previsto per l'aggravante.

Peraltro, anche in questo caso, le dette aggravanti non possono essere vanificate dalla presenza (prevalente o equivalente) di circostanze attenuanti.

I termini di prescrizione sono raddoppiati per alcuni reati di grave allarme sociale e, cioé, per i reati di cui agli articoli 449 (delitti colposi di danno) e 589, 2° e 3° comma (omicidio colposo con violazione delle norme sulla circolazione stradale o di quelle per la prevenzione degli infortuni sul lavoro, pluriomicidi, pluriomicidi e plurilesioni) nonché per i reati associazione per delinquere diretta a commettere delitti quali riduzione o mantenimento in schiavitù o servitù, tratta di persone, acquisto ed alienazione di schiavi (art. 416, 6° comma, c.p.) riduzione o mantenimento in schiavitù o servitù (art. 600 c.p.), tratta di persone (art. 601 c.p.), acquisto ed alienazione di schiavi (art. 602 c.p.), associazione di tipo mafioso (art. 416-bis c.p.), sequestro di persona a scopo di estorsione (art. 630 c.p.) ed altri ancora di cui all'articolo 51, commi 3- *bis* e 3- *quater* , del c.p.p.

Decorso del termine di prescrizione (art. 158 c.p.). Il termine della prescrizione decorre, per il reato consumato, dal giorno della consumazione. Per il reato tentato, dal giorno in cui è cessata l'attività del colpevole. Per il reato permanente, dal giorno in cui è cessata la permanenza. Nei reati punibili a querela, istanza o richiesta, il termine della prescrizione decorre dal giorno del commesso reato.

Quando la legge fa dipendere la punibilità del reato dal verificarsi di una condizione, il termine della prescrizione decorre dal giorno in cui la condizione si è verificata.

Sospensione del decorso della prescrizione (art. 159 c.p.). Il corso della prescrizione rimane sospeso in ogni caso in cui un particolare disposizione di legge dispone la sospensione del procedimento o del processo penale o dei termini di custodia cautelare.

Il corso della prescrizione rimane sospeso, altresì, nel caso in cui sia necessaria l'autorizzazione a procedere (e la sospensione del corso della prescrizione si verifica dal momento in cui il pubblico ministero presenta la richiesta e il corso della prescrizione riprende dal giorno in cui l'autorità competente accoglie la richiesta), nel caso di deferimento della questione ad altro giudizio o in caso di impedimento delle parti e dei difensori ovvero su richiesta dell'imputato o del suo difensore, che determini la sospensione del procedimento o del processo penale.

In quest'ultima ipotesi l'udienza non può essere differita oltre il sessantesimo giorno successivo alla prevedibile cessazione dell'impedimento, dovendosi avere riguardo, in caso contrario, al tempo dell'impedimento aumentato di sessanta giorni.

Sono fatte salve le facoltà previste dall'articolo 71, commi 1 (facoltà del giudice di sospendere il procedimento penale per incapacità dell'imputato) e 5 (sospensione dei termini per le indagini preliminari per accertamenti sulla capacità dell'imputato), del codice di procedura penale.

La prescrizione riprende il suo corso dal giorno in cui è cessata la causa della sospensione.

Interruzione del decorso del termine di prescrizione (art. 160 c.p.). Il corso della prescrizione è interrotto dalla sentenza di condanna o dal decreto di condanna.

Interrompono pure la prescrizione l'ordinanza che applica le misure cautelari personali e quella di convalida del fermo o dell'arresto, l'interrogatorio reso davanti al pubblico ministero o al giudice, l'invito a presentarsi al pubblico ministero per rendere l'interrogatorio, il provvedimento del giudice di fissazione dell'udienza in camera di consiglio per la decisione sulla richiesta di archiviazione, la richiesta di rinvio a giudizio, il decreto di fissazione della udienza preliminare, l'ordinanza che dispone il giudizio abbreviato, il decreto di fissazione della udienza per la decisione sulla richiesta di applicazione della pena, la presentazione o la citazione per il giudizio direttissimo, il decreto che dispone il giudizio immediato, il decreto che dispone il giudizio e il decreto di citazione a giudizio.

La prescrizione interrotta comincia nuovamente a decorrere dal giorno della interruzione.

Se più sono gli atti interruttivi, la prescrizione decorre dall'ultimo di essi.

In nessun caso l'interruzione della prescrizione può comportare l'aumento del termine prescrizionale per più di: 1/4 del tempo necessario a prescrivere; per più di 1/2 nei casi di recidiva aggravata; per più di 2/3 nel caso di recidiva reiterata; per più del doppio nel caso di abitualità o professionalità nel reato (eccezion fatta per i seguenti reati: associazione per delinquere diretta a commettere delitti quali riduzione o mantenimento in schiavitù o servitù, tratta di persone, acquisto ed alienazione di schiavi (art. 416, 6° comma, c.p.) riduzione o mantenimento in schiavitù o servitù (art. 600 c.p.), tratta di persone (art. 601 c.p.), acquisto ed alienazione di schiavi (art. 602 c.p.), associazione di tipo mafioso (art. 416-bis c.p.), sequestro di persona a scopo di estorsione (art. 630 c.p.) ed altri ancora di cui all'articolo 51, commi 3- *bis* e 3- *quater* , del c.p.p.).

Effetti della sospensione e della interruzione. La sospensione e la interruzione della prescrizione hanno effetto per tutti coloro che hanno commesso il reato.

Salvo che si proceda per i reati di associazione per delinquere diretta a commettere delitti quali riduzione o mantenimento in schiavitù o servitù, tratta di persone, acquisto ed alienazione di schiavi (art. 416, 6° comma, c.p.) riduzione o mantenimento in schiavitù o servitù (art. 600 c.p.), tratta di persone (art. 601 c.p.), acquisto ed alienazione di schiavi (art. 602 c.p.), associazione di tipo mafioso (art. 416-bis c.p.), sequestro di persona a scopo di estorsione (art. 630 c.p.) ed altri ancora di cui all'articolo 51, commi 3- *bis* e 3- *quater* , del codice di procedura penale, del c.p.p., in nessun caso l'interruzione della prescrizione può comportare l'aumento di più di un 1/4 del tempo necessario a prescrivere, di 1/2 nei casi di recidiva monoaggravata, di 2/3 nel caso di recidiva reiterata, e del doppio nei casi di delinquenza abituale, presunta dalla legge o ritenuta dal giudice e di professionalità nel reato.

Novità in tema di associazione di tipo mafioso ed altre ipotesi di reato.

All'art. 416-bis c.p. sono state apportate delle modifiche dalla nuova L. n. 251/2005.

In particolare, il comma 2° dell'art. 1 della citata legge ha rinnovato le pene previste al menzionato articolo per questo tipo di reato.

Sicché, oggi, chiunque fa parte di un associazione di tipo mafioso formata da tre o più persone, è punito con la reclusione da cinque a dieci anni e non più da tre a sei anni.

I capi, che promuovono, dirigono o organizzano l'associazione sono puniti, per ciò solo, con la reclusione da sette a dodici anni (prima la pena detentiva era da quattro a nove).

Infine, se l'associazione è armata si applica la pena della reclusione da sette a quindici anni (non più da quattro a dieci) nei casi di semplice partecipazione e da dieci a ventiquattro anni (non più da cinque a quindici) nei casi di vera e propria promozione, direzione od organizzazione dell'associazione.

Trattasi, insomma, di un vero e proprio aggravamento delle pene in questo ambito.

Analoghi trattamenti sono stati riservati dalla nuova legge in tema di assistenza agli associati per delinquere (ora puniti con la reclusione da due a quattro anni) o agli associati di tipo mafioso ed in tema di usura (ora puniti con la reclusione da due a dieci anni e con la multa da € .5.000 a 30.000).

Novità in tema di esecuzione delle pene detentive.

La nuova L. n. 251/2005 introduce anche modifiche in tema di esecuzione delle pene detentive, in particolare modificando il comma 9° dell'art. 656 del c.p.p.

Detto articolo si occupa della esecuzione della sentenza di condanna a pena detentiva.

In base ad esso, in tal caso, il p.m. emette ordine di esecuzione con il quale, se il condannato non è detenuto, ne dispone la carcerazione, con consegna di copia all'interessato, se il condannato è già detenuto, l'ordine di esecuzione è comunicato al Ministro di grazia e giustizia e notificato all'interessato.

In ogni caso, l'ordine è notificato anche al difensore del condannato.

Tuttavia, se la pena detentiva, anche se costituente residuo di maggiore pena, non è superiore a tre anni ovvero a quattro anni nei casi di reati in tema di stupefacenti (artt. 90 e 94 del T.U. approvato con D.P.R. 9 ottobre 1990, n. 309, e successive modificazioni), il P.M ne sospende l'esecuzione.

Uniche eccezioni che impediscono detta sospensione sono: a) la condanna per i delitti di cui all'art. 4-bis della L. n. 354/1975 (p. es. associazione di tipo mafioso, terrorismo, anche internazionale o eversione dell'ordine democratico mediante il compimento di atti di violenza); b) lo stato di custodia cautelare in carcere nel momento in cui la sentenza diviene definitiva; ed, infine, c) la recidiva prevista dall'articolo 99, 4° comma, del codice penale (c.d. recidiva reiterata).

Con il recente D.L. n. 272/2005, però, si è stabilito che la lettera c) del comma 9° della L. n. 251/2005 non si applica nei confronti di condannati, tossicodipendenti o alcooldipendenti, che abbiano in corso un programma terapeutico di recupero presso i servizi pubblici per l'assistenza ai tossicodipendenti ovvero nell'ambito di una struttura autorizzata e l'interruzione del programma può pregiudicarne la disintossicazione.

In tale caso il pubblico ministero stabilisce i controlli per accertare che il tossicodipendente o l'alcooldipendente prosegua il programma di recupero fino alla decisione del tribunale di sorveglianza e revoca la sospensione dell'esecuzione quando accerta che la persona lo ha interrotto.

L'ordine di esecuzione e il decreto di sospensione sono notificati al condannato e al difensore nominato per la fase dell'esecuzione o, in difetto, al difensore che lo ha assistito nella fase di giudizio, con l'avviso che entro trenta giorni può essere presentata istanza, corredata dalle indicazioni e dalla documentazione necessarie, volta ad ottenere la concessione:

- di una delle misure alternative alla detenzione di cui agli articoli 47 (affidamento in prova al servizio sociale), 47-*ter* (detenzione domiciliare) e 50, comma 1° (semilibertà), della legge 26 luglio 1975, n. 354 e successive modificazioni;

- della misura di cui all'articolo 94 del T.U. approvato con D.P.R. 9 ottobre 1990, n. 309 (affidamento in prova al servizio sociale), e successive modificazioni, ovvero la sospensione dell'esecuzione della pena di cui all'articolo 90 dello stesso T.U.

L'avviso informa altresì che, ove non sia presentata l'istanza, nonché la certificazione da allegare, l'esecuzione della pena avrà corso immediato.

L'istanza deve essere presentata dal condannato o dal difensore p.m., il quale la trasmette, unitamente alla documentazione, al tribunale di sorveglianza competente in relazione al luogo in cui ha sede l'ufficio del pubblico ministero.

Se l'istanza non è corredata dalla documentazione prescritta o necessaria, questa può essere depositata nella cancelleria del tribunale di sorveglianza fino a cinque giorni prima dell'udienza fissata a norma dell'articolo 666, comma 3.

Resta salva, in ogni caso, la facoltà del tribunale di sorveglianza di procedere anche d'ufficio alla richiesta di documenti o di informazioni, o all'assunzione di prove a norma dell'articolo 666, comma 5.

Il tribunale di sorveglianza decide entro quarantacinque giorni dal ricevimento dell'istanza.

Qualora l'istanza non sia tempestivamente presentata, o il tribunale di sorveglianza la dichiari inammissibile o la respinga, il pubblico ministero revoca immediatamente il decreto di sospensione dell'esecuzione.

Tuttavia, quando è provato o appare probabile che il condannato non abbia avuto effettiva conoscenza dell'avviso di possibilità di presentazione entro 30 giorni della istanza di cui sopra, il p.m. può assumere, anche presso il difensore, le opportune informazioni, all'esito delle quali può disporre la rinnovazione della notifica.

Si rammenti che la sospensione dell'esecuzione per la stessa condanna non può essere disposta più di una volta, anche se il condannato ripropone nuova istanza sia in ordine a diversa misura alternativa, sia in ordine alla medesima, diversamente motivata, sia in ordine alla sospensione dell'esecuzione della pena di cui all'articolo 90 del T.U. approvato con D.P.R. 9 ottobre 1990, n. 309 e successive modificazioni.

Se il condannato si trova agli arresti domiciliari per il fatto oggetto della condanna da eseguire, il pubblico ministero sospende l'esecuzione dell'ordine di carcerazione e trasmette gli atti senza ritardo al tribunale di sorveglianza perché provveda alla eventuale applicazione di una delle misure alternative di cui sopra.

Fino alla decisione del tribunale di sorveglianza, il condannato permane nello stato detentivo nel quale si trova e il tempo corrispondente è considerato come pena espiata a tutti gli effetti.

Agli adempimenti previsti dall'articolo 47-*ter* della legge 26 luglio 1975, n. 354, in tema di detenzione domiciliare, provvede in ogni caso il magistrato di sorveglianza.

Novità in tema di cumulo delle pene.

Piccola innovazione anche in tema di cumulo delle pene con la nuova L. n. 251/2005.

Anche l'art. 671 c.p.p., infatti, è stato ritoccato con l'inserzione del comma 2-*bis*.

In base ad esso nel caso di più sentenze o decreti penali irrevocabili pronunciati in procedimenti distinti contro la stessa persona, il condannato o il p.m. possono chiedere al giudice dell'esecuzione l'applicazione della disciplina del concorso formale o del reato continuato, sempre che la stessa non sia stata esclusa dal giudice della cognizione.

Il giudice dell'esecuzione provvede determinando la pena in misura non superiore alla somma di quelle inflitte con ciascuna sentenza o ciascun decreto.

Il giudice dell'esecuzione può concedere altresì la sospensione condizionale della pena e la non menzione della condanna nel certificato del casellario giudiziale, quando ciò consegue al riconoscimento del concorso formale o della continuazione.

Adotta, infine, ogni altro provvedimento conseguente.

Per effetto della riforma resta fermo che se i reati in concorso formale o in continuazione con quello più grave sono commessi da recidivi reiterati, l'aumento della quantità di pena non può essere comunque inferiore ad un terzo della pena stabilita per il reato più grave.

Novità anche in tema di ordinamento penitenziario *ex* L. n. 251/2005.

La nuova legge interviene anche sull'impianto della L. n. 354/1975.

Anzitutto, essa introduce il nuovo art. 30-*quater.*

Tale articolo si occupa della concessione dei permessi premio ai recidivi reiterati.

Ebbene, in base ad esso detti permessi posso essere loro concessi:

a) nei confronti dei condannati all'arresto o alla reclusione non superiore a tre anni, anche se congiunta all'arresto, dopo l'espiazione di un terzo della pena;

b) nei confronti dei condannati alla reclusione superiore a tre anni dopo l'espiazione della metà della pena;

c) nei confronti dei condannati alla reclusione per taluno dei delitti indicati nel comma primo dell'articolo 4-*bis* (p. es. associazione di tipo mafioso), dopo l'espiazione di due terzi della pena e, comunque, di non oltre quindici anni.

In secondo luogo, si occupa della detenzione domiciliare (art. 47-*ter*).

Trattasi di detenzione espiata nella propria abitazione o in altro luogo pubblico di cura, assistenza ed accoglienza.

Il tribunale di sorveglianza, nel disporre la detenzione domiciliare, ne fissa le modalità secondo quanto stabilito dall'articolo 284 del codice di procedura penale.

Determina e impartisce altresì le disposizioni per gli interventi del servizio sociale.

Tali prescrizioni e disposizioni possono essere modificate dal magistrato di sorveglianza competente per il luogo in cui si svolge la detenzione domiciliare.

Il condannato nei confronti del quale é disposta la detenzione domiciliare non é sottoposto al regime penitenziario previsto dalla presente legge e dal relativo regolamento di esecuzione. Nessun onere grava sull'amministrazione penitenziaria per il mantenimento, la cura e l'assistenza medica del condannato che trovasi in detenzione domiciliare.

I) Essa può aversi per i settantenni, purché non sia richiesta:

a) per reati previsti dal libro II, titolo XII, capo III, sezione I, e dagli articoli 609- *bis,* 609- *quater* e 609- *octies* del codice penale, dall'articolo 51, comma 3- *bis,* del codice di procedura penale e dall'articolo 4- *bis* della presente legge;

b) per soggetti che sono delinquente abituali, professionali o per tendenza o per condannati con l'aggravante di cui all'articolo 99 del codice penale (recidivo reiterato).

II) Altresì, la detenzione domiciliare può essere concessa se la condanna è alla pena della reclusione non superiore a quattro anni (tuttavia, per il recidivo reiterato il limite è di tre anni, anche in caso di arresto) - anche se costituente parte residua di maggior pena - nonché alla pena dell'arresto, quando trattasi di:

a) donna incinta o madre di prole di età inferiore ad anni dieci con lei convivente;

b) padre, esercente la potestà, di prole di età inferiore ad anni dieci con lui convivente, quando la madre sia deceduta o altrimenti assolutamente impossibilitata a dare assistenza alla prole;

c) persona in condizioni di salute particolarmente gravi, che richiedano costanti contatti con i presìdi sanitari territoriali;

d) persona di età superiore a sessanta anni, se inabile anche parzialmente;

e) persona minore di anni ventuno per comprovate esigenze di salute, di studio, di lavoro e di famiglia.
III) Una terza ipotesi di detenzione domiciliare si ha quando non ricorrono i presupposti per l'affidamento in prova al servizio sociale e sempre che tale misura sia idonea ad evitare il pericolo che il condannato commetta altri reati.

In tal caso la detenzione domiciliare può essere applicata per l'espiazione della pena detentiva inflitta in misura non superiore a due anni, anche se costituente parte residua di maggior pena, indipendentemente dalle condizioni di cui ai punti precedenti.

Tuttavia, quest'ultima previsione non si applica ai condannati per i reati di cui all'articolo 4- *bis* e a quelli cui sia stata applicata la recidiva reiterata.

Se la misura è revocata la pena residua non può essere sostituita con altra misura.

IV) Un'altra ipotesi di detenzione domiciliare è quella di cui al comma 1-ter dell'art. 47-*ter*.

Essa ricorre quando potrebbe essere disposto il rinvio obbligatorio (p. es. donne incinta, madre di neonato di età inferiore ad anni uno, malati di AIDS, ecc...) o facoltativo (p. es. presentazione della domanda di grazia, grave infermità fisica, madri di prole di età inferiore a tre anni) della esecuzione della pena ai sensi degli articoli 146 e 147 del codice penale.

In tali casi il tribunale di sorveglianza, anche se la pena supera i limiti sin qui esaminati, può disporre la applicazione della detenzione domiciliare, stabilendo un termine di durata di tale applicazione, termine che può essere prorogato.

L'esecuzione della pena prosegue durante la esecuzione della detenzione domiciliare.

V) C'è poi l'ipotesi di detenzione domiciliare a pena detentiva iniziata.

In tal caso, se l'istanza di applicazione della detenzione domiciliare é proposta dopo che ha avuto inizio l'esecuzione della pena, il magistrato di sorveglianza può disporre l'applicazione provvisoria della misura, quando ricorrono i requisiti di legge.

La detenzione domiciliare é revocata se il comportamento del soggetto, contrario alla legge o alle prescrizioni dettate, appare incompatibile con la prosecuzione delle misure.

Deve essere inoltre revocata quando vengono a cessare le condizioni di legge.
Il condannato che, essendo in stato di detenzione nella propria abitazione o in un altro dei luoghi indicati nel comma 1, se ne allontana, é punito ai sensi dell'articolo 385 del codice penale.

Si applica la disposizione dell'ultimo comma dello stesso articolo.

La denuncia per tale delitto importa la sospensione del beneficio e la condanna ne importa la revoca.

In terzo luogo, si occupa della concessione della semilibertà ai recidivi (nuovo art. 50-bis).

La semilibertà può essere concessa ai detenuti, ai quali sia stata applicata la recidiva reierata, soltanto dopo l'espiazione dei 2/3 della pena ovvero, se si tratta di un condannato per taluno dei delitti indicati nel comma 1 dell'articolo 4- bis della presente legge, di almeno 3/4 di essa.

Benefici del lavoro all'esterno, i permessi premio, l'affidamento in prova al servizio sociale, la semilibertà, la detenzione domiciliare.

Anche l'art. 58-*quater* viene ad essere modificato dalla L. n. 251/2005.

In particolare, con essa è stato modificato il primo comma ed inserito il comma 7-*bis*.

La prima disposizione statuisce che i benefici dell'assegnazione al lavoro all'esterno, dei permessi premio, dell'affidamento in prova al servizio sociale, della detenzione domiciliare e della semilibertà non possono essere concessi al condannato che sia stato riconosciuto colpevole di una condotta punibile a norma dell'articolo 385 del codice penale (evasione) né al condannato nei cui confronti è stata disposta la revoca di una misura alternativa.

Il divieto di concessione dei benefici di cui sopra opera per un periodo di tre anni dal momento in cui è ripresa l'esecuzione della custodia o della pena o è stato emesso il provvedimento di revoca indicato poc'anzi.

I condannati per i delitti di cui agli articoli 289-*bis* (sequestro di persona a scopo di terrorismo o di eversione) e 630 (sequestro di persona a scopo di estorsione) del codice penale che abbiano cagionato la morte del sequestrato non sono ammessi ad alcuno dei benefici indicati nel comma 1 dell'articolo 4- *bis* (l'assegnazione al lavoro all'esterno, i permessi premio e le misure alternative alla detenzione) se non abbiano effettivamente espiato almeno i due terzi della pena irrogata o, nel caso dell'ergastolo, almeno ventisei anni.

L'assegnazione al lavoro all'esterno, i permessi premio e le misure alternative alla detenzione previste dal capo non possono essere concessi o se già concessi sono revocati, per un periodo di cinque anni dal momento in cui è ripresa l'esecuzione della custodia o della pena o è stato emesso il provvedimento di revoca della misura, ai condannati per taluni dei delitti indicati nel comma 1 dell'articolo 4-*bis* (p.es. associazione mafiosa), nei cui confronti si procede o è pronunciata condanna per un delitto doloso punito con la pena della reclusione non inferiore nel massimo a tre anni, commesso da chi ha posto in essere una condotta punibile a norma dell'articolo 385 del codice penale (evasione) ovvero durante il lavoro all'esterno o la fruizione di un permesso premio o di una misura alternativa alla detenzione. Ai fini dell'applicazione di questa disposizione, l'autorità che procede per il nuovo delitto ne dà comunicazione al magistrato di sorveglianza del luogo di ultima detenzione dell'imputato.

Infine, il comma 7-bis stabilisce che l'affidamento in prova al servizio sociale, la detenzione domiciliare e la semilibertà non possono essere concessi più di una volta al condannato al quale sia stata applicata la recidiva reiterata, prevista dall'articolo 99, quarto comma, del codice penale.

Il regime transitorio.

In base all'art. 8 della L. n. 251/2005, in generale, le novità entrano in vigore dal giorno immediatamente successivo alla pubblicazione sulla G.U. (8 Dicembre 2005).

Più in particolare, i nuovi termini prescrizionali, se sono più lunghi, non si applicano ai processi in corso. Se sono più brevi, si applicano ai procedimenti ed ai processi pendenti alla data di entrata in vigore della legge, ma con esclusione dei processi già pendenti in primo grado, per i quali sia stato dichiarato aperto il dibattimento e per i processi pendenti in appello ed in Cassazione.

SITI INTERNET

www. Penale.it;

www. Diritto.it;

www.Giustizia.it;

www.Sentenze.it;

www.Camerepenali.it;

www. diritto-online.it;

www.dirittoegiustizia.it

www. ambientediritto.it

www. RicercaGiuridica.it

www. Cortedicassazione.it

www.Cortecostituzionale.it;

Pluris-cedam.utetgiuridica.it

youcanprint

Finito di stampare nel mese di Ottobre 2015
per conto di Youcanprint *self - publishing*

www.ingramcontent.com/pod-product-compliance
Lightning Source LLC
Chambersburg PA
CBHW051211200326

41519CB00025B/7074